CONTABILIDADE BÁSICA

13ª edição

CB040899

Grupo
Editorial
Nacional

O GEN | Grupo Editorial Nacional – maior plataforma editorial brasileira no segmento científico, técnico e profissional – publica conteúdos nas áreas de ciências sociais aplicadas, exatas, humanas, jurídicas e da saúde, além de prover serviços direcionados à educação continuada e à preparação para concursos.

As editoras que integram o GEN, das mais respeitadas no mercado editorial, construíram catálogos inigualáveis, com obras decisivas para a formação acadêmica e o aperfeiçoamento de várias gerações de profissionais e estudantes, tendo se tornado sinônimo de qualidade e seriedade.

A missão do GEN e dos núcleos de conteúdo que o compõem é prover a melhor informação científica e distribuí-la de maneira flexível e conveniente, a preços justos, gerando benefícios e servindo a autores, docentes, livreiros, funcionários, colaboradores e acionistas.

Nosso comportamento ético incondicional e nossa responsabilidade social e ambiental são reforçados pela natureza educacional de nossa atividade e dão sustentabilidade ao crescimento contínuo e à rentabilidade do grupo.

JOSÉ CARLOS MARION

ATUALIZADORA: ANA CAROLINA MARION SANTOS

CONTABILIDADE BÁSICA

13ª edição

Atualizada conforme os pronunciamentos do CPC (Comitê de Pronunciamentos Contábeis) e as Normas Brasileiras de Contabilidade

- O autor deste livro e a editora empenharam seus melhores esforços para assegurar que as informações e os procedimentos apresentados no texto estejam em acordo com os padrões aceitos à época da publicação, *e todos os dados foram atualizados pelo autor até a data de fechamento do livro.* Entretanto, tendo em conta a evolução das ciências, as atualizações legislativas, as mudanças regulamentares governamentais e o constante fluxo de novas informações sobre os temas que constam do livro, recomendamos enfaticamente que os leitores consultem sempre outras fontes fidedignas, de modo a se certificarem de que as informações contidas no texto estão corretas e de que não houve alterações nas recomendações ou na legislação regulamentadora.

- Data do fechamento do livro: 27/05/2022

- O autor e a editora se empenharam para citar adequadamente e dar o devido crédito a todos os detentores de direitos autorais de qualquer material utilizado neste livro, dispondo-se a possíveis acertos posteriores caso, inadvertida e involuntariamente, a identificação de algum deles tenha sido omitida.

- **Atendimento ao cliente: (11) 5080-0751 | faleconosco@grupogen.com.br**

- Direitos exclusivos para a língua portuguesa
Copyright © 2022, 2025 (4ª impressão) *by*
Editora Atlas Ltda.
Uma editora integrante do GEN | Grupo Editorial Nacional

- Travessa do Ouvidor, 11
Rio de Janeiro – RJ – 20040-040
www.grupogen.com.br

- Reservados todos os direitos. É proibida a duplicação ou reprodução deste volume, no todo ou em parte, em quaisquer formas ou por quaisquer meios (eletrônico, mecânico, gravação, fotocópia, distribuição pela Internet ou outros), sem permissão, por escrito, da Editora Atlas Ltda.

- Capa: Manu | OFÁ Design, adaptada por Leandro Guerra
- Editoração eletrônica: LBA Design

- Ficha catalográfica

CIP-BRASIL. CATALOGAÇÃO NA PUBLICAÇÃO
SINDICATO NACIONAL DOS EDITORES DE LIVROS, RJ

M295c
13. ed.

Marion, José Carlos.
Contabilidade básica / José Carlos Marion; atualização: Ana Carolina Marion Santos. – 13. ed. [4ª Reimp.] - Barueri [SP]: Atlas, 2025.

Inclui bibliografia e índice
Vídeos
ISBN 978-65-5977-321-3

1. Contabilidade. I. Santos, Ana Carolina Marion II. Título.

22-77785
CDD: 657
CDU: 657

Gabriela Faray Ferreira Lopes – Bibliotecária – CRB-7/6643

Respeite o direito autoral

De que aproveitará o homem
ganhar todo o mundo se perder a sua alma?

(Jesus Cristo em Mateus 16,26)

Prefácio à Décima Terceira Edição

Na décima primeira edição, atualizamos este livro considerando as Normas Internacionais de Contabilidade (IFRS) por intermédio dos pronunciamentos do Comitê de Pronunciamentos Contábeis (CPC) e das Resoluções e Normas do Conselho Federal de Contabilidade (CFC).

Na décima segunda edição, com a contribuição da Professora Ana Carolina Marion Santos, foram ainda enfatizadas as Normas Internacionais, os pronunciamentos do CPC e as resoluções do CFC.

Na décima terceira edição, além de aperfeiçoar o livro, acrescentar novos exercícios, atualizar informações, continuamos a incluir novas mudanças nas normas contábeis. Um exemplo é o *Leasing* (arrendamento mercantil) Financeiro e Operacional que sofreu grandes mudanças até 2019.

A Contabilidade sempre terá mudanças por se tratar de uma Ciência Social (e não Ciência Exata).

Uma Ciência Social, como Contabilidade, Administração e Economia, está sempre em mudanças, considerando que a sociedade é dinâmica, com alterações relevantes.

Além das principais atualizações recentes, modernizamos esta edição com objetivo de traduzir este livro numa metodologia ativa mais completa, considerando que o processo ensino-aprendizagem da Contabilidade é sempre um desafio para os iniciantes.

Dentro dessa metodologia ativa, temos: (a) ilustrações, figuras; (b) exercícios e casos no final de cada capítulo (o atual livro de exercícios é disponibilizado gratuitamente no *site* da Editora; (c) vídeos e outras ferramentas, a fim de contribuir para o processo ensino-aprendizagem.

Assim, entregamos esta edição ao nosso público, não só com atualizações, mas também modernizada, com novos recursos didáticos, buscando maior clareza e eficiência para um livro de Contabilidade Introdutória.

Com os agradecimentos do autor.

Prefácio à Nona Edição

O objetivo desta edição não é apenas atualizar este livro, mas também ampliar e modernizar.

Dentro do conceito "modernizar", estamos trabalhando com cores, com simplificações para tornar a Contabilidade mais fácil, ressaltando tópicos, palavras e frases mais relevantes.

Sem mexer na estrutura original do livro, colocamos no final de cada capítulo uma seção de "Perguntas e Respostas" que visa: (a) responder as principais dúvidas levantadas pelos usuários deste livro; (b) aprofundar o conteúdo compatível a cada capítulo; (c) acrescentar tópicos demandados pelo crescimento e modernização da Contabilidade.

Apresentamos também as atualizações introduzidas pela Lei nº 11.638 de dezembro de 2007, que alterou a Lei nº 6.404/76 das Sociedades Anônimas e Pronunciamentos do Comitê de Pronunciamentos Contábeis (CPC).

As ilustrações introduzidas visam facilitar o entendimento e a memorização dos assuntos mais importantes. Apresentamos algumas charges e informações curiosas com o objetivo de tornar o livro mais atraente até mesmo para os menos interessados pela Contabilidade.

Dividimos o livro em duas partes distintas: (a) a Parte I dá ênfase ao Usuário da Contabilidade em sua totalidade, focalizando os Relatórios Contábeis. Essa parte é concluída exatamente na metade do Capítulo 8 com a Demonstração dos Fluxos de Caixa; (b) a Parte II, voltada especificamente para o exercício profissional da Contabilidade, trata do ciclo contábil, desde um Plano de Contas simplificado (iniciado na segunda metade do Capítulo 8) até o levantamento das Demonstrações Contábeis, no Capítulo 16.

Este livro visa exatamente tratar de Introdução à Contabilidade. No ensino da Contabilidade, há um "tronco" que poderíamos dividir em módulos: (a) Contabilidade Introdutória (Contabilidade Básica, ou Contabilidade Geral, ou Contabilidade Financeira...); (b) Contabilidade Intermediária (Contabilidade Comercial, Contabilidade II, Contabilidade Societária...); (c) Contabilidade Avançada (Contabilidade III, Contabilidade Internacional, Tópicos Avançados de Contabilidade...).

Dessa forma, em termos metodológicos, não é conveniente uma sobrecarga de matéria neste primeiro módulo. Alguns livros de Contabilidade Introdutória sobrecarregam o aprendizado com assuntos que serão tratados em módulos seguintes, dispersando o estudante para excesso de detalhes como Operações com Mercadorias e Operações Financeiras... (a serem tratadas em Custos, Contabilidade Comercial, Contabilidade Intermediária,

Contabilidade II...), DVA (Demonstração do Valor Agregado) e DMPL (Demonstração das Mutações do Patrimônio Líquido) (a serem tratados em Contabilidade Avançada, Análise das Demonstrações Contábeis, Contabilidade III...) e assim sucessivamente.

Entendemos que nosso livro Contabilidade básica tem uma preocupação em harmonizar conteúdo com metodologia do ensino da Contabilidade, com o "tronco" contábil distribuído numa boa grade curricular. Nosso objetivo maior é dar uma carga horária adequada para que nossos estudantes possam ter um bom embasamento em Contabilidade Introdutória, que é o alicerce, a espinha dorsal do curso de Contabilidade, e, posteriormente, ao seu tempo, ir aprofundando e tendo novas informações.

O livro de exercícios apresenta "novos exercícios" considerando os acréscimos e a modernização do livro-texto (disponível em: www.grupogen.com.br).

Há diversos tópicos novos acrescentados nesta edição: introdução aos princípios contábeis, demonstração do fluxo de caixa (modelo direto e indireto), contabilidade de pessoa física, operações com mercadorias, Ebitda, lucro financeiro *versus* lucro econômico etc.

O Autor

Prefácio à Primeira Edição

A METODOLOGIA PROPOSTA

A matéria exposta neste livro procura ir além da existente em livros sobre iniciação à Contabilidade. Seu principal objetivo é, através de uma linguagem simples e de uma metodologia moderna, testada em algumas escolas, com resultados satisfatórios, oferecer ao iniciante em Contabilidade uma nova alternativa no processo de aprendizagem dessa disciplina.

Criou-se uma tradição em afirmar que aprender Contabilidade é extremamente difícil. Vários "tabus" foram formando-se, com o passar do tempo, ao redor do estudo dessa disciplina. Observamos, em várias ocasiões, formandos em Contabilidade deixar os bancos escolares sem dominar o mínimo necessário para um bom desempenho profissional. Há diversos casos de alunos desmotivados, diante da profissão que vão abraçar, por não estarem absorvendo adequadamente as práticas contábeis.

Esse quadro despertou-nos interesse em investir nesse campo, em busca de um método didático no ensino da Contabilidade e de outros instrumentos que melhor atendessem aos anseios dos estudantes. Para tanto, conseguimos, junto a algumas escolas e professores da área contábil, dados sobre o perfil desejado do recém-formado em Contabilidade, traçado por alguns segmentos do pequeno e médio empresário brasileiro. Em suma, normalmente desejam que a escola, além dos conhecimentos contábeis básicos, proporcione também formação tributária e "ferramentas" para o futuro contador auxiliar na tomada de decisão e, em alguns casos (pequenas empresas sobretudo), até mesmo participar no gerenciamento da empresa.

Dessa forma, procuramos, além da linguagem fácil e acessível e de um método didático que nos parece eficiente, apresentar a matéria numa sequência de capítulos que despertasse gradativamente o interesse do estudante para a aprendizagem da Contabilidade.

Evitamos, na medida do possível, sem prejuízo do conteúdo, desenvolver certos conceitos tradicionais que muito pouco contribuem para o iniciante, com o intento de quebrar aqueles "tabus" que tanto dificultam a aprendizagem da Contabilidade.

Quisemos, ainda, dar um "tempero" fiscal e legal ao desenvolvimento da matéria, de forma gradativa, evitando excesso de detalhes, mas proporcionando, simultaneamente à evolução da Teoria Contábil, uma base tributária, a nosso ver, indispensável ao estudante.

Por fim, demos uma boa ênfase aos relatórios contábeis, principalmente aos dois produtos finais da Contabilidade (Balanço Patrimonial e Demonstração do Resultado do Exercício), pretendendo, com isso, despertar no iniciante a importância desses poderosos instrumentos para a tomada de decisão.

Vídeos do autor

Na abertura dos Capítulos 1 a 11, o autor e a atualizadora apresentam vídeos em que discorrem sobre aspectos centrais do tema do capítulo e, em alguns capítulos, existem vídeos complementares do autor com dicas para os estudantes. O acesso aos vídeos é feito via QR Code. Para reproduzi-los, basta ter um aplicativo leitor de QR Code baixado no *smartphone* e posicionar a câmera sobre o código. É possível acessar os vídeos também por meio da URL que aparece logo abaixo do código.

Sugestões ao Professor

SEQUÊNCIA DOS CAPÍTULOS

A metodologia utilizada para desenvolvimento deste livro baseia-se, conforme denominação de alguns autores, na Escola Contábil Americana, cuja diretriz básica é partir de uma visão conjunta dos Relatórios Contábeis para, em seguida, apresentar os lançamentos contábeis que originaram aqueles relatórios.

Observam-se, contudo, nesta metodologia, duas correntes distintas, igualmente válidas, a respeito da sequência dos pontos a serem ministrados aos estudantes: a *primeira* discorre rapidamente sobre Balanço Patrimonial, variações patrimoniais e, em seguida, já trata de lançamentos contábeis; a *segunda*, que acreditamos ser mais adequada às necessidades brasileiras, aprofunda-se no estudo do Balanço Patrimonial, Demonstração do Resultado do Exercício e de um Plano de Contas para, depois, abordar os lançamentos contábeis.

Embora a sequência dos capítulos aqui apresentados se ajuste à segunda corrente, o leitor poderá optar pela corrente que melhor se adapte a seu estilo. Em caso de optar pela primeira corrente, a sequência capitular será a seguinte:

- *Primeira parte:* Capítulos 1, 2, 3, 4.
- *Segunda parte:* Capítulos 9, 10, 11, 6, 12, 13, 14.
- *Terceira parte:* Capítulos 5, 7, 8, 15, 16.

No que tange à segunda parte, há os que preferem tratar os livros contábeis imediatamente após as regras contábeis. Nesse caso, a sequência dos capítulos poderia ser alterada sem prejuízo, antecipando-se o Capítulo 13 no momento oportuno.

DISTRIBUIÇÃO DOS CAPÍTULOS AO LONGO DO CURSO E EXCLUSÃO DE CAPÍTULOS

Este livro foi programado tendo em vista dois semestres letivos, ou seja, dois capítulos por mês. Dessa forma, seria interessante dedicar uma semana ao estudo de teoria e outra semana para exercitá-la. Se, em virtude das peculiaridades do estudante ou da disponibilidade de horário, não for possível estudar todos os capítulos, recomenda-se eliminar os Capítulos 15 e 16, pois eles poderão ser desenvolvidos em Contabilidade Comercial ou Contabilidade Intermediária ou Contabilidade II, sem prejuízo do curso.

CONTABILIDADE GERAL (BÁSICA) NO CURSO DE CONTABILIDADE

Foram tomadas como base, em termos de Contabilidade Geral ou Introdutória, *empresas prestadoras de serviços,* porém isso não significa que tenham sido evitados comentários sobre contas específicas de empresas comerciais. Evitamos, todavia, aprofundar em assuntos como operações com mercadorias, operações financeiras, custeio de estoques etc., por serem peculiares à *Contabilidade Comercial* e *Industrial* (de Custos), que fazem parte do segundo e terceiro anos, respectivamente, de um curso normal de Contabilidade.

PACOTE "CONTABILIDADE BÁSICA"

Ao final de cada capítulo do livro-texto, além das palavras-chave, perguntas e respostas, exercícios de múltipla escolha, incluímos um conjunto de tarefas práticas para serem desenvolvidas pelos alunos. Essas tarefas visam a uma aprendizagem adicional extrassala de aula e a um contato prático, mais de perto, com certos assuntos desenvolvidos teoricamente nas aulas.

As tarefas totalizam três. Reconhecemos que podem ser demoradas e ocupar excessivamente os alunos. Por isso, considerando o pouco tempo de que dispõe normalmente o estudante, este poderá optar por duas delas ou, em casos mais extremos, apenas por uma tarefa em cada capítulo.

No final do curso, o estudante terá um precioso manual prático, um guia que poderá ser consideravelmente útil ao início da sua vida profissional.

O *Livro de exercícios*[1] apresenta uma variedade de questões práticas.

As questões práticas compõem-se de perguntas, testes, preenchimento de linhas pontilhadas, associações de números, exercícios e problemas.

Em alguns enunciados de problemas, procuramos incluir conteúdo informativo, com o objetivo de melhor instruir o aluno.

CONSELHOS PARA VOCÊ SER UM PROFISSIONAL CONTÁBIL BEM-SUCEDIDO

1   Valorize a profissão: é a única com desemprego zero; tem mais de 50 áreas de especialização diferentes (veja algumas no item 7); o mercado não tem preconceito de idade para essa profissão (as pessoas de mais idade sempre conseguem trabalho como profissionais contábeis).

---

[1]   Para ter acesso ao *Livro de exercícios*, veja as instruções da "orelha" da capa.

2   Os professores de Contabilidade normalmente são profissionais bem-sucedidos. Aproveite o máximo deles, pergunte, busque conselhos. Dedique-se ao máximo em seu curso. Se você utilizar o trabalho de um professor como consultor, depois do curso, isso vai custar-lhe caro, em média US$ 100,00 por hora.

3   Busque conhecimento paralelo a seu curso: marketing contábil (como ter sua marca); conheça pelo menos mais uma língua (de preferência inglês); seja bom na área de informática (domine Internet, *softwares* contábeis, planilhas eletrônicas, bancos de dados...). Seja um parceiro da Tecnologia da Informação.

4   Seja um pesquisador por excelência. Não aceite apenas receber tudo "mastigado" do professor. Lá na empresa não haverá mais professor e você terá que buscar, descobrir conhecimento. Faça da sua escola um laboratório. Descubra as melhores Metodologias Ativas para a sua aprendizagem.

5   Há áreas de conhecimento que serão decisivas, além da Contabilidade, em seu sucesso profissional: métodos quantitativos (Matemática e Estatística), disciplinas afins (Administração e Economia), Legislação (Direito) etc. Dedique-se ao máximo.

6   Aprenda a ser desinibido, a falar bem: participe dos seminários (o contador é a pessoa que mais fala para induzir às decisões certas na empresa), manifeste opinião na sala de aula, leia um jornal diariamente e revistas de negócios. Fique atento aos professores que se expressam bem. Use dicionário várias vezes na semana. Consulte constantemente o Google.

7   O mercado não vê com bons olhos o "clínico geral" (o que sabe de tudo um pouco). Procure especializar-se, concentrar esforços em uma atividade contábil em que você tenha mais dons (durante o curso, esses dons serão despertados): auditor (interno ou externo), planejador tributário, atuário, carreira acadêmica, concurso público, consultor, investigador de fraudes, empresário contábil, analista (financeiro, de crédito, de investimento), pesquisador contábil, escritor contábil etc.

Material Suplementar

Este livro conta com os seguintes materiais suplementares:

- Livro de exercícios.
- Manual do professor (exclusivo para professores).
- *Slides* para apresentação (exclusivo para professores).
- Modelos de avaliação (exclusivo para professores).
- Trilhas de aprendizagem (exclusivo para professores).

O acesso ao material suplementar é gratuito. Basta que o leitor se cadastre, faça seu *login* em nosso *site* (www.grupogen.com.br) e, após, clique em Ambiente de aprendizagem.

O acesso ao material suplementar online fica disponível até seis meses após a edição do livro ser retirada do mercado.

Caso haja alguma mudança no sistema ou dificuldade de acesso, entre em contato conosco (gendigital@grupogen.com.br).

Sumário

Parte I

RELATÓRIOS CONTÁBEIS

"Abrange o estudo do patrimônio de uma entidade e as variações deste patrimônio, evidenciados no balanço patrimonial, na demonstração do resultado do exercício, na demonstração dos lucros ou prejuízos acumulados, na demonstração dos fluxos de caixa e em outros relatórios mais específicos, que sirvam para a tomada de decisão."

1 Contabilidade

uqr.to/15uj7

Para este capítulo, veja o vídeo "A Contabilidade".

Neste capítulo você verá:

O que é Contabilidade
Aplicação da Contabilidade
Usuários da Contabilidade
Para quem é mantida a Contabilidade
O profissional contábil
Pilares da Contabilidade

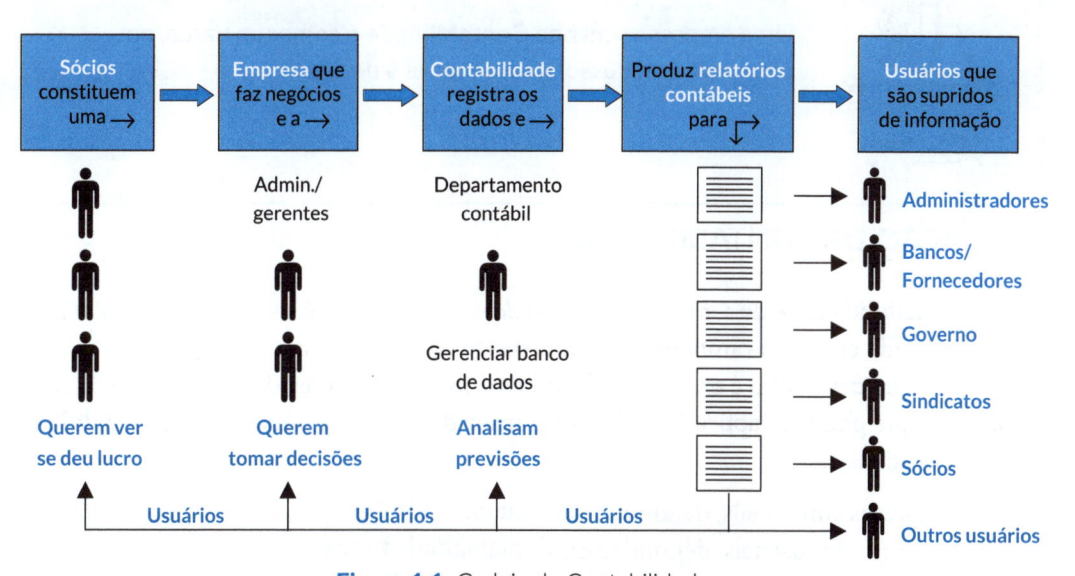

Figura 1.1 Cadeia da Contabilidade

A Contabilidade é possivelmente um dos assuntos mais áridos do mundo. E pode também ser o mais confuso. Mas, se você quiser ser rico, pode ser o assunto mais importante. A questão é como pegar um tema entediante e confuso e ensiná-lo a crianças. A resposta é: simplifique. Comece por ensiná-lo por meio de figuras (livro *Pai rico, pai pobre*, Cap. 1).

CONCEITO

A Contabilidade é o instrumento que fornece o máximo de informações úteis para a tomada de decisões dentro e fora da empresa. Ela é muito antiga e sempre existiu para auxiliar as pessoas a tomarem decisões. Com o passar do tempo, o governo começa a utilizar-se dela para arrecadar impostos e a torna obrigatória para a maioria das empresas.

Ressaltamos, entretanto, que a Contabilidade não deve ser feita visando basicamente atender às exigências do governo, mas, o que é muito mais importante, auxiliar as pessoas a tomarem decisões.

Todas as movimentações passíveis de mensuração monetária são *registradas* pela Contabilidade, que, em seguida, resume os dados registrados em forma de relatórios e os entrega aos interessados em conhecer a situação da empresa. Esses interessados, através de relatórios contábeis, recordam os fatos acontecidos, analisam os resultados obtidos, as causas que levaram àqueles resultados e tomam decisões em relação ao futuro.

Roman1979 |iStockphoto

Uma empresa sem boa Contabilidade é como um barco, em alto-mar, sem bússola, totalmente à deriva.

APLICAÇÃO DA CONTABILIDADE

A Contabilidade pode ser estudada *de modo geral* (para todas as empresas) ou *em particular* (aplicada em certo ramo de atividade ou setor da economia).

O enfoque deste livro é a *Contabilidade Geral*, também conhecida como *Contabilidade Financeira*, que pode ser aplicada a diversos ramos de atividade. Quando a Contabilidade Geral for aplicada a:

- empresas comerciais, denomina-se Contabilidade Comercial;
- empresas industriais, denomina-se Contabilidade Industrial;
- órgãos públicos, denomina-se Contabilidade Pública;
- instituições bancárias, denomina-se Contabilidade Bancária;
- instituições hospitalares, denomina-se Contabilidade Hospitalar;

- empresas agropecuárias, denomina-se Contabilidade Agropecuária;
- empresas de seguros, denomina-se Contabilidade Securitária;
- entidades sem fins lucrativos, denomina-se Contabilidade do Terceiro Setor etc.

USUÁRIOS DA CONTABILIDADE

Os usuários são as pessoas que se utilizam da Contabilidade, que se interessam pela situação da empresa e buscam na Contabilidade suas respostas.

Evidentemente, os gerentes (administradores) não são os únicos que se utilizam da Contabilidade. Os *investidores* (sócios ou acionistas), ou seja, aqueles que aplicam dinheiro na empresa, estão interessados basicamente em obter lucro, por isso se utilizam dos relatórios contábeis, analisando se a empresa é rentável; os *fornecedores* de mercadoria a prazo querem saber se a empresa tem condições de pagar suas dívidas; os *bancos*, por sua vez, emprestam dinheiro desde que a empresa tenha condições de pagamento; o *governo* quer saber quanto de impostos foi gerado para os cofres públicos; outros interessados desejam conhecer melhor a situação da empresa: os empregados, os sindicatos, os concorrentes etc. Observe a Figura 1.2.

Figura 1.2 Usuários da informação contábil

PARA QUEM É MANTIDA A CONTABILIDADE

A Contabilidade pode ser feita para pessoa física ou pessoa jurídica. Considera-se pessoa, juridicamente falando, todo ser capaz de direitos e obrigações.

Pessoa física é a pessoa natural, é todo ser humano, é todo indivíduo (sem qualquer exceção). Seu principal registro, além da Certidão de Nascimento, é o Cadastro de Pessoa Física (CPF).

Pessoa jurídica é uma entidade constituída por uma ou mais pessoas físicas, podendo ser empresas, governos e organizações. Normalmente, as pessoas jurídicas são registradas no Cadastro Nacional de Pessoa Jurídica (CNPJ). As pessoas jurídicas podem ter fins lucrativos (empresas industriais, comerciais etc.) ou não (cooperativas, associações culturais, religiosas etc.). Assim, as pessoas jurídicas são as ONGs, as Igrejas, as fundações, as sociedades, os partidos políticos etc.

A Contabilidade, portanto, pode ser feita para um indivíduo – pessoa física (desde que haja necessidade em virtude do volume de negócios) – ou para uma entidade com ou sem fins lucrativos – pessoa jurídica.

Quando se faz Contabilidade para a pessoa física (embora não seja comum) ou a pessoa jurídica, essa pessoa é denominada *entidade contábil*. Dessa forma, qualquer pessoa que tenha necessidade de Contabilidade (e a Contabilidade é mantida para esta pessoa) é chamada entidade contábil.

O PROFISSIONAL CONTÁBIL

O Código Civil de 2002 usa o vocábulo *contabilista* em substituição a *contador* e a expressão *técnico em contabilidade*, que são duas categorias previstas em lei. Porém, atualmente, denominamos "profissional contábil" ambas as categorias.

Denomina-se *técnico em Contabilidade*[1] aquele que cursou Contabilidade em nível técnico (médio), extinto em 2015. Para o curso superior de Contabilidade, o profissional é chamado bacharel em Ciências Contábeis ou Contador. É necessário submeter-se ao Exame de Suficiência, nos termos da Lei nº 12.249/10,[2] para o exercício profissional da Contabilidade. Essa Lei determina que somente se poderá exercer a profissão de técnico em Contabilidade ou de Contador após regular conclusão no respectivo curso, aprovação em Exame de Suficiência e registro no Conselho Regional de Contabilidade. Tanto o técnico em contabilidade quanto o contador são chamados profissionais contábeis, e ambos podem, legalmente, ser responsáveis pela Contabilidade das empresas, analistas de balanços, pes-

---

[1]   Os técnicos em Contabilidade já registrados em Conselho Regional de Contabilidade e os que vieram a fazê-lo até 1º de junho de 2015 têm assegurado o seu direito ao exercício da profissão.

[2]   Essa lei alterou o art. 12 do Decreto-lei nº 9.295/46 para prever a obrigatoriedade do Exame de Suficiência.

quisadores contábeis etc. O contador, porém, está habilitado a exercer outras atividades não cabíveis ao técnico em Contabilidade. Essas atividades são:

- **Auditoria:** exame e verificação da exatidão dos procedimentos contábeis.
- **Perícia contábil:** investigação contábil de empresas motivada por uma questão judicial (solicitada pela justiça), ou extrajudicial (arbitragem).
- **Professor de Contabilidade:** para ser professor de curso superior, exige-se pós-graduação.

> Para o exercício profissional da Contabilidade, além da aprovação no Exame de Suficiência (aplicado aos técnicos e bacharéis), é necessário estar regularmente habilitado pelo Conselho Regional de Contabilidade (CRC).

PILARES DA CONTABILIDADE (CONFORME A TEORIA DA CONTABILIDADE)

Pilares da Contabilidade são os pressupostos básicos da Contabilidade que podemos chamar genericamente de princípios contábeis.

A Contabilidade repousa, basicamente, em dois pilares da teoria contábil: a entidade contábil e a continuidade da empresa.

Em primeiro lugar, há necessidade da existência da *entidade contábil*, ou seja, uma pessoa para quem é mantida a Contabilidade. Não havendo entidade contábil, não há, evidentemente, a Contabilidade aplicada.

Desse primeiro conceito deduz-se que a Contabilidade é mantida para a entidade como pessoa distinta dos sócios. A Contabilidade é realizada para a entidade, devendo o contador fazer um esforço para não misturar as movimentações da entidade com as dos proprietários. Pessoas físicas e jurídicas não devem ser confundidas, bem como sócios não devem ser confundidos com empresas.

O segundo pilar é baseado no pressuposto de que a empresa é algo em andamento, *em continuidade*, que funcionará por prazo indeterminado. Uma empresa em processo de extinção (descontinuidade) ou liquidação será contabilizada por outras regras que não são estudadas neste livro.

uqr.to/15uj9

> DICAS PARA OS ESTUDANTES: Assista ao vídeo "Perspectivas da profissão contábil".

Palavras-chave

Continuidade: refere-se à entidade que está funcionando com prazo indetermina-do; algo em andamento; não está em fase de extinção ou liquidação.

Entidade contábil: pessoa para quem é mantida a Contabilidade, podendo ser pes-soa jurídica ou física.

Entidade contábil e continuidade: são conceitos tratados pela Teoria da Contabi-lidade.

Pessoa física: ser natural, indivíduo considerado como tal a partir do seu nascimen-to, que termina com a morte.

Pessoa jurídica: ser abstrato, constituído legalmente através de um contrato, forma-do por uma ou mais pessoas, que termina com a dissolução.

Usuários da Contabilidade: pessoas ou entidades interessadas em conhecer a si-tuação da empresa para a tomada de decisões: administradores, gerentes, governo, bancos, fornecedores etc.

Perguntas e Respostas

1. Quais são as principais modalidades de pessoa jurídica?
   - Sociedade Limitada (Ltda.);
   - Sociedade Anônima (S.A.);
   - Microempreendedor Individual (MEI);
   - Empresário Individual (EI);
   - Sociedade Limitada Unipessoal (SLU);
   - Associações, fundações, organizações religiosas, partidos políticos etc.

2. Por que os pressupostos da Entidade e Continuidade são chamados de Pilares da Contabilidade?

   A Contabilidade tem um conjunto de regras, uma estrutura conceitual suportada pela Teoria da Contabilidade.

   Quando pensamos em *estrutura*, podemos imaginar um prédio (construção, edifí-cio) com alicerces, paredes, telhado.

   A parte mais relevante do prédio é o alicerce, as colunas, os pilares que sustentam os demais componentes da construção.

   Assim, na Teoria da Contabilidade, Entidade e Continuidade representam esses pilares ou colunas. Todos os demais conceitos na Contabilidade são alicerçados por esses dois princípios que a Teoria da Contabilidade chama de postulados, verdades absolutas, que não podem ser mudados.

   A ideia é que as regras contábeis decorrem da pressuposição de que haja uma pes-soa (empresa) para fazer a Contabilidade (entidade), podendo fazer investimentos, financiamentos etc. (continuidade).

3. Existe uma Estrutura Conceitual da Contabilidade?

Sim, em 15/12/2011 foi divulgado o CPC 00 atualizado em 12/2019, que trata da Estrutura Conceitual para Elaboração e Divulgação de Relatório Contábil-Financeiro. Esse pronunciamento está sincronizado com as Normas Internacionais de Contabilidade – IFRS (*International Financial Reporting Standards*).

O Comitê de Pronunciamentos Contábeis (CPC) foi criado em 2005 por meio da Resolução CFC nº 1.055/05 e é a principal entidade no Brasil que atua na convergência da Contabilidade aos padrões internacionais (IFRS); tem por objetivo o estudo e a divulgação de pressupostos, normas, padrões de Contabilidade e de Auditoria.

O CPC é a união de seis entidades não governamentais:

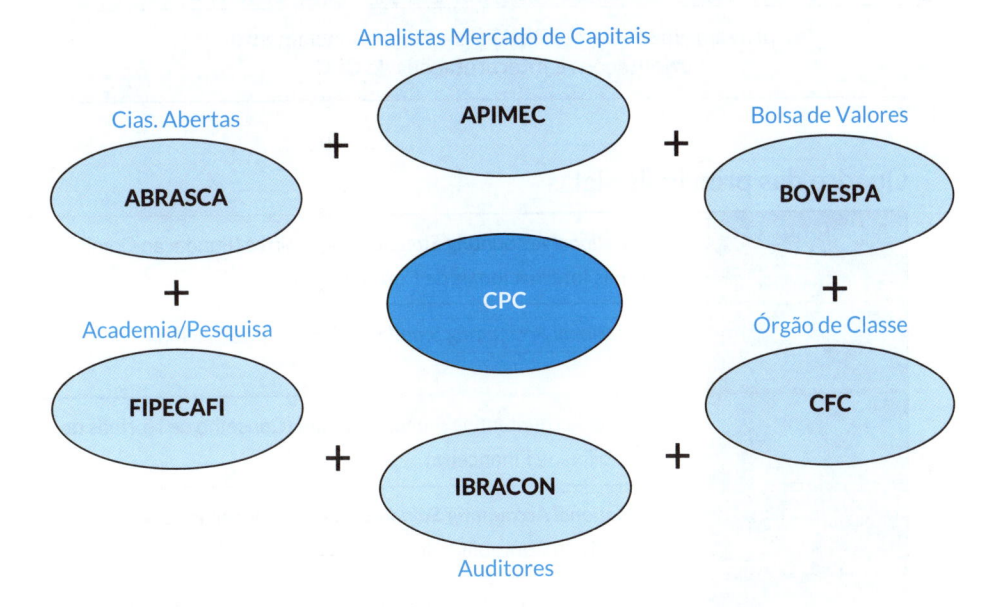

Embora seja composto por doze membros (que não requerem remuneração), sendo dois membros por entidade, outras entidades poderão vir a ser convidadas futuramente.

O Conselho Federal de Contabilidade (CFC) fornece a estrutura necessária para o funcionamento do CPC, que é totalmente autônomo das entidades representadas.

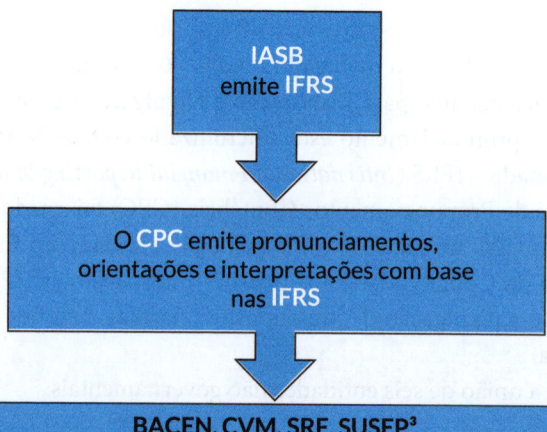

Quadro das principais siglas

IASC	• *International Accounting Standards Committee* (Fundação Comitê de Normas Internacionais de Contabilidade)
IAS	• *International Accounting Standard* (Normas Internacionais de Contabilidade)
FASB	• *Financial Accountanting Standards Board* (Conselho de Normas de Contabilidade Financeira)
IASB	• *International Accounting Standards Board* (Conselho de Normas Internacionais de Contabilidade)
IFRS	• *International Financial Reporting Standards* (Normas Internacionais de Relatório Financeiro)
CPC	• Comitê de Pronunciamentos Contábeis
ABRASCA	• Associação Brasileira de Companhias Abertas
APIMEC	• Associação dos Analistas e Profissionais de Investimento do Mercado de Capitais

Continua

3

BACEN – Banco Central do Brasil
CVM – Comissão de Valores Mobiliários
SRF – Secretaria da Receita Federal
Susep – Superintendência de Seguros Privados

Continuação

BM&FBOVESPA	• Bolsa de Valores, Mercadorias e Futuros (B3 – Brasil, Bolsa, Balcão)
CFC	• Conselho Federal de Contabilidade
FIPECAFI	• Fundação Instituto de Pesquisas Contábeis, Atuariais e Financeiras
IBRACON	• Instituto dos Auditores Independentes do Brasil

Atividades Sugeridas

Prepare uma pasta física ou digital para arquivar dados e informações contábeis durante o curso.

No final de todos os capítulos, são sugeridas algumas atividades práticas que tornam seu curso mais interessante e objetivo, além de, evidentemente, mais prático.

Tarefa 1.1

Selecione de um jornal, revista ou pela Internet um comentário sobre uma das atividades contábeis, como, por exemplo, Contabilidade, Auditoria, Perícia Contábil, Análise de Balanços, professor de Contabilidade, pesquisa na área contábil etc., e arquive-o em sua pasta ou armazene-o num arquivo no computador.

Tarefa 1.2

Uma das áreas mais interessantes para o futuro contador iniciar-se é a Auditoria. Trata-se de um "laboratório contábil" em que se aperfeiçoam os conhecimentos obtidos no curso de Contabilidade.

O auditor examina os procedimentos contábeis da empresa auditada e emite um *parecer,* dizendo se aqueles procedimentos são adequados ou não.

Selecione de um jornal um relatório contábil com *Parecer da Auditoria* e arquive-o em sua pasta real ou virtual.

Tarefa 1.3

O profissional contábil, além de dispor de muitas alternativas de emprego (contador, auditor, analista de balanços, professor de Contabilidade, pesquisador, *controller,* empregos públicos, perito-contador etc.), tem a vantagem da estabilidade no emprego em época de crise, pois toda empresa precisa do contador (ou do escritório de Contabilidade), por pior que seja sua situação. Além dessa segurança, o profissional contábil tem, em média, uma excelente remuneração, não havendo necessidade de "invejar" quaisquer outras profissões.

Há diversas fontes para pesquisar. Um exemplo, pela Internet, é o Guia Salarial (www.roberthalf.com.br).

Observação:

1   O esforço de pesquisa é fundamental neste estágio do curso. Por isso, recomendamos que sejam utilizados arquivos originais.

Exercícios

1   Associe os números da coluna da esquerda com a coluna da direita:

1.	Contabilidade é...	( ) Contabilidade Geral aplicada às empresas públicas
2.	Contabilidade Geral	( ) Indivíduo
3.	Contabilidade Hospitalar	( ) Para quem a Contabilidade é mantida
4.	Contabilidade Pública	( ) Pressupõe empresa em funcionamento
5.	Usuários da Contabilidade	( ) Contabilidade Financeira
6.	Pessoa Física (CPF)	( ) Profissional formado em curso superior
7.	Pessoa Jurídica (CNPJ)	( ) Governo, funcionários, sócios...
8.	Entidade Contábil	( ) Contabilidade Geral aplicada aos hospitais
9.	Contador	( ) Instrumento para tomada de decisões
10.	Auditor	( ) Empresas
11.	Continuidade	( ) Investigação contábil determinada por juiz
12.	Perícia Contábil	( ) Contador que verifica os procedimentos contábeis

2   A Contabilidade é o instrumento que fornece o máximo de informações úteis para a tomada de decisões dentro e fora da empresa. Algum dia você já parou para pensar por que tomamos decisões? Decisão é uma palavra de impacto, motiva algumas pessoas e assusta um punhado de outras. Tomar decisões não costuma ser uma tarefa fácil e esse processo se torna ainda mais difícil quando o dinheiro e o rumo de uma empresa estão em jogo. Para você, o que significa tomar uma decisão? E qual o processo para a tomada de decisão adequada?

3   O Sr. Messias e sua família moram numa casa grande de dois andares na cidade de Indaiatuba. Como a casa se localiza num ponto de grande circulação de pessoas no período da tarde, eles utilizam o espaço no térreo como ponto de venda de *hot dogs*. Estes são preparados por D. Silvana, esposa do Sr. Messias, na cozinha comum da casa, que também se localiza no térreo. Os demais cômodos de moradia ficam no andar de cima.

3.1   Utilizando a regra da Entidade Contábil, como você faria a contabilidade dos gastos de energia, água e aluguel da casa e da empresa de *hot dogs* do Sr. Messias?

3.2 O Sr. Messias poderia constituir uma pessoa jurídica para exploração de sua atividade comercial?

3.3 A contabilidade do *hot dog* deveria ser feita? Certa vez, o Sr. Messias leu num livro: "Todos os negócios, independentemente de seu tamanho, necessitam de informações (dados) para a tomada de decisão. Para agregar valor aos negócios, a Contabilidade deveria focalizar seu objetivo principal: instrumento gerencial, ou seja, fornecer, analisar e ordenar dados para a tomada de decisão. Na verdade, há serviços contábeis com ênfase exagerada na parte burocrática: guias, folhas de pagamento, impostos etc. Assim, nem sempre o usuário da Contabilidade é atendido conforme suas principais necessidades decisoriais; nesse caso, ela dá a falsa impressão de serviços de 'despachante'". Você concorda com essa informação? Comente.

2 Patrimônio

Para este capítulo, veja o vídeo "Patrimônio".

uqr.to/15ujb

Neste capítulo você verá:

Conceito contábil de patrimônio
Bens tangíveis e intangíveis
Direitos a receber
Obrigações exigíveis
Patrimônio Líquido e riqueza líquida

ikonStudio; bitontawan | iStockphoto

Nas últimas décadas, centenas de empresas foram negociadas, houve fusões e aquisições por grupos brasileiros e estrangeiros.

Citamos alguns exemplos de negociações:

- Natura adquire The Body Shop (2017).
- Banco Real (vendido ao ABM Amro em 2007) é adquirido pelo Banco Santander.
- Itaú adquire parte da XP Investimentos (2017).
- Livraria Cultura adquire Fnac e Estante Virtual (2017).
- Localiza adquire Unidas (2020).
- Raia Drogasil adquire Cuco Health (2021).

CONCEITO

O termo *patrimônio* significa, a princípio, o conjunto de *bens* pertencente a uma pessoa ou a uma empresa. Compõe-se também de valores a receber (ou dinheiro a receber). Por isso, em Contabilidade, esses valores a receber são denominados *direitos a receber* ou, simplesmente, *direitos*.

Relacionando-se, todavia, apenas bens e direitos, não se pode identificar a verdadeira situação de uma pessoa ou empresa. É necessário evidenciar as *obrigações* (dívidas) referentes aos bens ou direitos. Por exemplo, se você disser que tem como patrimônio um apartamento e não fizer referência à dívida com o banco financiador (em caso de ter sido adquirido por meio desse sistema de crédito), sua informação será incompleta e pouco esclarecedora.

Em Contabilidade, portanto, a palavra *patrimônio* tem sentido amplo: por um lado significa o conjunto de *bens* e *direitos* pertencentes a uma pessoa ou empresa; por outro lado, inclui as *obrigações* a serem pagas.

Quadro 2.1 Constituição do patrimônio

PATRIMÔNIO DE UMA PESSOA OU DE UMA EMPRESA	
Bens e Direitos (a receber)	Obrigações (a serem pagas)

BENS

Qvasimodo | iStockphoto

Entendem-se por **bens** as coisas úteis, capazes de satisfazer às necessidades das pessoas e das empresas. Se eles têm forma física, são palpáveis, denominam-se *bens tangíveis*: veículos, imóveis, estoques de mercadorias, dinheiro, móveis e utensílios (móveis de escritório), ferramentas etc.

Os bens incorpóreos, isto é, não palpáveis, não constituídos de matéria, denominam-se *bens intangíveis*. Normalmente, *as marcas* que constituem um bem significativo para as empresas (Nike, Coca-Cola) e as *patentes de invenção* (documento pelo qual o Estado garante a uma pessoa ou empresa o direito exclusivo de explorar uma invenção) são exemplos de bens intangíveis. Porém, há muitos outros exemplos.

Os bens, além de tangíveis e intangíveis, podem ser divididos em:

- *Bens imóveis*: são aqueles vinculados ao solo, que não podem ser retirados sem destruição ou danos: edifícios, construções, árvores etc.
- *Bens móveis*: são aqueles que podem ser removidos por si próprios ou por outras pessoas: animais, máquinas, equipamentos, estoques de mercadorias etc.

Suponha que a Cia. Teresópolis tenha os bens que constam no Quadro 2.2.

Quadro 2.2 Bens da Cia. Teresópolis

CIA. TERESÓPOLIS

	Em $ mil
Edifícios	180
Móveis e Utensílios	90
Veículos	110
Máquinas	400
Terrenos	900
Marcas e Patentes	150
Total	1.830

Esses bens podem ser classificados como consta no Quadro 2.3.

Quadro 2.3 Classificação dos bens

CIA. TERESÓPOLIS

Em $ mil

BENS	Tangíveis	Intangíveis	Móveis	Imóveis
Edifícios	180	—	—	180
Móveis e Utensílios	90	—	90	—
Veículos	110	—	110	—
Máquinas	400	—	400	—
Terrenos	900	—	—	900
Marcas e Patentes	—	150	150	—
Total	1.680	150	750	1.080

1.830   1.830

Vamos admitir que você tivesse de avaliar seu lar, sua casa. Seria fácil somar os eletrodomésticos, os utensílios, os móveis... Os bens tangíveis. Todavia, algo muito precioso, talvez o mais importante, você não pode avaliar monetariamente: o amor, a comunhão entre os membros de sua família. Esses são exemplos de bens intangíveis.

lupushnova | iStockphoto

DIREITOS

ilyast | iStockphoto

Em Contabilidade, entende-se por direito ou direito a receber o poder de exigir alguma coisa. São valores a receber, títulos a receber, contas a receber etc.

Após um mês de trabalho, desde que o pagamento estabelecido seja mensal, você tem direito de receber seu salário. Assim, *salários a receber* é um direito. Depositando determinada quantia num banco, você tem direito de sacar esse depósito a qualquer momento. Assim, *dinheiro depositado em bancos* é um direito.

Em relação à empresa, o direito a receber mais comum decorre das vendas a prazo, ou seja, quando se vendem mercadorias a outras empresas, o pagamento não é efetuado no ato, mas no futuro; a empresa vendedora emite uma duplicata como documento comprobatório. Esse direito denomina-se **duplicatas a receber**.

Como exemplos de outros direitos podem ser citados: aluguéis a receber, promissórias a receber, ações (a receber) etc.

A relação de *Direitos* da Cia. Teresópolis consta no Quadro 2.4.

Quadro 2.4 Relação de direitos da Cia. Teresópolis

CIA. TERESÓPOLIS

Em $ mil

ITENS	VALORES
Bancos conta Movimento (depósito)	680
Duplicatas a Receber	1.320
Títulos a Receber (notas promissórias)	500
Aluguéis a Receber	300
Total	2.800

OBRIGAÇÕES

neyro2008 | iStockphoto

São dívidas com outras pessoas. Em Contabilidade, tais dívidas são denominadas *obrigações exigíveis*, isto é, compromissos que serão reclamados, exigidos: pagamento na data do vencimento.

Em caso de um empréstimo bancário, você fica devendo ao banco (*empréstimo a pagar*). Se a dívida não for liquidada na data do vencimento, o banco *exigirá* o pagamento.

Uma obrigação exigível bastante comum nas empresas é a compra de mercadorias a prazo (exatamente o contrário de duplicatas a receber): ao comprar a prazo, a empresa fica devendo para o fornecedor da mercadoria; por essa razão, tal dívida é conhecida como fornecedores, embora também possa ser denominada *duplicatas a pagar*.

Outras obrigações exigíveis são: com os funcionários – *salários a pagar*; com o governo – *impostos a pagar*; com as financeiras – *financiamentos*; com a Previdência Social e o FGTS – *encargos sociais a pagar*; com o locador do prédio – *aluguéis a pagar*; diversas contas de luz, água, gás etc. – *contas a pagar* etc.

As obrigações exigíveis da Cia. Teresópolis constam no Quadro 2.5.

Quadro 2.5 Obrigações exigíveis da Cia. Teresópolis

CIA. TERESÓPOLIS

Em $ mil

ITENS	VALORES
Fornecedores (dívidas com fornecedores de mercadorias)	800
Empréstimos Bancários (a pagar)	400
Salários a Pagar	350
Encargos Sociais a Pagar (FGTS, INSS)	450
Impostos a Pagar (ou a recolher)	900
Financiamentos (empréstimos a pagar a longo prazo)	1.100
Contas a Pagar (diversos)	500
Total	4.500

Observe a representação gráfica do patrimônio no Quadro 2.6.

Quadro 2.6 Representação gráfica do patrimônio

BENS + DIREITOS	OBRIGAÇÕES EXIGÍVEIS
BENS	**OBRIGAÇÕES**
Dinheiro (Caixa)	Empréstimos a Pagar
Mercadoria em Estoques	Salários a Pagar
Veículos Imóveis	Fornecedores (Duplicatas a Pagar)
Máquinas	Financiamentos
Ferramentas	Impostos a Pagar
Móveis e Utensílios	Encargos Sociais a Pagar
Marcas e Patentes	Aluguéis a Pagar
DIREITOS	Títulos a Pagar
Depósitos em Bancos	Promissórias a Pagar
Duplicatas a Receber	Contas a Pagar
Títulos a Receber	
Aluguéis a Receber	
Ações (Investimentos)	

Nessa representação (Quadro 2.6), coloca-se no *lado esquerdo* Bens e Direitos, e no *lado direito*, Obrigações Exigíveis. Isso ocorre, porém, por mera convenção. Psicologicamente, parece interessante colocar primeiro aquilo que é positivo (Bens + Direitos) para em seguida apresentar aquilo que é negativo (Obrigações Exigíveis).

Veja o patrimônio da Cia Teresópolis no Quadro 2.7.

Quadro 2.7 Patrimônio Cia. Teresópolis

CIA. TERESÓPOLIS

Em $ mil

BENS + DIREITOS		OBRIGAÇÕES EXIGÍVEIS	
Bens	1.830	Obrigações	4.500
Direitos	2.800		

PATRIMÔNIO LÍQUIDO

Ao passar por uma autoestrada e avistar uma empresa imponente, com letreiros luminosos, jardins ao redor, uma pessoa pode imaginar: "Como é grande o patrimônio desta empresa!" Há possibilidade, no entanto, de essa pessoa estar errada, pois patrimônio envolve também obrigações. A empresa poderá estar a um passo da falência ou totalmente endividada, embora os números de seu patrimônio sejam elevados. Disso se conclui que patrimônio por si só não mede a efetiva riqueza de uma empresa.

Assim também, se um amigo seu tem um grande apartamento, um carro novo e outros bens, esse patrimônio elevado não significa necessariamente grandes vantagens: pode ser que ele deva muitas prestações ao banco financiador, que seu carro e outros bens tenham sido financiados, que sua dívida seja consideravelmente grande. Riqueza, portanto, não se mede somente pelo patrimônio.

Na verdade, é necessário conhecer a *riqueza líquida* da pessoa ou empresa: somam-se os bens e os direitos e, desse total, subtraem-se as obrigações; o resultado é a riqueza líquida, ou seja, a parte que sobra do patrimônio para a pessoa ou empresa. Ela é denominada **patrimônio líquido** ou situação líquida.

Vectoraart | iStockphoto

Patrimônio Líquido = Bens + Direitos (–) Obrigações

O Patrimônio Líquido, portanto, é a medida eficiente da verdadeira riqueza. Observe-se que há situações em que o Patrimônio é grande, mas as obrigações superam os Bens e Direitos; nesse caso, o Patrimônio Líquido é negativo, isto é, não há riqueza, a situação da empresa é péssima. Como exemplo, admitamos que a Cia. Votuporanga possua o seguinte patrimônio:

Bens	$ 650
Direitos	$ 250
Obrigações	$ 880

Sua riqueza líquida, todavia, é muito pequena:

$$PL = B + D - O$$
$$PL = 650 + 250 - 880$$
$$PL = \$\,20$$

Calculemos também o Patrimônio Líquido da Cia. Teresópolis:

$$PL = B + D - O$$
$$PL = 1.830 + 2.800 - 4.500$$
$$PL = \$\,130$$

> Isso significa que, se a Cia. Teresópolis recebesse todos os seus direitos e vendesse todos os seus bens, daria para pagar a dívida mas sobraria um montante irrelevante comparado ao seu patrimônio.

Palavras-chave

Bens: coisas úteis de que dispõe uma pessoa ou empresa para atingir seus fins. Os bens dividem-se em: tangíveis, intangíveis, móveis e imóveis.

Duplicatas a Receber: direito a receber em decorrência de vendas a prazo.

Fornecedores: conta em que se registram as obrigações decorrentes de compras a prazo. Essa conta também pode ser denominada Duplicatas a Pagar.

Patrimônio: expressa o conjunto de bens, direitos a receber e obrigações a pagar pertencentes a uma pessoa ou empresa.

Patrimônio Líquido: parte do patrimônio que efetivamente sobra para seu proprietário após somar Bens e Direitos e subtrair do total as obrigações; situação líquida; riqueza líquida; medida de riqueza da empresa.

Perguntas e Respostas

1. Quais são os outros exemplos de bens intangíveis?

   Também chamados ativos ocultos, ativos invisíveis, incorpóreos. Além de marcas, outros exemplos são: *clientela* (imagine os clientes de uma butique, as chamadas "madames"), *ponto comercial* (a localização de uma empresa num *shopping*, numa avenida importante, como a Paulista, em São Paulo...), *reputação/imagem* de uma empresa (por exemplo, Nestlé, Mercedes...), *lealdade de clientes, estoque de conhecimentos* (recursos humanos de altíssimo nível) etc.

2. Como os bens intangíveis são comumente chamados no mercado financeiro?

   Embora não signifiquem exatamente a mesma coisa, há diversas formas: aviamento, fundo de comércio, *goodwill*, capital intelectual, mais-valia etc.

3. Quando falamos em patrimônio, pensamos em empresas. Com crise econômica, há implantação de novas empresas?

   O Brasil apresentou, por exemplo, em 2002, a maior taxa de empreendedorismo "por necessidade" – por falta de opções no mercado de trabalho – entre as 37 principais economias mundiais. O índice brasileiro nesse tópico ficou em 7,5% do total, enquanto a média internacional foi de apenas 1,9%. Isso significa que 56% das pessoas que abriram negócio próprio, nesse ano, tomaram essa decisão porque não tinham outra opção de trabalho.

Essa é a principal conclusão do Projeto GEM (sigla em inglês para Monitoramento do Empreendedorismo Global), realizado no início deste século em 37 países, dos cinco continentes, que representam dois terços da população e 92% do Produto Interno Bruto (PIB) mundial.

Antes da pandemia 2020/2021, o empreendedorismo no Brasil estava em alta, porém muito mais "por oportunidade" (muitas opções de novos negócios, *startups* etc.) do que "por necessidade". Porém, no período da pandemia, mais de 600 mil micros e pequenas empresas faliram (fecharam suas portas).

Atividades Sugeridas

Tarefa 2.1 Faça um levantamento de seu patrimônio pessoal. Relacione, por um lado, todos os *bens* de sua propriedade. Indique, nesse mesmo lado, todos os valores a receber (direitos), incluindo o salário a receber referente a este mês. Por outro lado, relacione todas as suas dívidas relativas aos bens já identificados. Inclua, também nesse lado, todos os gastos que você terá ainda este mês (luz, água, supermercado, loja, escola, ônibus, gasolina, livros etc.). Finalmente, some os bens com os direitos, subtraia as obrigações e *encontre sua riqueza líquida*. Após essa tarefa, arquive o material em sua pasta.

Tarefa 2.2 Todas as pessoas físicas que ganham acima de um limite mínimo estipulado pelo Imposto de Renda devem preencher, anualmente, a declaração do Imposto de Renda. Na oportunidade, deverá ser apresentada a declaração pormenorizada do Patrimônio, conforme o art. 25 da Lei nº 9.250, de 27/12/1995. Se você fizer a declaração, arquive na sua pasta.

Tarefa 2.3 Muitos livros de Contabilidade apresentam o conceito de Patrimônio. Sua tarefa, neste momento, é buscar na biblioteca de sua instituição de ensino (presencial ou virtualmente), consultar *três livros de Contabilidade* (de autores diferentes) e transcrever o conceito de Patrimônio explicitado nos livros.

Observação:

1 Indique os livros consultados, bem como o autor, a editora, a cidade onde fica a editora, a edição e o ano de publicação.

Exercícios

1   Associe os números da coluna da esquerda com a coluna da direita:

1.	Bens, Direitos e Obrigações	( )	Bens imóveis
2.	Coisas úteis que satisfazem	( )	Direitos
3.	Tem forma física	( )	Fornecedores
4.	Bens vinculados ao solo	( )	Lado esquerdo
5.	Estoques (bens removíveis)	( )	Bens móveis
6.	Títulos a receber	( )	Patrimônio Líquido negativo
7.	Compra de mercadoria a prazo	( )	Riqueza líquida favorável
8.	Diversas pequenas contas a pagar	( )	Patrimônio Líquido
9.	Bens + Direitos > Obrigações	( )	Patrimônio
10.	Bens + Direitos < Obrigações	( )	Bem tangível
11.	Bens + Direitos (–) Obrigações	( )	Contas a Pagar
12.	Lado dos Bens e Direitos	( )	Bens

2   O Sr. Guilherme Polimento está muito satisfeito com sua riqueza acumulada até o momento:

- Um automóvel importado avaliado em $ 80.000
- Um apartamento de 3 dormitórios avaliado em $ 400.000
- Uma casa de campo avaliada em $ 350.000
- Dinheiro no bolso $ 500
- Depósitos bancários $ 5.100

Calcule a riqueza líquida do Sr. Guilherme, sabendo que o mesmo possui as seguintes obrigações:

- Dívida com o Sistema Financeiro da Habitação (SFH) $ 320.000
- Empréstimo bancário $ 6.000
- Contas a pagar $ 14.000
- Financiamento da casa de campo $ 250.000

Na resolução desse exercício, separe o que é bem do que é direito.

Bens		Obrigações	
_____	. . . .	_____	. . . .
_____	. . . .	_____	. . . .
_____	. . . .	_____	. . . .
		_____	. . . .
Direitos			
_____	. . . .	Riqueza Líquida = Bens + Direitos	
_____	. . . .	(–) Obrigações	

3   Os bens intangíveis são aqueles que não existem fisicamente, mas são reais, porém difíceis de serem avaliados. Por exemplo, como avaliar uma *startup* que desenvolve um *software* e é muito bem-sucedida? Quanto vale esse *software*? Quanto vale sua plataforma? O *software*, atualmente, é um dos bens intangíveis mais relevantes.

Assinale os itens que são considerados bens intangíveis.

( ) Marcas e patentes

( ) Ponto comercial

( ) Máquinas e equipamentos

( ) Clientela

( ) *Software*

( ) Lealdade dos clientes

( ) Capital intelectual

( ) Veículos

( ) Licença de uso

( ) Direitos de imagem e de transmissão

( ) Franquias

( ) Direitos autorais

( ) Móveis e utensílios

( ) Fórmulas

3 Demonstrações Financeiras

uqr.to/15ujd

Para este capítulo, veja o vídeo "Demonstrações Financeiras".

Neste capítulo você verá:

Conceito de relatórios contábeis
Principais Demonstrações Financeiras
Períodos de apresentação e requisitos das Demonstrações Financeiras
Demonstrações Contábeis *versus* Demonstrações Financeiras

vDraw | iStockphoto

Homem: "– As Demonstrações Financeiras mostram bons lucros!"

Mulher: "– É, mas os Fluxos de Caixa mostram que não temos dinheiro para pagar o nosso salário."

> Nos países desenvolvidos, a *Demonstração dos Fluxos de Caixa* é o relatório contábil mais importante em nossos dias. Ela apresenta resumidamente os recursos (dinheiro) que entraram no Caixa e os que saíram dele de um negócio durante determinado período. Os administradores mais hábeis preferem, antes de pronunciar a palavra *lucro*, avaliar cuidadosamente seu Fluxo de Caixa. Os administradores mais bem-sucedidos normalmente dizem que gerenciam ambos: o lucro e o fluxo de caixa. Você não pode ressaltar um e ignorar o outro. Uma empresa é um dragão de duas cabeças quando se trata desse assunto. Ignorar o Fluxo de Caixa pode levar a empresa a um abismo mesmo que ela tenha uma boa fórmula de se obter lucro. Alguns gerentes de negócios preocupam-se em produzir lucro e tratam o Fluxo de Caixa superficialmente. Na verdade, deveriam dar a mesma ênfase para ambos (livro *Accounting for Dummies*, Cap. 1).

CONCEITO

Os dados coletados pela Contabilidade são apresentados periodicamente aos interessados de maneira resumida e ordenada, formando, assim, os *relatórios contábeis*.

Os relatórios são elaborados de acordo com as necessidades dos usuários. Evidentemente, um relatório sobre o resultado anual de uma farmácia destacará muito menos pormenores que o de uma siderúrgica, que, normalmente, tem um número elevado de proprietários, grande volume de negócios, diversos tipos de impostos a recolher, operações em muitas agências bancárias.

Dos inúmeros relatórios que há em Contabilidade, destacam-se aqueles que são *obrigatórios* de acordo com a legislação brasileira. Esses relatórios são conhecidos como *Demonstrações Financeiras* ou, ainda, *demonstrações contábeis*.

Coleta de dados	Contabilidade	Relatórios Contábeis	Usuários da Contabilidade
			Investidores Administração Bancos Governo Fornecedores Sindicatos
Fona2 | iStockphoto	Tomacco | iStockphoto	art-sonik | iStockphoto	

Figura 3.1 Cadeia dos relatórios contábeis

PRINCIPAIS DEMONSTRAÇÕES FINANCEIRAS

As Demonstrações Financeiras obrigatórias a partir da Lei nº 11.638/07 são:

- Balanço Patrimonial (BP).
- Demonstração dos Lucros e Prejuízos Acumulados (DLPAc).
- Demonstração do Resultado do Exercício (DRE).
- Demonstração dos Fluxos de Caixa (DFC).
- Demonstração do Valor Adicionado (DVA).[1]

O tratamento dessas Demonstrações Financeiras varia de acordo com o tipo de constituição da sociedade empresarial. Há dois tipos principais: as Sociedades Anônimas (S.A.) e as Sociedades por Quotas de Responsabilidade Limitada (Ltda.).

A S.A. (ou companhia), que se caracteriza por seu capital dividido em partes iguais chamadas ações (os proprietários, geralmente em grande número, são denominados acionistas), deverá publicar as Demonstrações Financeiras no Diário Oficial e em outro jornal de grande circulação editado na localidade onde se situa a empresa. Todos os atos previstos na legislação societária deverão ser arquivados no registro do comércio.

A Ltda., que se caracteriza por seu capital dividido em quotas (os proprietários, geralmente em pequeno número, são denominados sócios ou quotistas), não precisa publicar em jornal, mas deverá apresentar as Demonstrações Financeiras para seus usuários, para o fisco, por meio do preenchimento da declaração do Imposto de Renda ou para atender ao Código Civil.

As sociedades ou conjunto de sociedades, sob controle comum, que tiverem no exercício social anterior Ativo (a soma dos Bens e Direitos) total superior a 240 milhões de reais ou Receita Bruta (total de Vendas) anual superior a 300 milhões de reais são consideradas sociedades de grande porte. Aplicam-se a essas sociedades, ainda que não constituídas sob a forma de sociedades por ações (as grandes Ltdas.), as disposições da lei sobre escrituração e elaboração das Demonstrações Financeiras.

Outra alteração é que as companhias (S.A.) fechadas[2] que tenham Patrimônio Líquido inferior a dois milhões de reais, na data do balanço, não serão obrigadas a elaborar e publicar a Demonstração dos Fluxos de Caixa.

Além das demonstrações relacionadas, há as notas explicativas, partes integrantes das Demonstrações Financeiras que as complementam. São informações adicionais destacadas na parte inferior das Demonstrações Financeiras. São conhecidas, por isso, como notas de rodapé.

---

[1] A DVA é obrigatória apenas para as companhias abertas (que negociam ações na Bolsa de Valores).

[2] Sociedades Anônimas que não abriram capital, ou seja, não negociam suas ações na Bolsa de Valores.

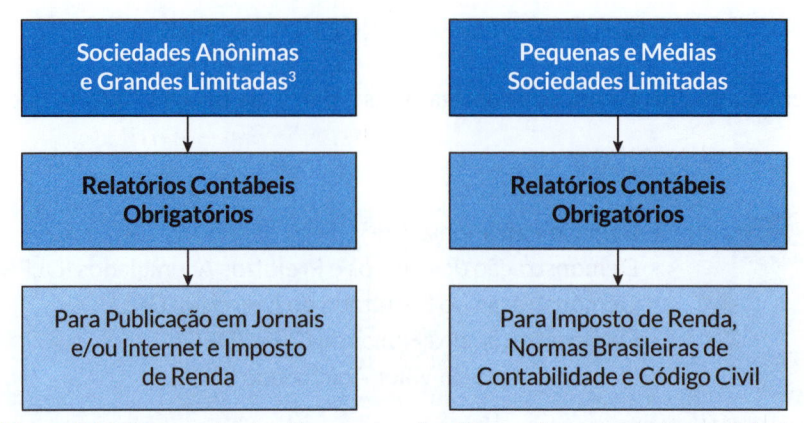

Figura 3.2 Tratamento das Demonstrações Financeiras em empresas S.A. e Grandes Limitadas × Pequenas e Médias Sociedades Limitadas

PERÍODOS DE APRESENTAÇÃO DAS DEMONSTRAÇÕES FINANCEIRAS

A Lei das Sociedades por Ações (LSA), Lei nº 6.404/76,[4] estabelece que, ao fim de cada período de 12 meses, a diretoria da empresa fará elaborar, com base na Contabilidade, as Demonstrações Financeiras. Esse período é denominado *exercício social* ou *período contábil*. Não há necessidade de que o exercício social coincida com o ano civil (01/01 a 31/12), todavia, para fins fiscais, o Imposto de Renda sugere o encerramento em 31/12.

A data do término do exercício social é definida pelos proprietários da empresa e não pode ser alterada, exceto em condições supervenientes. Isto é, se a empresa decidir que o exercício terminará no dia 31 de dezembro, não deve mudar essa data sem um motivo muito forte, para preservar a comparabilidade.

As *S.A. de capital aberto* (aquelas que negociam suas ações na Bolsa de Valores) e as instituições financeiras (bancos, financeiras etc.) devem publicar as Demonstrações Financeiras semestralmente para melhor informar o público interessado.

Para atender às necessidades internas (fins gerenciais) e facilitar a administração da empresa, a Contabilidade deverá apresentar relatórios contábeis em períodos mais curtos (semanal, quinzenal, mensal...). Todavia, ressaltamos que em termos legais o período contábil (exercício social) será de 12 meses.

---

[3] Não são obrigadas a publicar nos jornais como as S.A.

[4] Aperfeiçoada pela Lei nº 11.638/07.

Normalmente, as contabilidades são realizadas com *softwares* modernos, *on-line*, de modo que, no final do dia, podem-se extrair relatórios via computadores. No Brasil, tornou-se obrigatória a Contabilidade Digital – Sistema Público de Escrituração Digital (SPED).

REQUISITOS PARA PUBLICAÇÃO DAS DEMONSTRAÇÕES FINANCEIRAS

Alguns dados são fundamentais no momento da publicação. Entre eles destacam-se a denominação da empresa, o título de cada demonstração financeira (BP, DRE...) e a data do exercício social.

As Demonstrações Financeiras de cada exercício devem ser publicadas com a indicação dos valores correspondentes ao exercício social anterior. Dessa forma, o usuário conhecerá os valores do exercício atual e do exercício anterior, para efeito de comparabilidade. As demonstrações serão, portanto, apresentadas em *duas colunas*: ano atual e ano anterior.

As Demonstrações Financeiras podem ser apresentadas com a eliminação dos *três últimos dígitos* (três casas decimais), principalmente em números grandes. Deve-se, nesse caso, colocar no cabeçalho das Demonstrações Financeiras a expressão: "em $ milhares". Tendo-se, por exemplo, um valor igual a $ 495.628.745, eliminam-se os três últimos dígitos (745), restando, portanto, $ 495.628. Observe que os centavos já foram abolidos pelo Imposto de Renda.

A eliminação de dígitos facilita bastante as publicações, principalmente pela necessidade de publicar as demonstrações em duas colunas.

Em época de inflação elevada, até 1994, era comum grandes empresas, por possuírem números excessivamente grandes, publicarem suas Demonstrações Financeiras eliminando os seis últimos números (dígitos). Nesse caso, colocam no cabeçalho a expressão "em $ milhões".

No que se trata de publicação das Demonstrações Financeiras ou Contábeis, podemos encontrar também as Demonstrações Consolidadas,[5] que são um grupo econômico, em que o Balanço Patrimonial, a Demonstração do Resultado do Exercício e os Fluxos de Caixa são apresentados como se fossem uma única entidade econômica.

---

[5]   Agregação das Demonstrações Contábeis.

Admita-se que a Cia. Vale do Lago teve como vendas os seguintes valores:

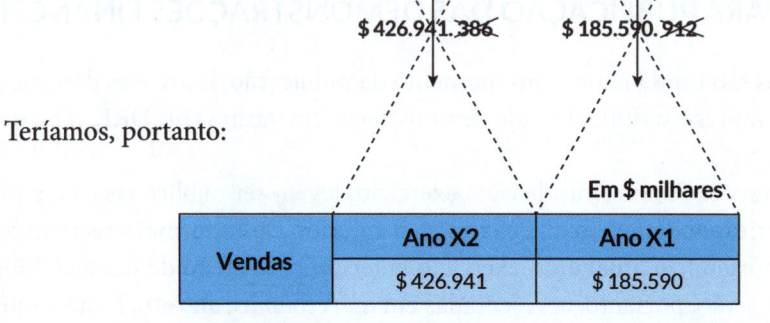

Vendas	Ano X2	Ano X1
	$ 426.941.386	$ 185.590.912

É muito mais objetivo evidenciar essas cifras elevadas eliminando, por exemplo, os três últimos dígitos.

$ 426.941.386 $ 185.590.912

Teríamos, portanto:

Em $ milhares

Vendas	Ano X2	Ano X1
	$ 426.941	$ 185.590

Ao ler esses números deve-se ter presente a expressão do cabeçalho: 426 milhões... e não 426 mil.

> Quando a Contabilidade adota um procedimento, um critério, por exemplo, publicar relatórios eliminando três dígitos, ela deverá manter esse critério ao longo dos anos para ser consistente.

Todos os relatórios contábeis deverão começar com Comentários da Diretoria, também conhecidos como Relatório da Administração.

DEMONSTRAÇÕES CONTÁBEIS

A Resolução CFC nº 1.255/09 aprovou a NBC TG 1000,[6] aplicável às sociedades empresárias de pequeno e médio porte (PME), não abrangendo bancos e seguradoras.

A NBC TG 1000 estabeleceu o conjunto completo de demonstrações contábeis que as PMEs devem elaborar:

a) Balanço Patrimonial (BP);
b) Demonstração do Resultado do Exercício (DRE);
c) Demonstração do Resultado Abrangente (DRA);
d) Demonstração das Mutações do Patrimônio Líquido (DMPL);
e) Demonstração dos Fluxos de Caixa (DFC).

---

[6] NBC TG: Normas Brasileiras de Contabilidade – GERAIS.

Apresentamos modelos de alguns relatórios contábeis na Figura 3.3.

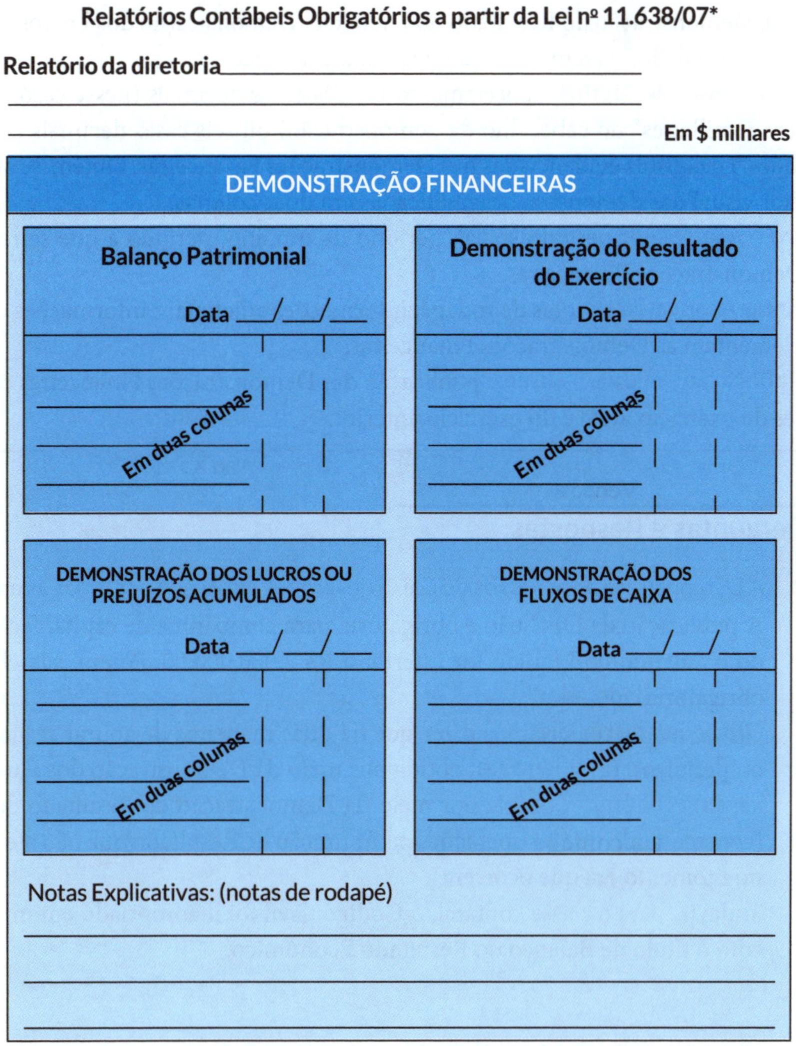

Relatórios Contábeis Obrigatórios a partir da Lei nº 11.638/07*

Relatório da diretoria_____
_____
_____ Em $ milhares

DEMONSTRAÇÃO FINANCEIRAS

Balanço Patrimonial

Data ___/___/___

Em duas colunas

Demonstração do Resultado do Exercício

Data ___/___/___

Em duas colunas

DEMONSTRAÇÃO DOS LUCROS OU PREJUÍZOS ACUMULADOS

Data ___/___/___

Em duas colunas

DEMONSTRAÇÃO DOS FLUXOS DE CAIXA

Data ___/___/___

Em duas colunas

Notas Explicativas: (notas de rodapé)
_____
_____
_____

* Para as sociedades anônimas de capital aberto também são obrigatórias a Demonstração do Valor Agregado (DVA) e a Demonstração das Mutações do Patrimônio Líquido (DMPL), que substitui a DLPAc.

Figura 3.3 Modelos de relatórios contábeis

Após as notas explicativas haverá assinatura dos diretores e do profissional contábil. Se for uma S.A. de capital aberto ou uma empresa de grande porte, instituição financeira, empresa de seguros etc., haverá o parecer do auditor externo.

A auditoria externa é constituída de pessoas que não possuem vínculos empregatícios com a empresa, portanto são independentes, dão opinião sobre a qualidade dos relatórios contábeis.

Palavras-chave

Demonstrações financeiras: relatórios contábeis exigidos por lei: Balanço Patrimonial, Demonstração do Resultado do Exercício, Demonstração dos Lucros ou Prejuízos Acumulados e Demonstração dos Fluxos de Caixa.

Eliminação de dígitos: cancelamento de três casas decimais (nesse caso, coloca-se "em $ milhares" no cabeçalho da demonstração) ou seis casas decimais ("em $ milhões") das cifras evidenciadas nas Demonstrações Financeiras. Obtém-se assim melhor visual das demonstrações publicadas em duas colunas.

Exercício social: período social, período de um ano; período a que se referem as Demonstrações Financeiras.

Notas explicativas: notas de rodapé; informações adicionais; informações que complementam as Demonstrações Financeiras.

Publicação em duas colunas: publicação das Demonstrações Financeiras com valores do exercício atual e do exercício anterior.

Perguntas e Respostas

1. A Demonstração dos Fluxos de Caixa deverá ser publicada por todas as empresas?

   A publicação da DFC não é obrigatória para companhia de capital fechado quando o Patrimônio Líquido for inferior a R$ 2.000.000,00. Porém, sua elaboração é obrigatória.

   Grosso modo, poderíamos dizer que há duas maneiras de apurar resultado (lucro ou prejuízo): (a) financeira, obtida por meio da Demonstração dos Fluxos de Caixa; (b) econômica, obtida por meio da Demonstração do Resultado do Exercício (considerando que há operações na Apuração de Resultado que não afetam o caixa no momento em que ocorrem).

   Todavia, para a classe contábil, o Código Civil foi inapropriado em mudar a DRE com o título de Balanço do Resultado Econômico.

2. Quais são os relatórios contábeis exigidos pela Lei das Sociedades por Ações e pelas normas contábeis brasileiras?

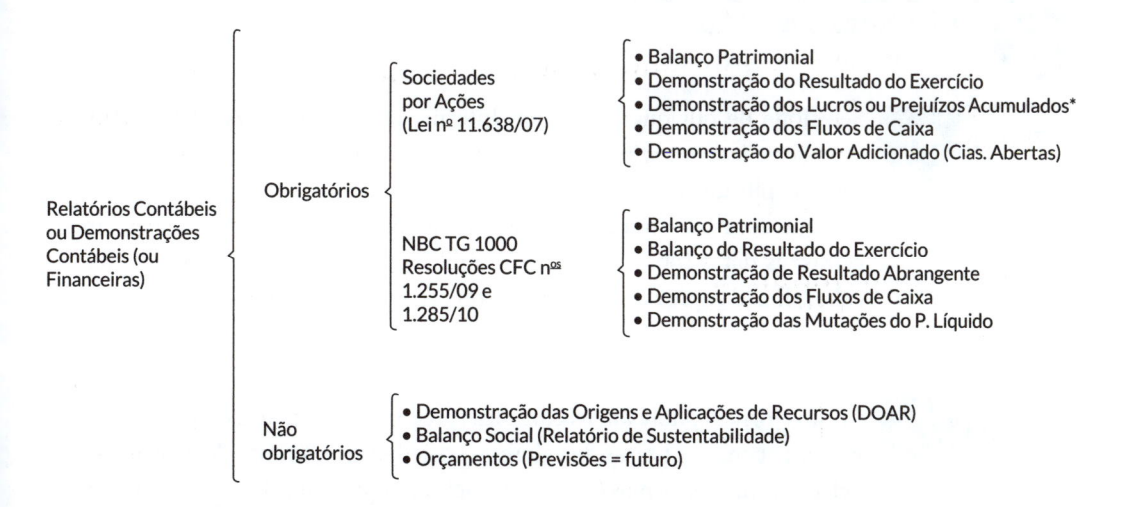

Relatórios Contábeis ou Demonstrações Contábeis (ou Financeiras)

Obrigatórios

Sociedades por Ações (Lei nº 11.638/07)
- Balanço Patrimonial
- Demonstração do Resultado do Exercício
- Demonstração dos Lucros ou Prejuízos Acumulados*
- Demonstração dos Fluxos de Caixa
- Demonstração do Valor Adicionado (Cias. Abertas)

NBC TG 1000 Resoluções CFC nºs 1.255/09 e 1.285/10
- Balanço Patrimonial
- Balanço do Resultado do Exercício
- Demonstração de Resultado Abrangente
- Demonstração dos Fluxos de Caixa
- Demonstração das Mutações do P. Líquido

Não obrigatórios
- Demonstração das Origens e Aplicações de Recursos (DOAR)
- Balanço Social (Relatório de Sustentabilidade)
- Orçamentos (Previsões = futuro)

---

* Pela Lei nº 11.638/07, é extinta a conta Lucros Acumulados. Dessa forma, pressupõe que prevalecerá a Demonstração dos Lucros ou Prejuízos Acumulados, porém deverá ter saldo zero. Essa demonstração poderá ser substituída pela Demonstração das Mutações do Patrimônio Líquido.

3. Seria possível resumir a obrigatoriedade das demonstrações contábeis para todo o universo de empresas?

Relatório Contábil	Micros, Pequenas e Médias Empresas		Empresas de Grande Porte	
	ITG 1000	NBC TG 1000	S.A. Capital Aberto	Capital Fechado e Ltdas.
	Micro e Pequeno Porte	Pequeno e Médio Porte		
BP	Obrigatório	Obrigatório	Obrigatório	Obrigatório
DRE	Obrigatório	Obrigatório	Obrigatório	Obrigatório
DRA	Facultativo	Pode ser substituído pela DMPL	Obrigatório	Obrigatório
DLPAc	Facultativo	Facultativo	Facultativo	Facultativo
DMPL	Facultativo	Obrigatório	Obrigatório	Obrigatório
DFC	Facultativo	Obrigatório	Obrigatório	Obrigatório
DVA	Facultativo	Facultativo	Obrigatório	Facultativo
Notas explicativas	Obrigatório	Obrigatório	Obrigatório	Obrigatório

Atividades Sugeridas

Tarefa 3.1

Selecione de qualquer jornal ou Internet as *Demonstrações Financeiras de uma sociedade anônima* que contenham as cinco demonstrações citadas e notas explicativas.

Indique com um círculo ou destaque os títulos das Demonstrações Financeiras, as datas (observe se foram publicadas em duas colunas) e se há, no cabeçalho, a expressão "em $ milhares". Arquive em sua pasta.

Tarefa 3.2

Muitos jornais publicam as cotações (preço) das ações das empresas que negociam ações nas bolsas de valores – sociedades anônimas de capital aberto. Selecione desses jornais (ou da Internet) qualquer *cotação de ações* e destaque o *preço das ações do Banco do Brasil S.A.* Arquive em sua pasta. Sugestão: utilize o *site* da BM&F Bovespa – conhecida como B3 (Brasil, Bolsa, Balcão).

Tarefa 3.3

Consulte um Regulamento do Imposto de Renda e identifique o número do artigo que dispõe sobre as Demonstrações Financeiras que as empresas devem apresentar. Coloque na sua pasta.

Exercícios

1   Associe os números da coluna da esquerda com a coluna da direita:

1.	Relatórios contábeis obrigatórios	( )	Normalmente, poucos proprietários
2.	Sociedade anônima	( )	Relatórios em períodos mais curtos
3.	Ltda.	( )	Duas colunas e eliminação de dígitos
4.	Informações adicionais	( )	Diário Oficial e outro jornal
5.	Dois tipos principais de sociedade	( )	Em $ milhares
6.	Publicações das Dem. Financeiras	( )	Exercício Social
7.	Período contábil	( )	Demonstrações Financeiras
8.	Para fins internos	( )	Notas Explicativas
9.	Eliminação de três dígitos	( )	Exercício atual e anterior
10.	Duas colunas	( )	Ações negociadas na bolsa
11.	Capital aberto	( )	Normalmente, muitos proprietários
12.	Requisitos para publicação das Dem. Financeiras	( )	S.A. e Ltda.

2 Aluísio Tavares, excelente aluno nos bancos escolares, após ser aprovado no exame de suficiência e ter registro no CRC, foi contratado para gerenciar a Contabilidade de uma companhia de capital aberto. Sua primeira dúvida era se o exercício social da empresa seria de 6 meses, período em que deveria publicar as Demonstrações Financeiras, ou de 12 meses. Consultando a Lei das S.A., constatou que o exercício social é de 12 meses, regra esta valendo também para o Imposto de Renda.

Daí, a dúvida. Por que a publicação semestral se o exercício social é efetivamente de 12 meses? Ajude nosso companheiro recém-formado.

3 Identifique a informação: "A dívida da Cia. Albertina com o Banco Financial refere-se a um financiamento de quatro anos, sendo oferecido um imóvel como garantia. O custo do financiamento abrange juros anuais de 8% mais correção da TR (Taxa Referencial)".

Essa informação completa faz parte dos relatórios contábeis.

3.1 Indique em que lugar ela aparecerá: _____

_____

3.2 No Patrimônio da Cia. Albertina, o valor dessa dívida será destacado em:
( ) Bens

( ) Direitos

( ) Obrigações

( ) Patrimônio Líquido

3.3 Podemos denominar essa dívida:
( ) Fornecedores

( ) Financiamentos

( ) Impostos a Pagar

( ) Contas a Pagar

Quadro das principais siglas:

S.A.	Sociedades Anônimas
Ltda	Sociedades por Quotas de Responsabilidade Limitada
LSA	Lei das Sociedades por Ações
B3	Brasil, Bolsa, Balcão
ITG	Interpretação Técnica Geral
NBC TG	Normas Brasileiras de Contabilidade – GERAIS

4

Balanço Patrimonial – Uma Introdução

uqr.to/15ujf

Para este capítulo, veja o vídeo "Balanço Patrimonial".

Neste capítulo você verá:

O que é Balanço Patrimonial
Conceitos de Ativo, Passivo e Patrimônio Líquido
O termo "capital" em Contabilidade
Origens × aplicações e sua importância para entender o Balanço Patrimonial

Ativo = Passivo
+
Patrimônio
Líquido

yuoak | iStockphoto

"Só um gênio consegue este milagre."

> Os MBAs não são treinados para lançar transações em um computador; ou melhor, são ensinados a interpretar a informação que os contadores geram. As Demonstrações Financeiras são o resumo de todas as transações individuais registradas em um período. Elas são o produto final de uma função contábil. As Demonstrações Financeiras dão aos usuários interessados a oportunidade de verem o que aconteceu, em um resumo perfeito. Para conhecer uma empresa, você tem de saber ler e compreender principalmente as três principais Demonstrações Financeiras: Balanço Patrimonial, Demonstração do Resultado do Exercício e Demonstração dos Fluxos de Caixa (livro *MBA em 10 lições*, Cap. 3).

IDENTIFICAÇÃO

O Balanço Patrimonial é o mais importante relatório gerado pela Contabilidade. Por meio dele pode-se identificar a *saúde* financeira e econômica da empresa no fim do ano ou em qualquer data prefixada.

O Balanço Patrimonial é dividido em duas colunas: a do lado esquerdo é denominada *Ativo*, a do lado direito, *Passivo*. O ideal seria denominar a segunda coluna *Passivo e Patrimônio Líquido*. Entretanto, a Lei das Sociedades por Ações apresenta apenas o termo "Passivo".

Denominar a coluna da esquerda Ativo e a da direita Passivo é mera convenção.

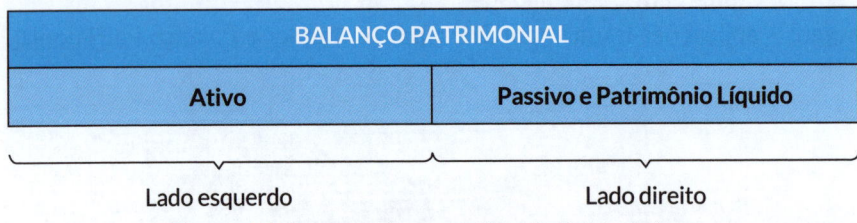

Figura 4.1 Representação gráfica do Patrimônio

> O termo *Ativo* pressupõe algo positivo, dinâmico, que produz, que gera riqueza.
> O termo *Passivo*, ao contrário, dá uma ideia de negativo, dívidas, obrigações.

ATIVO

É o conjunto de bens e direitos de propriedade ou controlado pela empresa. São os itens positivos do Patrimônio; trazem benefícios, proporcionam ganho para a empresa.

Estoque significa bens de propriedade da empresa; pertence, consequentemente, ao Ativo. Empregado, por sua vez, é um bem na empresa, porém não pode ser classificado no Ativo porque não é sua propriedade. Os escravos, antes da abolição, eram contabilizados como ativo em razão de pertencerem à fazenda. O gado de uma atividade agropecuária, como parte do patrimônio da fazenda que é, deve ser relacionado no Ativo.

Uma máquina é um bem que está à disposição da empresa e, portanto, faz parte do Ativo. Se a máquina, todavia, for arrendada (*Leasing* Financeiro),[1] deverá também ser relacionada no Ativo, pois a empresa tem benefícios, riscos e controle (*leasing* é um financiamento disfarçado). É diferente quando a empresa está localizada num prédio alugado: esse imóvel normalmente não é considerado Ativo, pois não é propriedade da empresa (*Leasing* Operacional, ou Arrendamento Operacional - essa regra mudou a partir de 2019 para as empresas de grande porte. Veja o Capítulo 15, sobre Imobilizado).

As duplicatas a receber, títulos a receber, são direitos de propriedade da empresa; por isso, pertencem ao Ativo.

> De maneira geral, o Ativo é registrado inicialmente pelo preço de aquisição ou fabricação, ou seja, pelo CUSTO HISTÓRICO ou VALOR ORIGINAL.

BALANÇO PATRIMONIAL	
Ativo	**Passivo e PL**
Bens • Máquinas • Veículos • Estoques • Dinheiro **Direitos** • Títulos a receber • Depósitos bancários	**?**

Figura 4.2 O Ativo no Balanço Patrimonial

PASSIVO

Significa as *obrigações exigíveis* da empresa, ou seja, as dívidas que serão cobradas, reclamadas a partir da data de seu vencimento. É denominado também Passivo Exigível, procurando-se, nesse caso, dar mais ênfase ao aspecto exigibilidade.

---

[1] De acordo com a Lei nº 11.638/07, devem ser classificados no Ativo Imobilizado os direitos que tenham por objeto bens corpóreos (tangíveis) destinados à manutenção das atividades da companhia ou da empresa ou exercidos com essa finalidade, inclusive os decorrentes de operações que transfiram à companhia os benefícios, riscos e controle desses bens (*leasing*).
No caso do *leasing* financeiro, a essência e a realidade econômica são que o arrendatário adquire os benefícios econômicos do uso do ativo arrendado pela maior parte da vida útil deste.

O Passivo Exigível é conhecido no mercado financeiro como dívidas com terceiros, ou recursos (dinheiro) de terceiros, ou *capital de terceiros*. A palavra *terceiro* abrange o conjunto de pessoas físicas e jurídicas com quem a empresa tem dívidas: fornecedores (de mercadorias), funcionários (salários), governo (impostos), bancos (empréstimos bancários), encargos sociais (FGTS, Previdência Social), encargos financeiros (financiamentos) etc.

O Passivo Exigível evidencia o endividamento da empresa; seu crescimento de forma desmedida pode levar a empresa ao instituto da recuperação judicial ou até à falência.

BALANÇO PATRIMONIAL	
Ativo	**Passivo e PL**
Bens • Máquinas • Veículos • Estoques • Dinheiro Direitos • Títulos a Receber • Depósitos Bancários	Passivo exigível • Fornecedores • Salários a Pagar • Empréstimos Bancários • Impostos a Pagar Patrimônio Líquido **?**

Figura 4.3 O Passivo no Balanço Patrimonial

"A principal causa da dificuldade financeira está simplesmente no desconhecimento da diferença entre Ativo e Passivo." *Pai rico, pai pobre*, p. 64.

PATRIMÔNIO LÍQUIDO

Representa o total das *aplicações dos proprietários* na empresa.

Toda empresa necessita de uma quantia inicial de recursos (normalmente, dinheiro) para efetuar suas primeiras aquisições, seus primeiros pagamentos etc. Os proprietários, então, concedem suas poupanças com o objetivo de proporcionar à empresa os meios necessários ao início do negócio. Essa quantia inicial concedida pelos proprietários denomina-se, contabilmente, *capital social*, que poderá ser aumentado a qualquer momento.

Em termos didáticos, a empresa, pessoa jurídica, fica devendo (obrigação) para seus proprietários, que, por lei, não podem exigir (para não extinguir a empresa) seu dinheiro de volta enquanto a empresa estiver em funcionamento (*continuidade*). Por isso, o Patrimônio Líquido é conhecido como obrigação *não exigível* (que não se pode reclamar, cobrar, exigir de volta). Se os proprietários quiserem retirar-se da sociedade, devem vender sua participação no capital para outras pessoas, sem envolverem a empresa.

Pelo fato de os proprietários não terem direito de reclamar seu dinheiro aplicado na empresa, enquanto esta estiver em processo de continuidade, no mundo financeiro o Patrimônio Líquido é denominado *recurso próprio* ou *capital próprio*, ou seja, recursos que pertencem à própria empresa até sua extinção. No encerramento da empresa, os recursos seriam devolvidos aos proprietários.

Matematicamente, o Patrimônio Líquido é obtido por meio da *equação contábil*: Ativo – Passivo Exigível.

> **PL = Ativo (bens + direitos) – Passivo Exigível (obrigações exigíveis)**

O TERMO "CAPITAL" EM CONTABILIDADE

De maneira geral, o termo *capital* significa recursos. Capital próprio, portanto, denota recursos (financeiros ou materiais) dos proprietários (sócios ou acionistas) aplicados na empresa. Capital de terceiros, por seu lado, significa recursos de outras pessoas (físicas ou jurídicas) aplicados na empresa.

A importância que os proprietários investem inicialmente na empresa, contabilmente, é denominada *capital* ou *capital nominal*. O valor inicial do capital nominal será modificado, normalmente aumentado com o passar do tempo.

Em caso de os sócios (ou acionistas) se comprometerem a investir na empresa certa quantia, esse capital será denominado *capital subscrito* (assinado, comprometido). Esse compromisso surge no papel, no contrato social assinado pelos sócios.

Ao cumprirem o contrato firmado, fornecendo dinheiro ou outros bens à empresa, os proprietários *integralizam capital* (realização do capital). Capital a integralizar é, portanto, a parte do capital comprometido (subscrito) ainda não realizada.

ORIGENS × APLICAÇÕES

Todos os recursos que entram numa empresa passam pelo *Passivo* e *Patrimônio Líquido*. Os recursos (financeiros ou materiais) são originados dos proprietários (PL), fornecedores, governo, bancos, financeiras etc. e representam origens de recursos. Por meio do Passivo e do Patrimônio Líquido, portanto, identificam-se as origens de recursos.

O Ativo, por sua vez, evidencia todas as *aplicações* de recursos: aplicação no caixa, em estoque, em máquinas, em imóveis etc.

A empresa, na verdade, só pode aplicar (Ativo) aquilo que tem origem (Passivo e PL). Evidentemente, havendo origem de $ 2,96 milhões, a aplicação deve ser de $ 2,96 milhões. Dessa forma, fica bastante simples entender por que o Ativo será *sempre igual* ao Passivo + PL.

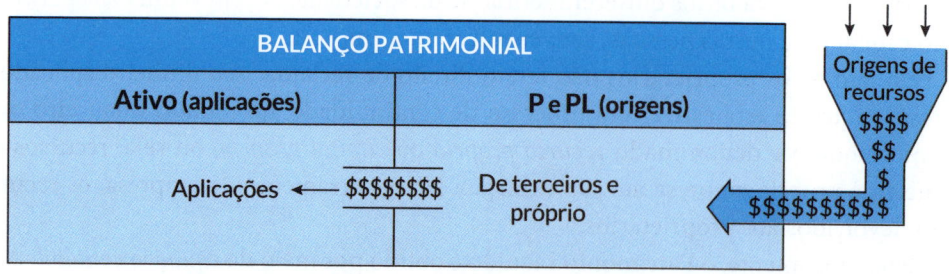

Figura 4.4 Origens × aplicações no Balanço Patrimonial

Se o total do Passivo + Patrimônio Líquido for $ 294.321, qual o total do Ativo? O total é $ 294.321. Por quê? Porque, havendo origem de $ 294.321, só se pode aplicar a quantia de $ 294.321, nem um centavo a mais, nem um centavo a menos.

PRINCIPAL ORIGEM DE RECURSOS

Sem dúvida nenhuma, a principal origem de recurso para as empresas é o *lucro* obtido no negócio.

É importante ficar bem claro que o lucro obtido pela empresa *não pertence* a ela, mas a seus proprietários (sócios ou acionistas), pois são eles que correm o risco do negócio. Se a empresa tiver prejuízo, quem perde são os proprietários, e não a empresa, que é um ente abstrato. Por isso, o investimento feito pelos proprietários também é chamado de Capital de Risco.

O lucro é a remuneração ao capital investido na empresa pelos proprietários. Quando se aplica em caderneta de poupança, os juros também pertencem ao investidor, e não à sociedade de poupança. Na empresa ocorre o mesmo: todo lucro é adicionado à conta do proprietário, ou seja, ao Patrimônio Líquido. Ressalte-se que apenas o lucro retido (não distribuído em dinheiro aos proprietários) se acumula no Patrimônio Líquido, aumentando, portanto, o investimento dos proprietários. Nesse caso, há o reinvestimento para a expansão do próprio negócio.

FATOS		CADERNETA DE POUPANÇA	EMPRESA
O investidor aplica	⬇	$ 10.000	$ 15.000
Rendimentos após um período	(+)	Juros $ 5.000	Lucros da empresa $ 7.000
Valor acumulado do investimento (pertencente ao investidor)	(=)	$ 15.000	PL $ 22.000

Rendimento ilustrativo, não tendo valor prático profissional.

Figura 4.5 Exemplo de rendimento

O lucro distribuído aos proprietários (remuneração ao capital próprio) é chamado dividendos.

CONCEITO DE ATIVO, PASSIVO E PATRIMÔNIO LÍQUIDO CONFORME O CPC 00

A estrutura conceitual para Relatório Financeiro, conhecida como CPC 00, não é uma norma propriamente dita, mas um guia, uma espécie de manual para o exercício da Contabilidade:

Ativo: um recurso econômico presente, controlado pela entidade como resultado de eventos passados;

Passivo: uma obrigação presente da entidade de transferir um recurso econômico como resultado de eventos passados;

Patrimônio Líquido: é a participação residual nos Ativos da entidade após a dedução de todos os seus Passivos.

EXPLICAÇÃO DA EXPRESSÃO "BALANÇO PATRIMONIAL"

A palavra *balanço* decorre do equilíbrio **Ativo = Passivo + PL**, ou da igualdade **Aplicações = Origens**. Parte-se da ideia de uma balança de dois pratos, onde sempre encontramos a igualdade. Mas, em vez de se denominar balança (como balança comercial...), denomina-se balanço.

O termo *patrimonial* tem origem no patrimônio da empresa, ou seja, conjunto de bens, direitos e obrigações. Daí o chamar-se patrimonial.

Juntando-se ambas as palavras, obtém-se balanço patrimonial, equilíbrio do patrimônio, igualdade patrimonial. Em sentido amplo, o Balanço evidencia a situação patrimonial
da empresa em determinada data.

Figura 4.6 O Balanço Patrimonial

DICAS PARA OS ESTUDANTES: Assista ao vídeo "Relatórios
Contábeis".

Palavras-chave

Ativo: conjunto de bens e direitos controlados pela empresa; é a parte positiva do
patrimônio. A maioria dos ativos é de propriedade da empresa. Um exemplo de
exceção é o *leasing* (arrendamento mercantil).

Capital Social: poupança aplicada nas empresas; recursos (materiais ou financeiros)
investidos pelos proprietários em suas empresas.

Capital próprio: recursos dos proprietários aplicados na empresa que não podem
ser resgatados; por isso, são considerados como se fossem da própria empresa; conhecido também como Patrimônio Líquido; não exigível.

Capital de terceiros: dívidas exigíveis; dívidas com diversas pessoas ou entidades:
governo, fornecedores, funcionários, bancos, financeiras etc.

Continuidade: princípio, regra contábil que significa o funcionamento de uma empresa ou de algo em andamento.

Equação contábil: Ativo – Passivo Exigível = Patrimônio Líquido.

Falência: quebra da empresa provocada por falta de recursos para pagar suas dívidas; liquidação da empresa. Atualmente, há uma lei para essa finalidade chamada
"Lei de Recuperação de Empresas (ou Judicial)".

Leasing: arrendamento mercantil; aluguel de bens móveis; a sociedade de *leasing* concede um bem à empresa, e essa lhe paga um aluguel mensal. Pela Lei nº 11.638/07, deverá ser contabilizado como Ativo. A dívida do *leasing* será contabilizada como Passivo.

Obrigações exigíveis: obrigações reclamáveis; no momento em que a dívida vence, sua liquidação é exigida; passivo exigível.

Recuperação judicial: tem o intuito de sanear a crise econômico-financeira a fim de manter a produção e o emprego, realizando assim a função social da empresa.

Risco do negócio: perigo de perder o dinheiro aplicado.

Perguntas e Respostas

1. De onde vem o termo *balanço*?

O termo *balanço* vem do latim, da expressão *bi-lancis*, que lembra Balança de dois Pratos. Antes das balanças atuais, eletrônicas, digitais etc., os comerciantes usavam a balança de dois pratos, colocando num prato a mercadoria a ser pesada e no outro prato "pesos" representando quilos e gramas. Esses pesos simbolizavam 50, 100, 200... gramas e 1, 2, 3... quilos. Ao se obter o equilíbrio nos dois pratos somavam-se os pesos simbólicos e se conhecia quanto pesava a mercadoria. Etimologicamente, então, balanço significa "equilíbrio", os mesmos valores nos dois lados.

2. O que é Balanço Social?

O Balanço Social evidencia as ações sociais das empresas: relações de trabalho dentro da empresa (empregados: quantidade, sexo, escolaridade, encargos sociais, gastos com alimentação, educação e saúde do trabalhador, previdência privada); tributos pagos; investimentos para a comunidade (em cultura, esportes, habitação, saúde pública, saneamento, assistência social...); investimentos no meio ambiente etc.

No Brasil, o Balanço Social não é obrigatório. Porém, diversas empresas publicam no Relatório da Diretoria (ou Administração), na parte superior (introdução), as Demonstrações Contábeis.

No Brasil, para as empresas de capital aberto, é obrigatória a publicação da Demonstração do Valor Agregado (DVA), que é parte do Balanço Social.

3. O que é a Demonstração do Valor Agregado?

Também conhecida como Demonstração do Valor Adicionado, esta demonstração evidencia quanto a empresa gerou de riqueza e para quem está sendo distribuída, canalizada essa riqueza.

É como se medisse o tamanho de um "bolo" que a empresa gerou e para quem vai cada fatia do bolo (empregados, diretores, acionistas, bancos, governo, reaplicação na própria empresa etc.).

A Lei nº 11.638/07, que trouxe significativas alterações na Lei das Sociedades Anônimas (Lei nº 6.404/76), como já dissemos, tornou obrigatória a apresentação dessa demonstração para as companhias abertas.

Atividades Sugeridas

Tarefa 4.1 Selecione um Balanço Patrimonial de um banco e indique com um círculo (ou destaque) os grupos Ativo, Passivo e Patrimônio Líquido desse balanço. Arquive-o em sua pasta.

Tarefa 4.2 *Falência* significa quebra, extinção de uma empresa que não conseguiu honrar seus compromissos. As falências, quando decretadas, são publicadas em alguns jornais. A Lei Complementar nº 11.101/05 regula a recuperação judicial, a recuperação extrajudicial e a falência do empresário e da sociedade empresária. Anexe essa lei a sua pasta.

Tarefa 4.3 Das duas origens de recursos para uma empresa, capital de terceiros e capital próprio, atualmente prevalece a primeira, ou seja, as empresas brasileiras trabalham mais com capital de terceiros que com capital próprio.

Entre as diversas fontes de capital de terceiros, observa-se que os recursos financeiros obtidos junto a instituições financeiras, sobretudo bancos comerciais, ocorrem com mais frequência.

Os bancos comerciais possuem diversas linhas de crédito para conceder recursos às empresas.

Retire em algum banco um folheto, ou da Internet um arquivo, que evidencie diversas linhas de empréstimo. Em seguida, destaque as três linhas que você considera mais interessantes para as empresas.

Exercícios

1 Associe os números da coluna da esquerda com a coluna da direita:

1. Lado Esquerdo do Balanço	( )	Passivo
2. Lado Direito do Balanço	( )	Capital de Terceiros
3. Bens Arrendados (*Leasing*)	( )	Bens, Direitos e Obrigações
4. Passivo Exigível	( )	Pela Lei nº 11.638/07, é Ativo
5. Aplicações dos proprietários	( )	Ativo
6. Patrimônio Líquido	( )	Capital Próprio
7. Equação Contábil	( )	Lucro
8. Capital a Integralizar	( )	PL = Ativo – Passivo Exigível

9. Ativo
10. Principal Origem de Recursos
11. Patrimônio
12. Origem – Aplicações

( ) Zero
( ) Capital a Realizar
( ) Aplicações de Recursos
( ) Capital Social + Lucros Retidos

2   "João Indeciso" é aluno do curso de Ciências Contábeis e está estudando para sua primeira prova. Ajude-o a definir quais dos itens relacionados abaixo é Ativo (A), Passivo (P) e Patrimônio Líquido (PL).

( ) Caixa
( ) Depósitos em Bancos
( ) Empréstimos Bancários
( ) Estoques
( ) Capital
( ) Empréstimos Concedidos às Associadas
( ) Equipamentos
( ) Ações
( ) Investimentos em Outras Empresas
( ) Lucros Acumulados
( ) Salários a Pagar
( ) Prédios
( ) Terrenos
( ) Ferramentas

( ) Obras de Arte
( ) Capital Próprio
( ) Capital de Terceiros
( ) Duplicatas a Pagar
( ) Duplicatas a Receber
( ) FGTS a Pagar
( ) Contas a Receber
( ) Instalações
( ) Contas a Pagar
( ) Financiamentos a Pagar
( ) Fornecedores de Mercadorias
( ) Máquinas
( ) Veículos
( ) Imposto a Pagar

3   O Sr. "Mario Investidor" possui vários investimentos em poupança e fundos de renda fixa. Após assistir a uma palestra sobre lucro e ações no YouTube, ele resolveu se arriscar e começar a aplicar em ações na Bolsa de Valores. Porém, ele não conhece nada sobre Contabilidade.

Ele pesquisou no *site* da Bolsa de Valores as Demonstrações Financeiras da empresa X e se deparou com o Balanço Patrimonial, porém não entendeu por que o Ativo é igual ao Passivo.

3.1 Explique a igualdade Ativo = Passivo e Patrimônio Líquido para o Sr. Mario.

3.2 Explique o que são Demonstrações Financeiras.

3.3 O Sr. Mario descobriu na Internet um quadro sobre Balanço Patrimonial. Tente explicá-lo.

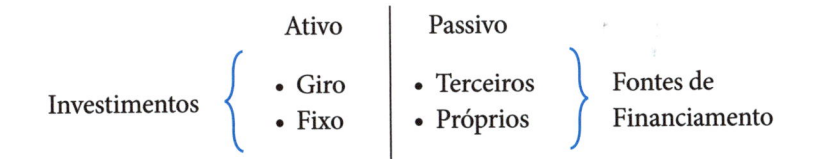

5

Balanço Patrimonial – Grupo de Contas

uqr.to/15ujh

Para este capítulo, veja o vídeo "Balanço Patrimonial – Grupo de Contas".

Neste capítulo você verá:

Conceito de curto e longo prazos na Contabilidade

Ativo
- Ativo Circulante e Não Circulante

Passivo
- Passivo Circulante e Não Circulante

Patrimônio Líquido

Principais deduções do Ativo e do Patrimônio Líquido
- Deduções do Ativo Circulante e Não Circulante
- Dedução do Patrimônio Líquido

Tatiana_Stulbo |iStockphoto

"Contador, alguma coisa está errada. Já é o segundo ano seguido que o Ativo dá o mesmo valor do Passivo. Você está querendo rir da minha cara?"

O ideal seria que o Balanço Patrimonial e outras Demonstrações Financeiras fossem examinados por auditoria externa, isto é, independente, sem nenhum vínculo permanente com a empresa. O auditor externo não pode, sequer, ter um parente que tenha vínculo empregatício com a empresa.

O auditor emite sua opinião informando se as Demonstrações Financeiras representam, adequadamente, a situação patrimonial e financeira na data do exame (livro *Contabilidade Empresarial*, Cap. 19).

INTRODUÇÃO

Colocando-se todas as contas de forma desordenada, ainda que respeitando as noções de Ativo, somando-se caixa com máquinas, duplicatas a receber com veículos e assim por diante, haveria muita dificuldade para *interpretar e analisar* o balanço.

Essa é a razão por que se devem agrupar contas de mesmas características, de mesma natureza: facilitar a leitura do balanço.

É coerente somar o dinheiro em caixa com o dinheiro depositado em bancos, pois ambos caracterizam dinheiro *disponível* para a empresa; agrupar máquinas, veículos e equipamentos também tem significado, pois são bens de vida útil longa, não destinados à venda; da mesma forma, é compatível agrupar, no Passivo, salários a pagar, fornecedores e impostos a pagar, pois são contas que serão liquidadas (pagas) a curto prazo. Assim é que se procede para agrupar contas de natureza semelhante.

A legislação brasileira estabelece dois grupos de contas para o Ativo e praticamente três grupos de contas para o Passivo e Patrimônio Líquido. Veja o Quadro 5.1.

Quadro 5.1 Grupos de contas do Ativo, Passivo e Patrimônio Líquido

ATIVO	PASSIVO E PL
Circulante	Circulante
Não Circulante	Não Circulante
	Patrimônio Líquido

CONCEITO DE CURTO E LONGO PRAZOS NA CONTABILIDADE

Normalmente, curto prazo em Contabilidade significa um período de *até um ano*. Ao se apresentar um balanço, por exemplo, em 31 de dezembro, todas as contas a receber e a pagar no próximo exercício (nos próximos 365 dias) devem ser classificadas a curto prazo.

Longo prazo, por sua vez, identifica um período *superior a um ano*. Assim, ao se contrair financiamento de um banco de desenvolvimento, com resgate de dívida após cinco anos, essa dívida é considerada de longo prazo.

Admita que a Cia. Solidariedade tenha seu exercício social encerrado em 31/12/20X0. Nesse momento, todas as contas a receber ou a pagar em 20X1 são classificadas como curto prazo. Todas as contas a receber ou a pagar em 20X2, 20X3... são classificadas como longo prazo.

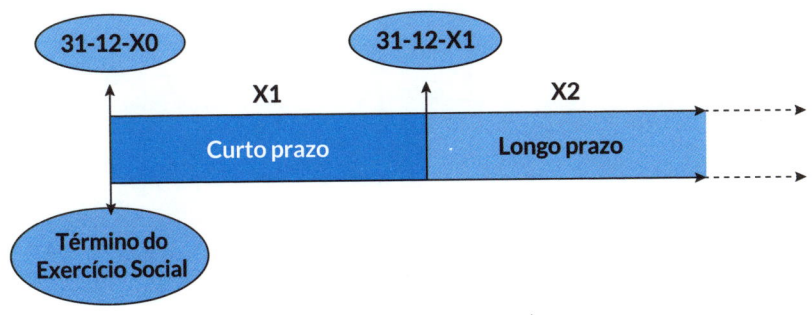

Figura 5.1 Exemplo de curto prazo e longo prazos

Outro conceito de curto prazo, em caráter de exceção, está relacionado com o ciclo operacional do negócio. Imagine uma empresa que fabrica navios; dependendo do porte da construção, a empresa levará mais de um ano para concluir a obra. Nesse caso, quando o ciclo operacional ultrapassa um ano, o conceito de curto prazo passa a valer pelo ciclo operacional. Na área pecuária, é muito comum isso acontecer; normalmente, desde o nascimento do bezerro até a venda dele na condição de boi gordo, o ciclo ultrapassa muito mais de um ano.

Assim, ciclo operacional é o tempo que demora para se produzir, vender e receber o produto. No caso da pecuária, esse prazo (ciclo operacional) pode ser, por exemplo, de três anos. Nesse caso, o curto prazo seria de três anos. Portanto, sempre que o ciclo operacional ultrapassar um ano, o curto prazo será o tempo do ciclo operacional.

ATIVO

ATIVO CIRCULANTE

Neste grupo são classificados: dinheiro disponível (caixa e bancos) em poder da empresa e também todos os valores que serão transformados (convertidos, realizados) em dinheiro a curto prazo: normalmente "duplicatas a receber" e "estoques".

Dinheiro e itens que se transformarão rapidamente em dinheiro devem, portanto, ser classificados no Ativo Circulante. Veja o Quadro 5.2. O Ativo Circulante é o grupo que gera dinheiro para a empresa pagar suas contas a curto prazo. Esse grupo é conhecido como *capital de giro*, pois seus itens estão sempre se renovando.

Quadro 5.2 Balanço Patrimonial – destaque ao Ativo Circulante

COMPANHIA MAGNUN:
BALANÇO PATRIMONIAL

Em $ mil

ATIVO			PASSIVO E PL		
	31/12/X1	**31/12/X0**		**31/12/X1**	**31/12/X0**
CIRCULANTE			**CIRCULANTE**		
Disponível	800	500	_____	-	-
Duplicatas a Receber	6.200	4.500	_____	-	-
Estoque	10.000	8.000	_____	-	-
Total do Circulante	17.000	13.000	**NÃO CIRCULANTE**		
NÃO CIRCULANTE			_____	-	-
■ Realizável a L. Prazo			_____	-	-
_____	-	-	_____	-	-
_____	-	-			
_____					
■ Investimentos			**PATRIMÔNIO LÍQUIDO**		
_____	-	-	_____	-	-
_____	-	-	_____	-	-
_____	-	-	_____	-	-
■ Imobilizado			_____	-	-
_____	-	-	_____	-	-
_____	-	-	_____	-	-
_____	-	-	_____	-	-
■ Intangível			_____	-	-
_____	-	-	_____	-	-
_____	-	-	_____	-	-
_____					
Total	-	-	**Total**	-	-

ATIVO NÃO CIRCULANTE – REALIZÁVEL A LONGO PRAZO

Compreende itens que serão realizados (transformados) em dinheiro a longo prazo, ou seja, em período superior a um ano, ou de acordo com o ciclo operacional da atividade predominante. Os empréstimos que a empresa faz a diretores e a outras empresas coligadas *não são* recebíveis imediatamente; por isso, são classificados no Realizável a Longo Prazo. Veja o Quadro 5.3.

Uma empresa que vender, por exemplo, um imóvel para receber em cinco anos classificará essa conta a receber no Realizável a Longo Prazo.

Quadro 5.3 Balanço Patrimonial – destaque ao Ativo não Circulante/Realizável a Longo Prazo

COMPANHIA MAGNUN:
BALANÇO PATRIMONIAL

Em $ mil

ATIVO			PASSIVO E PL		
	31/12/X1	31/12/X0		31/12/X1	31/12/X0
CIRCULANTE			**CIRCULANTE**		
Disponível	800	500	_____	-	-
Duplicatas a Receber	6.200	4.500	_____	-	-
Estoque	10.000	8.000	_____	-	-
Total do Circulante	17.000	13.000	**NÃO CIRCULANTE**		
NÃO CIRCULANTE			_____	-	-
Realizável a L. Prazo			_____	-	-
Emprést. a Coligadas	5.000	2.000	_____	-	-
Títulos a Receber	6.000	3.000	_____		
Investimentos			**PATRIMÔNIO LÍQUIDO**		
_____	-	-	_____	-	-
_____	-	-	_____	-	-
Imobilizado			_____	-	-
_____	-	-	_____	-	-
_____	-	-	_____	-	-
Intangível			_____	-	-
_____	-	-	_____	-	-
_____	-	-	_____	-	-
Total	-	-	**Total**	-	-

Após o Realizável a Longo Prazo, temos Investimentos, Imobilizado e Intangível. Compreendem itens que dificilmente se transformarão em dinheiro, pois não se destinam a venda, mas são utilizados como meios de produção ou meios para se obter renda para a empresa. Formam um grupo conhecido também como *Ativo Fixo*, pois seus valores não mudam constantemente, uma vez que a empresa não compra ou vende esses bens com frequência. São bens com vida útil longa. Antigamente esse grupo era conhecido como *Ativo Permanente*:

- **Investimentos:** são aplicações que nada têm a ver com a atividade da empresa. Por exemplo, a compra de ações de outras empresas, obras de arte, terrenos para futura expansão, prédio para renda (aluguel): não melhora em nada o volume de vendas ou de produção.

- **Imobilizado:** são bens corpóreos (palpáveis) destinados à manutenção da atividade principal da empresa ou exercidos com essa finalidade, inclusive os decorrentes de operações que transfiram à empresa os benefícios, riscos e controle desses bens. Os bens que auxiliam a empresa na consecução de sua atividade pertencem ao imobilizado: máquinas, equipamentos, prédios (em uso), ferramentas, móveis e utensílios, instalações, veículos etc.

■ **Intangível:**[1] são direitos que tenham por objeto bens incorpóreos, isto é, não palpáveis, que não se podem tocar, pegar, destinados à manutenção da empresa ou exercidos com essa finalidade. Exemplos: marcas e patentes, *software*, licenças, direitos autorais, fórmulas etc.

Quadro 5.4 Balanço Patrimonial – Investimentos, Imobilizado e Intangível

COMPANHIA MAGNUN:
BALANÇO PATRIMONIAL

Em $ mil

ATIVO			PASSIVO E PL		
	31/12/X1	31/12/X0		31/12/X1	31/12/X0
CIRCULANTE			**CIRCULANTE**		
Disponível	800	500		–	–
Duplicatas a Receber	6.200	4.500		–	–
Estoque	10.000	8.000		–	–
Total do Circulante	**17.000**	**13.000**		–	–
				–	–
NÃO CIRCULANTE			**NÃO CIRCULANTE**		
Realizável a L. Prazo				–	–
Emprést. a Coligadas	5.000	2.000		–	–
Títulos a Receber	6.000	3.000		–	–
	11.000	5.000		–	–
Investimentos			**PATRIMÔNIO LÍQUIDO**		
Ações em Outras Cias.	4.000	2.000		–	–
Terrenos p/ Expansão	6.000	4.000		–	–
	10.000	6.000		–	–
Imobilizado				–	–
Prédios	8.000	4.000		–	–
Veículos	2.000	1.000		–	–
Móveis e Utensílios	4.000	2.000		–	–
Máquinas e Equipam.	4.000	2.000		–	–
	18.000	9.000		–	–
Intangível				–	–
Marcas e Patentes	7.000	4.000		–	–
Total do Não Circulante	46.000	24.000		–	–
Total	63.000	37.000	Total	–	–

---

[1] O CPC 04 (Comitê de Pronunciamentos Contábeis) trata desse assunto.

PASSIVO

PASSIVO CIRCULANTE

Evidencia todas as dívidas com terceiros que serão pagas a curto prazo: dívidas com *fornecedores* de mercadorias, salários a pagar, impostos a pagar, empréstimos bancários a pagar, encargos a pagar etc.

PASSIVO NÃO CIRCULANTE

Este grupo é composto principalmente do Exigível a Longo Prazo, o qual compreende as obrigações com terceiros que serão liquidadas a longo prazo. As dívidas a longo prazo normalmente se referem aos *financiamentos* obtidos nas financeiras e bancos de desenvolvimento e de investimento.

PATRIMÔNIO LÍQUIDO

Demonstra o total de recursos aplicados pelos *proprietários* na empresa. As aplicações dos proprietários normalmente são compostas de capital e lucros retidos, ou seja, a parte do lucro não distribuída aos donos, mas reinvestida na empresa. Veja o Quadro 5.5.

Conforme a legislação brasileira, o Patrimônio Líquido é dividido, além do Capital Social, em Reservas (destinos específicos para o lucro não distribuído) e outros itens. Entretanto, para simplificação contábil, o ideal é ver o Patrimônio Líquido como investimentos dos donos da empresa. Em outras palavras: quanto os proprietários aplicaram na empresa?

Quadro 5.5 Balanço Patrimonial – Patrimônio Líquido

COMPANHIA MAGNUN:
BALANÇO PATRIMONIAL

Em $ mil

ATIVO			PASSIVO E PL		
	31/12/X1	31/12/X0		31/12/X1	31/12/X0
CIRCULANTE			**CIRCULANTE**		
Disponível	800	500	Fornecedores	5.000	2.000
Duplicatas a Rec.	6.200	4.500	Salários a Pagar	6.000	4.000
Estoque	10.000	8.000	Impostos a Pagar	2.000	5.000
Total do Circulante	17.000	13.000	Encargos a Pagar	1.000	1.000
			Empréstimos Banc.	2.800	1.000
NÃO CIRCULANTE			Contas a Pagar	200	1.000
Realizável a L. P.					
Empréstim. a Coligadas	5.000	2.000	Total do Circulante	17.000	14.000
Títulos a Receber	6.000	3.000	**NÃO CIRCULANTE**		
	11.000	5.000	**Exigível a L. P.**		
Investimentos			Financiamentos	20.000	10.000
Ações Outras Cias.	4.000	2.000			
Terrenos p. Exp.	6.000	4.000	**PATRIMÔNIO LÍQUIDO**		
			Capital	20.000	10.000
			Reservas de Lucros	6.000	3.000
Total do Não Circulante	10.000	6.000	Total do PL	26.000	13.000
Imobilizado					
Prédios	8.000	4.000			
Veículos	2.000	1.000			
Móveis e Utens.	4.000	2.000			
Máquinas e Eq.	4.000	2.000			
	18.000	9.000			
Intangível					
Marcas e Patentes	7.000	4.000			
Total Não Circulante	46.000	24.000			
Total	63.000	37.000	Total	63.000	37.000

De acordo com a nossa legislação, o Balanço Patrimonial da Companhia Magnun deveria ser conforme o Quadro 5.6.

Quadro 5.6 Companhia Magnun: Balanço Patrimonial de acordo com a legislação

Em $ mil

ATIVO			PASSIVO E PL		
CIRCULANTE	**31/12/X1**	**31/12/X0**	**CIRCULANTE**	**31/12/X1**	**31/12/X0**
Disponível	800	500	Fornecedores	5.000	2.000
Duplicatas a Rec.	6.200	4.500	Salários a Pagar	6.000	4.000
Estoque	10.000	8.000	Impostos a Pagar	2.000	5.000
			Encargos a Pagar	1.000	1.000
			Emprést. Banc. a Pagar	2.800	1.000
			Contas a Pagar	200	1.000
Total do Circulante	17.000	13.000	Total do Circulante	17.000	14.000
NÃO CIRCULANTE			**NÃO CIRCULANTE**		
Realizável a L. Prazo	11.000	5.000	Exigível a Longo Prazo	20.000	10.000
Investimentos	10.000	6.000			
Imobilizado	18.000	9.000	**PATRIMÔNIO LÍQUIDO**		
Intangível	7.000	4.000	Capital	20.000	10.000
			Reservas de Lucros	6.000	3.000
Total Não Circulante	46.000	24.000	Total do PL	26.000	13.000
Total	63.000	37.000	Total	63.000	37.000

LEITURA DO BALANÇO PATRIMONIAL

É muito simples para o leigo interpretar o Balanço Patrimonial. Veja o Quadro 5.7.

Quadro 5.7 Leitura do Balanço Patrimonial

ATIVOS	PASSIVO E PL
Circulante – Dinheiro ou tudo que vai ser transformado em dinheiro no curto prazo (até um ano)	**Circulante** – Tudo aquilo que vai ser pago (liquidado em até um ano)
Não Circulante • Realizável a Longo Prazo – Tudo aquilo que vai ser recebido a LP (acima de um ano)	**Não Circulante** • Exigível a Longo Prazo – Tudo aquilo que vai ser pago a LP (acima de um ano)
• Investimentos • Imobilizado • Intangível – Não se destinam à venda, não serão recebidos	**Patrimônio Líquido** • Capital • Reservas de Lucro Retido – O PL não vai ser pago, não é exigível

PRINCIPAIS DEDUÇÕES DO ATIVO E DO PATRIMÔNIO LÍQUIDO

DEDUÇÕES DO ATIVO CIRCULANTE

No item Duplicatas a Receber (ou Contas a Receber), citamos o exemplo de duas deduções:

- A parcela estimada pela empresa que não será recebida, em decorrência dos maus pagadores, deverá ser subtraída de Duplicatas a Receber, com o título *Provisão para Devedores Duvidosos*. O cálculo é feito mediante a aplicação de um percentual obtido pela média considerada como incobrável em períodos anteriores. Essa Provisão também é conhecida como *Perdas Estimadas com Créditos de Liquidação Duvidosa*.

- Quando se adquire um Estoque, normalmente se registra pelo custo histórico, original, o preço da aquisição. Pode acontecer, principalmente numa empresa comercial, que o preço dessa aquisição tenha uma redução no mercado. Assim, o Preço de Mercado será menor que o Preço de Custo. Por exemplo, uma mercadoria importada custou $ 1.000, mas, depois de algum tempo, um novo modelo foi lançado e ela passou a valer $ 800. Houve uma perda de $ 200. Nesse caso, devemos fazer uma *Provisão para Perdas de Estoque* de $ 200, subtraindo da conta Estoque.

DEDUÇÃO DO ATIVO NÃO CIRCULANTE (EXEMPLO DO IMOBILIZADO)

No Imobilizado, como dedução do valor bruto, encontra-se a *Depreciação Acumulada*, ou seja, a perda da capacidade (pelo desgaste ou pela deterioração tecnológica) daquele imobilizado de produzir eficientemente. Obtém-se assim o valor líquido (valor bruto – depreciação acumulada), que deverá aproximar-se do valor dos ativos imobilizados em termos de potencial de benefícios futuros para a empresa.

O Imposto de Renda fixa taxas de depreciação anual. Por exemplo, máquinas, equipamentos, móveis e utensílios depreciam-se à base de 10% ao ano; veículos e ferramentas, 20% ao ano; prédios, 4% ao ano. Dessa forma, a depreciação do Imobilizado da Cia. Magnun em 20X1 seria conforme podemos observar no Quadro 5.8.

Quadro 5.8 Depreciação do Imobilizado – Cia. Magnun

	VALOR DOS BENS		TAXA DEPREC.		DEPRECIAÇÃO
Prédios	$ 10.000	×	4,0%	=	400
Veículos	$ 2.000	×	20,0%	=	400
Móveis Utens.	$ 4.000	×	10,0%	=	400
Máq. Equip.	$ 4.000	×	10,0%	=	400
Total	$ 20.000				1.600

Os elementos do subgrupo Intangível estão sujeitos a amortização, isto é, seus valores brutos serão deduzidos periodicamente se houver perdas, desvalorizações etc.
Assim, quando houver perdas, desvalorização ou redução do Imobilizado (tangível), chamamos de Depreciação, e quando for do intangível, Amortização.

DEDUÇÃO DO PATRIMÔNIO LÍQUIDO

O Patrimônio Líquido pode ser reduzido quando há prejuízo no exercício. Assim como a conta Lucros é acrescida ao PL, a conta Prejuízo reduz o PL.

Quadro 5.9 Balanço Patrimonial incluindo as deduções

ATIVO			PASSIVO E PL		
CIRCULANTE	**31/12/X1**	**31/12/X0**	**CIRCULANTE**	**31/12/X1**	**31/12/X0**
Disponível			___		
Duplicatas a Receber	___	___	___		
(–) Prov. Dev. Duvid.	(–)	(–)	___		
Estoque	___	___	___		
(–) Prov. Perdas Estoque	(–)	(–)	___		
NÃO CIRCULANTE	___	___	**NÃO CIRCULANTE**	___	___
Realizável a L. Prazo			**P. Líquido**		
Investimentos	___	___	Capital	___	___
Imobilizado	___	___	Reservas de Lucros	___	___
– Prédios	___	___	(–) Prejuízo Exercício	(–)	(–)
– Veículos	___	___	___	___	___
– Móveis Utens.	___	___	___	___	___
– Máq. Equip.	___	___	___	___	___
(–) Deprec. Acumulada	(–)	(–)	___	___	___
Intangível	___	___	___	___	___
(–) Amortização	(–)	(–)	___	___	___

DESCONTO DE DUPLICATAS

Antigamente, era comum deduzir Duplicatas Descontadas (duplicatas negociadas com bancos) de Duplicatas a Receber. Porém, as normas atuais de Contabilidade determinam que esses títulos deverão ser classificados no Passivo Circulante.

ATIVO			PASSIVO E PL		
CIRCULANTE	**31/12/X1**	**31/12/X0**	**CIRCULANTE**	**31/12/X1**	**31/12/X0**
Disponível	___	___	Fornecedores	___	___
Duplicatas a Receber	___	___	Duplicatas Descontadas	___	___
(–) Prov. Dev. Duvid.	(...)	(...)	Contas a Pagar	___	___
(–)	(...)	(...)			
Estoque	___	___			
NÃO CIRCULANTE	___	___	**NÃO CIRCULANTE**	___	___

BALANÇO PATRIMONIAL – UM RESUMO

Como vimos, o Balanço Patrimonial divide-se em grupos de contas, de características semelhantes, facilitando dessa forma a sua leitura, interpretação e análise. Veja o Quadro 5.10.

Quadro 5.10 Leitura do Balanço Patrimonial

ATIVO	PASSIVO E PL
Circulante Compreende contas que estão constantemente em giro – em movimento –, sua conversão em dinheiro ocorrerá no máximo até o próximo exercício social.	**Circulante** Compreende obrigações exigíveis que serão liquidadas no próximo exercício social: nos próximos 365 dias após o levantamento do balanço.
Não Circulante Compreende todas as contas do Ativo que não tenham seus recebimentos marcados até o próximo exercício social ou que não estão à venda.	**Não Circulante** Compreende todas as contas do Passivo que não tenham seus pagamentos marcados até o próximo exercício social.
• **Realizável a Longo Prazo** Incluem-se nessa conta bens e direitos que se transformarão em dinheiro após o exercício seguinte (após um ano).	• **Exigível a Longo Prazo** Relacionam-se nessa conta obrigações exigíveis que serão liquidadas com prazo superior a um ano – dívidas a longo prazo.
• **Investimento** São as aplicações de caráter permanente que geram rendimentos não necessários à manutenção da atividade principal da empresa.	**Patrimônio Líquido** São recursos dos proprietários aplicados na empresa. Os recursos significam o capital mais o seu rendimento – lucros e reservas. Se houver prejuízo, o total dos investimentos dos proprietários será reduzido.
• **Imobilizado** Abarca itens (bens corpóreos) de natureza permanente que serão utilizados para a manutenção da atividade básica da empresa e as decorrentes de operações que transfiram à empresa os benefícios, riscos e controle desses bens.	**Observação:** Há outras contas pertencentes ao Balanço Patrimonial que serão tratadas nos próximos capítulos.
• **Intangível** São direitos que tenham por objetos bens incorpóreos, isto é, que não se podem tocar, destinados à manutenção da empresa ou exercidos com essa finalidade.	

uqr.to/15uji

DICAS PARA OS ESTUDANTES: Assista ao vídeo "Grupos de Contas do Balanço Patrimonial".

Palavras-chave

Ativo Circulante: disponível mais valores que serão transformados em dinheiro, consumidos ou vendidos a curto prazo: contas a receber, estoques...

Ativo Fixo: corresponde normalmente ao Ativo de natureza Permanente; bens e direitos que não são comprados e vendidos frequentemente; itens utilizados como meio de produção ou de renda. Atualmente, Ativo Não Circulante.

Capital de Giro: corresponde ao Ativo Circulante; recursos correntes, em movimentação.

Ciclo Operacional: decurso de tempo necessário para a empresa realizar uma operação do seu ramo de negócio; período desde a compra, produção, venda e recebimento.

Circulante: são os recursos em giro da empresa; os recursos de curto prazo, a receber ou a pagar.

Curto Prazo: normalmente, período de até um ano (365 dias).

Exigível a Longo Prazo: são obrigações que vencerão a longo prazo: financiamentos, títulos a pagar etc. Faz parte do Passivo Não Circulante.

Longo Prazo: normalmente, período superior a um ano.

Não Circulante: são os recursos que não estão em giro na empresa; os recursos de longo prazo, a receber ou a pagar.

Passivo Circulante: compreende obrigações que, normalmente, serão liquidadas a curto prazo: contas a pagar, fornecedores, impostos a recolher, empréstimos etc.

Realizável a Longo Prazo: ativos que serão transformados em dinheiro a longo prazo: empréstimos concedidos a coligadas ou controladas, a diretores etc.

Perguntas e Respostas

1. Podemos dizer que a estrutura do Balanço Patrimonial como apresentada neste capítulo é ideal?

Sim. A maioria dos países divide Ativo e Passivo praticamente em dois grandes grupos: *Circulante* e *Não Circulante*.

As Normas Internacionais de Contabilidade – IFRS (*International Financial Reporting Standards*) –, as quais são emitidas pelo IASB (*International Accounting Standards Comitee*), sugerem o Balanço Patrimonial semelhante ao apresentado a seguir:

ATIVO		PASSIVO E PL	
Circulante		**Circulante**	
	· Disponível		· Fornecedores
	· Contas a Receber		· Salários a pagar
	· Estoques		· Empréstimos a pagar
	· _____		· _____
	· _____		· _____
Não Circulante		**Não Circulante**	
	· Realizável a longo prazo		· Exigível a longo prazo
	· Investimentos		· _____
	· Imobilizado		
	· Intangível		**Patrimônio Líquido**
			· _____
			· _____

2. Além de Ativo Intangível, há outras formas de chamá-los?[2]

Sim, mas não são tecnicamente perfeitas:

- *Capital intelectual*
- *Fundo de comércio*
- *Goodwill*

O capital intelectual é um conjunto de benefícios intangíveis, em termos de capacidade técnica e intelectual dos empregados de uma empresa, que proporcionam vantagem competitiva a ela.

O fundo de comércio é um conjunto de bens incorpóreos destinados ao funcionamento e à manutenção das atividades de uma empresa, como a localização estratégica do estabelecimento, a carteira de clientes, a segurança do local etc.

O *goodwill* representa a reputação de uma marca e a sua capacidade de gerar lucros futuros.

3. Como surgiu o *goodwill*?[2]

O *goodwill* surgiu no século XVI e foi utilizado pela primeira vez nas cortes da Inglaterra para julgar as decisões de disputa por terras. Nessas decisões, a corte passou a considerar um valor adicional devido à localização dos terrenos.

Atualmente, o conceito de *goodwill* ainda é motivo de discussão pela sua subjetividade e dificuldade de mensuração.

---

[2] As respostas foram retiradas do livro *Manual dos Pronunciamentos Contábeis*, Sérgio Adriano.

 **Atividades Sugeridas**

Tarefa 5.1 Selecione um balanço patrimonial de uma *indústria automobilística* ou de autopeças e sublinhe (ou circule) os principais grupos de contas:

Ativo Circulante

_____
_____
_____

Passivo Circulante

_____
_____
_____

Não Circulante
- Realizável a Longo Prazo
- Investimentos
- Imobilizado
- Intangível

Não Circulante
Patrimônio Líquido

_____
_____

Tarefa 5.2 Arquive o Balanço Patrimonial da *empresa onde você trabalha.* Tratando-se de uma empresa Ltda., pode-se utilizar um xerox. Se não for possível, recorra a uma empresa de um amigo ou uma empresa muito conhecida no mercado (nesse caso, pesquise na Internet).

Tarefa 5.3 Você vai tirar algumas conclusões sobre a Tarefa 5.2. Se o Balanço Patrimonial arquivado pertence à sua empresa, é possível admitir a necessidade de procurar outro emprego ou de continuar nela. Se as conclusões a que chegou se referirem à empresa de um amigo seu e forem muito importantes, ele ficará contente ao tomar conhecimento das informações.

Em primeiro lugar, destaque numa folha de papel os seguintes dados:

1.	Ativo Circulante $	Passivo Circulante (total)	$ . . . . .
2.	Capital de terceiros $	Capital próprio (total)	$ . . . . .
	(Passivo Exigível)	(Patrimônio Líquido)	

1^a *conclusão:* se o Ativo Circulante for maior que o Passivo Circulante, isso significa que a empresa conseguirá pagar suas dívidas a curto prazo. Escreva: situação financeira favorável.

Se a empresa apresentar Passivo Circulante maior que Ativo Circulante, poderá ter problemas de ordem financeira. Comente, nesse caso, com o professor.

2ª conclusão: compare o capital de terceiros com o capital próprio. Se o capital de terceiros for até 1,20 vez maior que o capital próprio, não há por que se assustar: esta é a média das empresas brasileiras.

Se o capital de terceiros for maior que 1,20 vez em relação ao capital próprio, a empresa poderá estar muito endividada.

Exercícios

1 Associe os números da coluna da esquerda com a coluna da direita:

(1)	Ativo Circulante	( ) Exigível a Longo Prazo
(2)	Ativo Não Circulante	( ) Disponibilidades
(3)	Passivo Circulante	( ) Realizável a Longo Prazo
(4)	Passivo Não Circulante	( ) Intangível
(5)	Patrimônio Líquido	( ) Capital
		( ) Fornecedores
		( ) Funcionários a Pagar
		( ) Estoques
		( ) Máquinas
		( ) Investimentos
		( ) Lucros Retidos

2 Conforme a numeração que você relacionou, no exercício 1, monte o modelo do Balanço Patrimonial.

Ativo	Passivo e PL
. . . .	. . . .
. . . .	. . . .
. . . .	. . . .
. . . .	. . . .
. . . .	. . . .
. . . .	. . . .
. . . .	. . . .
. . . .	. . . .
Total	Total

3   O principal Ativo de boa parte das empresas, sem dúvida, é a marca. O grande problema da Contabilidade é como avaliar o Intangível (as marcas), já que normalmente tem um valor subjetivo. Em uma matéria de **25 de setembro de 2017,** a Interbrand anunciou que a Apple, a Google e a Microsoft são as três marcas mais valiosas da edição 2017 do Best Global Brands, que mais uma vez destaca a tecnologia como setor dominante.

3.1   Leia a matéria disponível no *site* http://interbrand.com/br/newsroom/interbrand-lanca-best-global-brands-2017/ e pesquise que critérios a Interbrand utiliza para avaliar a tecnologia como um bem intangível.

3.2   Pesquise se em 2022 essas três marcas (Apple, Google e Microsoft) continuam sendo as mais valiosas do mundo.

3.3   Pesquise quais são as cinco marcas mais valiosas do Brasil.

6

Apuração do Resultado e Regimes de Contabilidade

uqr.to/15ujk

Para este capítulo, veja o vídeo "Apuração do Resultado e Regimes de Contabilidade".

Neste capítulo você verá:

Apuração do resultado
Conceito de receita e despesa
Regime de Competência
Regime de Caixa
Balanço Patrimonial × Demonstração do Resultado do Exercício
Ajustes em relação ao Regime de Competência
Efeito do lucro no balanço
Diferença entre despesa e custo

Onde foi o salário (renda) do
"Sr. Brasilino Bom Religioso"?

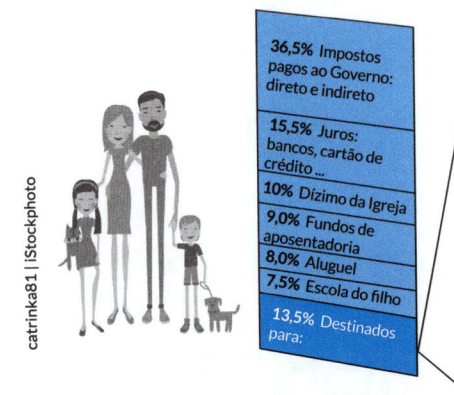

catrinka81 | iStockphoto

36,5% Impostos pagos ao Governo: direto e indireto

15,5% Juros: bancos, cartão de crédito ...

10% Dízimo da Igreja

9,0% Fundos de aposentadoria

8,0% Aluguel

7,5% Escola do filho

13,5% Destinados para:

Supermercado, combustível, manutenção do carro, luz, água, telefone, celular, pedágio, roupa, material escolar, academia, seguro, restaurante, calçado, empregada doméstica, condomínio, encargos sociais, taxas, poupança para o filho, farmácia, cabeleireiro da esposa, churrasco com a família, cinema, cosmético, estética, assinatura do jornal, revista, aluguel de vídeo e filmes, empréstimo para o cunhado, mesada do filho, investimento em eletrodomésticos e outros bens para o apto., pequena economia (poupança) para férias, gorjetas, padaria, quadros, açougue, livros, Internet, lojas de conveniência, manicure, Viagra, estacionamento, preservativo, multa, cartório, brinquedo, calmante para a esposa, DVD, CE, convênio médico, dentista, encanador, massagista, *personal training*, xerox, lanches, hambúrguer, parque de diversão, ...UFA!
Quanto o Brasilino precisa ganhar?

Fundada pelo norte-americano nascido no Brasil David Neeleman, a Azul tem ganhado destaque nos últimos anos, com um serviço inspirado pela companhia americana Jet Blue, que alinha preços baixos e serviços de qualidade em aviões novos (todos modelo Embraer). A companhia atingiu rapidamente uma participação de 15% no mercado.

Neeleman, que adquiriu recentemente parte da estatal portuguesa TAP, planejou durante anos a abertura de capital da Azul na Bovespa (B3). As condições inviáveis para se abrir o capital ou captar recursos no exterior tornaram a venda de 23,7% da Azul por R$ 1,7 bilhão a melhor opção.

Por lei, apenas 30% do capital de empresas aéreas do país pode ser vendido a estrangeiros. A crise pela qual passa o setor pode levar esse valor a subir até 49%.

Disponível em: https://spotniks.com/10-empresas-que-ja-foram-compradas-pelos--gringos-durante-a-crise-e-voce-nem-ficou-sabendo/. Acesso em: 31 jul. 2018.

APURAÇÃO DO RESULTADO

A cada exercício social (normalmente, um ano), a empresa deve apurar o *resultado dos seus negócios*. Para saber se obteve lucro ou prejuízo, a Contabilidade confronta a receita (vendas) com a despesa. Se a receita foi maior que a despesa, a empresa teve *lucro*. Se a receita foi menor que a despesa, teve *prejuízo*.

A apuração de resultado é realizada de forma destacada na *Demonstração do Resultado do Exercício*. Apresenta-se aí um resumo ordenado das despesas e receitas do período, facilitando-se, dessa forma, a tomada de decisão.

De maneira geral, por meio da apuração do resultado pode-se verificar se o maior objetivo da empresa foi atingido, ou seja, se os benefícios obtidos foram maiores que os sacrifícios realizados.

Figura 6.1 Demonstração do Resultado do Exercício: Cia. Sucesso × Cia. Fracasso

CONCEITO DE RECEITA E DESPESA

A *receita* corresponde, em geral, a vendas de mercadorias ou prestações de serviços. Ela é refletida no balanço por meio da entrada de dinheiro no Caixa (Receita à Vista) ou entrada em forma de direitos a receber (Receita a Prazo) – Duplicatas a Receber.

A receita sempre aumenta o Ativo, embora nem todo aumento de Ativo signifique receita (empréstimos bancários, financiamentos etc. aumentam o Caixa-Ativo da empresa, mas não são receitas).

Todas as vezes que entrar dinheiro no Caixa por meio de Receita à vista, recebimentos etc., essa operação será denominada *Encaixe*.

A *despesa* é todo sacrifício, todo esforço da empresa para obter receita. (Todo consumo de bens ou serviços com o objetivo de obter receita é um sacrifício, um esforço para a empresa.) Ela é refletida no balanço por meio de uma redução do Caixa (quando é pago no ato – à vista) ou mediante um aumento de dívida – Passivo (quando a despesa é contraída no presente para ser paga no futuro – a prazo). A despesa pode, ainda, originar-se de outras reduções de Ativo (além do Caixa), como é o caso de desgastes de máquinas (depreciação) e outros.

Todo o dinheiro que sai do Caixa pelo pagamento de uma despesa ou por outra aplicação qualquer denomina-se Desembolso ou *Desencaixe*.

Se o Ativo, de forma anormal, inesperada, involuntária, perder a sua capacidade de gerar benefícios, esse fenômeno será denominado *perda* (por incêndio, roubo, inundações etc.).

Tabela 6.1 Receita e despesa nas operações a prazo e à vista

OPERAÇÕES	A PRAZO	À VISTA
Receita →	+ Dupl. a Receber (*Ativo*)	+ Caixa (encaixe) (*Ativo*)
Despesa →	+ Contas a Pagar (*Passivo*)	(–) Caixa (desembolso) (*Ativo*)
Demonstração de ↑ Resultado do Exercício	↑ Balanço Patrimonial ↑	

REGIME DE COMPETÊNCIA

Este regime é universalmente adotado, *aceito e recomendado* pela Teoria da Contabilidade e também pelo Imposto de Renda. Evidencia o resultado da empresa (lucro ou prejuízo) de forma mais adequada e completa. As regras básicas para a Contabilidade pelo Regime de Competência são:

- A *receita* será contabilizada no período em que for gerada, independentemente do seu recebimento. Assim, se a empresa vendeu a prazo em dezembro do ano T_1 para receber somente em T_2, pelo Regime de Competência, considera-se que a receita foi gerada em T_1; portanto, ela pertence (compete) a T_1.
- A *despesa* será contabilizada como tal no período em que for consumida, incorrida, utilizada, independentemente do pagamento. Assim, se em 10 de janeiro de T_2 a empresa pagar seus funcionários (que trabalharam em dezembro de T_1), a despesa compete a T_1, pois nesse período ela incorreu efetivamente.

O lucro será apurado, portanto, considerando-se determinado período, normalmente um ano: toda a despesa gerada no período (mesmo que ainda não tenha sido paga) será subtraída do total da receita, também gerada no mesmo período (mesmo que ainda não tenha sido recebida).

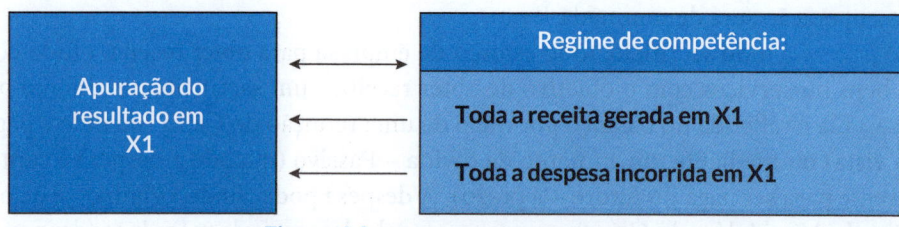

Figura 6.2 Apuração do resultado

REGIME DE CAIXA

O Regime de Caixa, como instrumento de apuração de resultado, é uma forma simplificada de Contabilidade, aplicado basicamente às microempresas ou às *entidades sem fins lucrativos*, tais como igrejas, clubes, sociedades filantrópicas etc.

As regras básicas para a Contabilidade por esse regime são:

- A receita será contabilizada no momento do seu recebimento, ou seja, quando *entrar dinheiro no caixa* (encaixe).
- A despesa será contabilizada no momento do pagamento, ou seja, quando *sair dinheiro do caixa* (desembolso).

Assim, o lucro será apurado subtraindo-se toda a despesa paga (saída de dinheiro do caixa) da receita recebida (entrada de dinheiro no caixa).

Por outro lado, todas as empresas necessitam ter seu fluxo de caixa (Demonstração dos Fluxos de Caixa) como uma das mais importantes "ferramentas" gerenciais.

EXEMPLO DE REGIMES DE CAIXA E DE COMPETÊNCIA

A Cia. Ventríloca vendeu em X1 $ 20.000 e só recebeu $ 12.000 (o restante receberá no futuro); teve como despesa incorrida $ 16.000 e pagou até o último dia do ano $ 10.000.

Quadro 6.1 Regime de Competência e Regime de Caixa da Cia. Ventríloca

DRE	REGIME DE COMPETÊNCIA	REGIME DE CAIXA
Receita	20.000	12.000
(–) Despesas	(16.000)	(10.000)
Lucro	4.000	2.000

BALANÇO PATRIMONIAL × DEMONSTRAÇÃO DO RESULTADO DO EXERCÍCIO

As contas (as cifras contábeis) só podem ser classificadas em duas demonstrações: ou *Balanço Patrimonial (BP)* ou *Demonstração do Resultado do Exercício (DRE).* Se uma conta não for classificada no Balanço, será na Demonstração do Resultado ou vice-versa.

No lado do Ativo, classificam-se os itens que trazem benefícios para a empresa. No momento em que esses itens perdem a capacidade de produzir benefícios, passam a ser despesas. Vejam-se, a seguir, alguns exemplos.

Material de escritório (clipes, grampeadores de papéis, impressos etc.): quando a empresa adquire esses materiais, eles são lançados no Ativo, pois são bens que trarão benefícios no futuro. À medida que esses materiais forem consumidos, serão baixados do Ativo e contabilizados como despesa, pois já não trarão benefícios para a empresa (pois foram utilizados). Se no final do período ainda existir material de escritório a ser utilizado, esse estoque poderá ser classificado em *Despesa do Exercício Seguinte,* no Ativo Circulante, ou simplesmente numa conta de *Estoque para Consumo* (também no Ativo Circulante).

Seguros a vencer (prêmios de seguros): normalmente, toda empresa faz seguros contra roubo, incêndios etc. O seguro em geral é feito por um ano. Se a empresa fizesse seguros de 01/01 a 31/12, considerado esse período em seu exercício social, todo gasto com seguro seria contabilizado como despesa, pois nada se aproveitaria para o ano seguinte. Na prática, porém, o contrato de seguro não coincide com o exercício social. Se a empresa adquirir um seguro pelo período de 01/07/X1 a 30/06/X2, dessa quantia será considerado como despesa em 31/12/X1 apenas o correspondente a seis meses e o restante será considerado Ativo Circulante, pois é um pagamento que beneficiará o ano seguinte: *Despesa do Exercício Seguinte.*

Quadro 6.2 Balanço Patrimonial

ATIVO	PASSIVO E PL
Circulante • **Disponível** `- - - - -` • **Duplicatas a Receber** `- - - - -` • **Estoques** `- - - - -` • **Despesas do Exerc. Seguinte** Compreendem itens que trarão benefícios à empresa, mas serão utilizados (consumidos) no próximo ano, tornando-se despesas.	

Exemplos (em $ mil)

Admita que a Cia. Desconfiada faça seguro por um ano, em 30/09/X1, pagando 18.000 (prêmio de seguro) e, nessa data, adquira 10.000 de material de escritório. Em 31/12/X1, constata-se que havia em estoque apenas 2.000 de material de escritório. Como fica o Balanço Patrimonial em 31/12/X1?

Observe que apenas três meses (out., nov. e dez.) foram percorridos na utilização do contrato de seguro. Dessa forma, classificam-se como despesa 4.500 (3/12 × 18.000); o restante beneficiará 20X2; portanto, no Ativo Circulante deverão constar 13.500 (9/12 × 18.000).

No caso do material de escritório, $ 2.000 beneficiarão o ano seguinte; portanto, serão classificados no Ativo Circulante. O restante será considerado como despesa, pois já foi consumido (utilizado).

Quadro 6.3 Material de escritório da Cia. Desconfiada

	Em $ mil
Material de escritório: adquirido	10.000
(–) Estoque de material de escritório em 31/12/X1	(2.000)
= Material de escritório consumido	8.000

COMPANHIA DESCONFIADA
BALANÇO PATRIMONIAL
31/12/X1

Em $ mil

ATIVO		PASSIVO E PL
Circulante		
• _____	--------	
• _____	--------	
• Desp. Exerc. Seguinte		
– Seguros	13.500	
– Mat. de escrit.*	2.000	

* Poderia ser classificado como Estoque de Consumo.

DRE

Em $ mil

Receita	------------
(–) Despesa	------------
_____	------------

• Seguros	(4.500)
• Material Escritório	(8.000)
_____	------------
_____	------------
Lucro/Prejuízo	------------

OUTROS AJUSTES EM RELAÇÃO AO REGIME DE COMPETÊNCIA

Ao final do exercício social (momento do levantamento do balanço), são feitos com relação ao Regime de Competência alguns _ajustes_ para se apurar o lucro do período. Esses acertos afetam o Balanço Patrimonial e a Demonstração do Resultado do Exercício.

Trata-se de alguns ativos que foram consumidos ou utilizados parcialmente, devendo, portanto, ser classificados como despesa de determinado período, pois a ele pertencem, competem (Regime de Competência). Os casos mais comuns já foram abordados: material de escritório e seguros a vencer. Há, todavia, outros casos que serão abordados mais adiante.

Devedores Duvidosos:[1] são perdas estimadas para duplicatas de clientes que adquiriram mercadorias a prazo. Essas perdas deverão ser consideradas no ano em que a receita a prazo (que originou aquela duplicata) foi gerada; por isso, é necessário fazer a estimativa de acordo com um percentual médio considerado como incobrável, apurado nos três últimos períodos (tema tratado no Capítulo 15).

Depreciação: são despesas decorrentes do uso dos bens do Ativo Imobilizado. Quando se adquire uma máquina, classifica-se esse bem no Ativo; à medida que a máquina é usada (consumida), há um desgaste, uma perda de potencialidade, de valor que se denomina *depreciação*. As taxas de depreciação também são fixadas pelo Imposto de Renda (tratado no Capítulo 15).

> Outros ajustes são feitos normalmente em final de mês ou exercício social: apropriação de juros de acordo com o período percorrido, salários não pagos no mês etc. Veja exemplos de ajustes no Capítulo 16.

EFEITO DO LUCRO NO BALANÇO

Como já foi abordado, o lucro apurado pela empresa pertence aos proprietários (investidores), uma vez que são responsáveis pelo negócio. Se houver prejuízo, os proprietários deverão assumi-lo.

Os proprietários, todavia, desejando expandir o negócio, não retiram totalmente o lucro, reinvestindo uma parte (*lucros retidos* ou *lucros acumulados*).[2] A parte do lucro distribuída aos proprietários é denominada *dividendos*.

A parte do lucro não distribuída aos proprietários (reinvestimento) entra no balanço via Patrimônio Líquido (origem de recursos), sendo aplicada no Ativo. Admita que uma empresa tenha inicialmente $ 900.000 de capital aplicado no caixa. Durante o ano tem receita de $ 800.000 à vista, por prestação de serviços, e uma despesa de $ 500.000. Apure o lucro e observe os efeitos no balanço, sabendo que não houve distribuição de dividendos. Veja a Figura 6.3.

---

[1] Devedores Duvidosos também são chamados de "Perdas Estimadas com Créditos de Liquidação Duvidosa".

[2] Pela Lei nº 11.638/07, os Lucros Acumulados deverão ser destinados para Reserva e/ou Aumento de Capital. Assim, no final do período essa conta deverá ser zerada. Essa regra vale apenas para as sociedades anônimas e empresas de grande porte.

Em $ mil

BALANÇO PATRIMONIAL (APÓS APURAÇÃO DO LUCRO)					
ATIVO			PASSIVO E PL		
Circulante	Início do ano	Final do ano	P. Líquido	Início do ano	Final do ano
Caixa	900	1.200	Capital	900	900
–	–	–	Lucros Ret.	–	300
Total	900	1.200	Total	900	1.200

Em $ mil

DRE (APURAÇÃO DO LUCRO)	
Receita à vista	$ 800
(–) Despesas	$ (500)
Lucro	$ 300

Figura 6.3 Balanço Patrimonial após a apuração do lucro

O caixa, que era de $ 900.000, recebeu mais $ 800.000 de receita e pagou $ 500.000 de despesa, sobrando $ 1.200.000.

"Muitos novatos nas finanças não conhecem a relação entre Demonstração da Renda (DRE) e o Balanço. O entendimento desta relação é vital." *Pai rico, pai pobre*, p. 64.

DIFERENÇA ENTRE DESPESA E CUSTO

Este assunto é fartamente estudado em Contabilidade de Custos; aqui, será dada apenas uma diferenciação no tratamento de *custo* e despesa.

Numa *indústria*, custo significa todos os gastos na fábrica (produção): matéria-prima, mão de obra, energia elétrica, manutenção, embalagem etc. Despesa, no seu sentido restrito, significa os gastos no escritório, seja na administração, seja no departamento de vendas, seja no departamento de finanças.

Assim, o aluguel pode ser tratado como despesa ou custo: tratando-se de aluguel referente ao prédio da fábrica, será considerado custo; tratando-se de aluguel referente ao prédio do escritório (administração), será considerado despesa. Este mesmo raciocínio é válido para imposto predial, funcionários, materiais etc.

A depreciação também pode ser tratada como custo ou despesa. Tratando-se de depreciação de bens da fábrica (máquinas, equipamento, ferramentas...), será considerada custo; tratando-se de depreciação de bens de escritório (móveis e utensílios, instalação...), será considerada despesa.

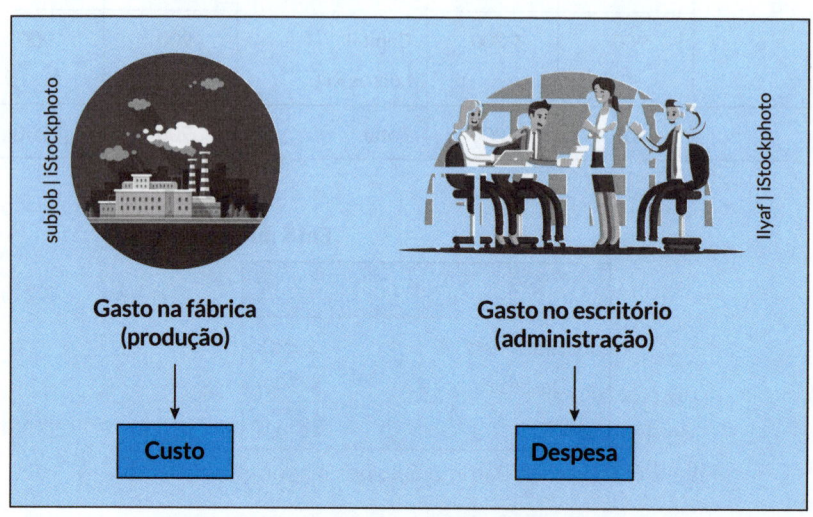

Figura 6.4 A diferença entre custo e despesa

Numa empresa *comercial,* o gasto da aquisição da mercadoria a ser revendida será tratado como custo; já numa empresa de *prestação de serviços,* a mão de obra aplicada no serviço prestado mais o material utilizado nesse serviço serão considerados custo. Para ambas as atividades, todos os gastos na administração, assim como na indústria, serão tratados como despesa.

Numa empresa que presta serviços de limpeza, consideram-se custo: salário da faxineira, supervisão dos serviços, material de limpeza, depreciação dos equipamentos utilizados no serviço prestado etc. Departamento de pessoal, contabilidade, administração e outros gastos no escritório, porém, são considerados despesa.

Num hospital, computam-se como custo: salário de médicos e enfermeiros, medicamentos aplicados ao paciente, alimentação dos pacientes, lavanderia, aluguel do hospital etc. Os gastos da administração, por sua vez, pertencem à despesa: honorários dos diretores, departamento de finanças, marketing etc.

Se um Ativo tiver valor imaterial (irrelevante) como uma chave de fenda, um material de limpeza, pode-se contabilizar como despesa, considerando o Princípio da Materialidade, como conceituado pelo CPC 00 e pela Teoria da Contabilidade.

Palavras-chave

Ajustes: acertos que a empresa realiza na apuração do resultado (normalmente em final de período) para adequar-se ao Regime de Competência. Exemplos: material de escritório, seguros a vencer, devedores duvidosos, depreciação etc.

Custo: é todo sacrifício (gasto) relativo a bens ou a serviços que serão utilizados na produção de outros bens ou serviços.

Demonstração do Resultado do Exercício: segunda Demonstração Financeira exigida pela legislação brasileira (a primeira é o Balanço Patrimonial). Ela indica o resultado (lucro ou prejuízo) do exercício (do ano ou período contábil).

Despesa: todo sacrifício (esforço) realizado pela empresa no sentido de obter receita. Pode ser vista também como o consumo parcial ou total do Ativo (ativo expirado), ou seja, um ativo que já não traz benefícios à empresa. Convenciona-se, para classificação contábil, chamar de Custos a parte da Despesa, no seu sentido amplo, que se refere à produção de bens e serviços.

Receita: venda de bens ou serviços ou o resultado positivo dos investimentos realizados pela empresa. A receita aumenta o Ativo.

Regime de Caixa: regime de Contabilidade em que apenas se consideram, para apurar o resultado, a receita recebida e a despesa paga.

Regime de Competência: regime de Contabilidade recomendado pela Teoria Contábil e pelo CPC 00, nele, para se apurar o resultado do exercício, consideram-se a *receita* gerada (ganha) no período – mesmo que não tenha sido recebida – e a *despesa* consumida (utilizada, incorrida) no período – mesmo que não tenha sido paga.

Perguntas e Respostas

1. Como poderia entender melhor a integração de Ativo e Passivo no Balanço Patrimonial com Receita e Despesa na Demonstração do Resultado do Exercício?

Integração BP e DRE

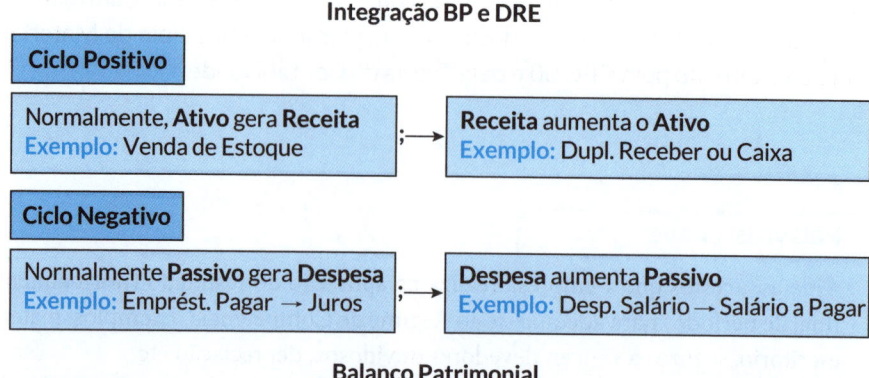

Balanço Patrimonial
Empresa Comercial

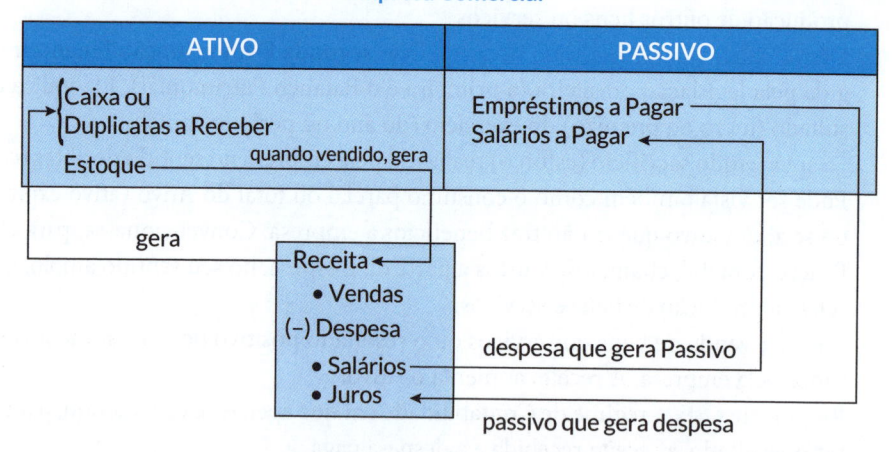

Obs.: 1. Podemos chamar de Ciclo Positivo quando, por exemplo, numa empresa comercial, o Estoque é vendido por um preço superior a seu custo. Na verdade, o Estoque vai transformar-se em Custo da Mercadoria Vendida (CMV). Se a Receita é maior que o CMV, o Ativo está gerando ganho, agregando riqueza.

2. O Passivo, mais cedo ou mais tarde, vai transformar-se numa redução de caixa, por ocasião de seu pagamento.

2. Por que a Contabilidade separa custo de despesa se ambos significam redução de receita e redução de lucro?

Para fins de análise da DRE, fica muito mais reveladora a visão do lucro considerando apenas os gastos na fábrica (custo), sem misturar com a despesa (gasto do escritório).

Por exemplo, uma indústria de parafusos pode comparar-se com outra do mesmo ramo de atividade se seus custos de fabricação estão fora de padrão. Pode, por exemplo, comparar-se com a indústria de parafusos mais rentável, mais bem-sucedida (*benchmark*) e estabelecer paradigmas.

Depois de analisar o resultado considerando apenas os custos de fabricação (tomando decisões no sentido de controlar melhor e reduzir custos para maximizar o lucro), aí, sim, passa-se a analisar gastos de outra natureza, no caso, as despesas. E, depois de analisar as despesas, passa-se a analisar as perdas e, assim, sucessivamente. Esse assunto vai ser tratado no Capítulo 7, a seguir, na estruturação da DRE.

3. Para o leigo em Contabilidade, não dá a impressão de que o Regime de Caixa é melhor que o Regime de Competência?

Sim. É mais fácil raciocinar em termos de "bolso": quanto entrou, quanto saiu e quanto eu tenho no bolso, no banco.

Se uma empresa vendesse somente à vista e pagasse imediatamente todas as suas despesas, o Regime de Caixa seria muito parecido com o de Competência.

Entretanto, isso seria praticamente impossível. Imagine a empresa pagando todo fim de dia seus funcionários; pagando seus impostos no momento em que eles são gerados nas vendas seria impraticável.

Assim, o Regime de Competência fica mais viável. Quando a empresa vende a prazo (muito comum nas indústrias), já considera "venda do mês". Os funcionários que trabalharam e contribuíram para obtenção daquelas vendas já têm seus salários contabilizados como despesa, ainda que nada receberam no mês trabalhado.

Dessa forma, consideramos as vendas geradas no mês e o esforço despendido pelos funcionários. Assim, no final do mês temos Duplicatas (Receita) a Receber no Ativo e Salário a Pagar no Passivo, no encerramento do mês.

Veja, se tivéssemos trabalhando com Regime de Caixa, não apuraríamos o resultado do mês [Receita (–) Despesa] nem teríamos os Valores a Receber e a Pagar no Balanço Patrimonial, o que seria um absurdo.

Trataremos desse assunto nos dois capítulos seguintes (7 e 8) para melhor entendimento.

Atividades Sugeridas

Tarefa 6.1 Selecione uma Demonstração de Resultado do Exercício que apresente prejuízo e arquive em sua pasta.

Tarefa 6.2 Pesquise na Lei nº 6.404/76 (Lei das Sociedades por Ações) e subsequentes e identifique o artigo que determina que as empresas devem realizar a Contabilidade de acordo com o Regime de Competência. Arquive esse artigo.

Tarefa 6.3 As empresas cuja Receita Bruta não ultrapassa certo valor (R$), embora precisem pagar o Imposto de Renda, estão livres de elaborar a Contabilidade pelo Regime de Competência para fins do Imposto de Renda (Fisco). Essas empresas optam pelo Sistema do Lucro Presumido (lucro estimado).

Como se calcula o lucro dessas empresas para fins de Imposto de Renda? Qual é o limite da Receita Bruta em R$? Arquive a resposta em sua pasta.

Exercícios

1 Associe os números da coluna da esquerda com a coluna da direita:

1. Receita > Despesa	( ) Receita
2. Receita < Despesa	( ) Aceito pelo Fisco e Normas Contábeis
3. Venda de Mercadorias	( ) Material de escritório
4. Receita a Prazo	( ) Aumenta o Passivo
5. Despesa a Prazo	( ) Entidades sem Fins Lucrativos
6. Regime de Competência	( ) Perdas
7. Regime de Caixa	( ) Aumenta Duplicata a Receber
8. Clipes, grampeador, lápis etc.	( ) Depreciação
9. Despesa pelo uso do Imobilizado	( ) Custo
10. Gastos no escritório	( ) Despesa
11. Gastos na fábrica	( ) Lucro
12. Gastos anormais	( ) Prejuízo

2 Neste capítulo, você aprendeu a diferença entre custo e despesa. Custos são todos os gastos na fábrica e despesas são todos os gastos do escritório (administração). A Instituição de Ensino em que você estuda também precisa separar os custos das despesas. Cite exemplos de custos e despesas relacionados a sua Instituição de Ensino.

3 Leonardo é estudante de Contabilidade e trabalha na Empresa X como estagiário. Durante uma reunião com o setor contábil e a diretoria, foi apresentado o seguinte fato: "No fim desse mês, a Empresa X vendeu $ 18 milhões, mas só recebeu $ 6 milhões; e teve como despesa $ 12 milhões, mas só pagou $ 3 milhões." Ajude Leonardo a responder às seguintes questões pelos Regimes de Caixa e Competência:

3.1 Quanto a Empresa X tem no Caixa no final do mês?

3.2 Qual será o seu verdadeiro lucro do período?

3.3 Compare os resultados pelo Regime de Caixa e Competência.

7

Demonstração do Resultado do Exercício

uqr.to/15ujl

Para este capítulo, veja o vídeo "Demonstração do Resultado do Exercício".

Neste capítulo você verá:

Demonstração dedutiva
Como apurar a Receita Líquida
Como apurar o Lucro Bruto
Custo das vendas
Como apurar o Lucro Operacional
Como apurar o lucro depois do Imposto de Renda (resultado líquido do período)
Contribuições e participações sobre o lucro

Iryna Sklepovych | iStockphoto
Инна Кожевникова | iStockphoto

Nem formal, nem informal, o Brasil é semiformal

"Há um fenômeno que permeia todo o espaço econômico da realidade brasileira e que não foi, até hoje, objeto da merecida atenção: a ele damos o nome de 'semiformalidade'. É composta, por um lado, por agentes que pertencem ao universo formal, mas que executam parte de suas operações no âmbito da informalidade. Trata-se de empresas que, a despeito de serem formalmente estabelecidas (empresas com CNPJ), não incluem parte de suas operações em seus registros contábeis (transações realizadas sem a emissão do comprovante fiscal, ou Nota Fiscal) e/ou possuem em seus quadros trabalhadores sem contrato formal de trabalho (Carteira de Trabalho assinada). Essa forma de contratação passou a ser reconhecida como 'trabalho informal' pela OIT (Organização Internacional do Trabalho) desde 2003. Há, ainda, empresas que remuneram seus trabalhadores em valores efetivos que são superiores àqueles que constam de seus registros contábeis e dos respectivos contratos de trabalho – prática usual no comércio, em que a remuneração variável (comissões de vendas) é paga à margem dos registros oficiais. Esse conjunto de práticas é conhecido pelos nomes de transações por fora ou caixa 2."

Fonte: Economia de Serviços 2017. Disponível em: https://economiadeservicos.com/2017/02/16/nem-formal-nem-informal-o-brasil-e-semiformal-parte-1/. Acesso em: 17 maio 2018.

DEMONSTRAÇÃO DEDUTIVA

A Demonstração do Resultado do Exercício é um resumo ordenado das receitas e despesas da empresa em determinado período, normalmente 12 meses. É apresentada de forma *dedutiva* (vertical), ou seja, das receitas subtraem-se as despesas e, em seguida, indica-se o resultado (lucro ou prejuízo). Veja a Figura 7.1.

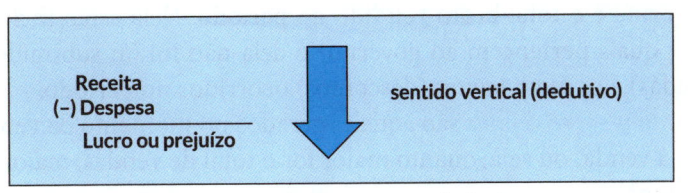

Figura 7.1 A demonstração dedutiva

A DRE pode ser simples para micro ou pequenas empresas que não requeiram dados pormenorizados para a tomada de decisão, como é o caso de bares, farmácias, mercearias. Deve evidenciar o total de despesa deduzido da receita, apurando-se, assim, o lucro sem destacar os principais grupos de despesas.

A DRE completa, exigida por lei, fornece maior número de minúcias para a tomada de decisão: grupos de despesas, vários tipos de lucro, destaque dos impostos sobre a renda etc.

As normas contábeis em vigor passam a exigir a Demonstração do Resultado Abrangente, que, a partir do resultado líquido obtido na DRE, inclui outros resultados abrangentes, tais como correção de erros, ajustes de reclassificações e mutações na reserva de reavaliação. Neste capítulo será abordado o modelo da DRE, e não se pretende esgotar o assunto.

Veja a diferença entre a DRE simples e a DRE completa na Figura 7.2.

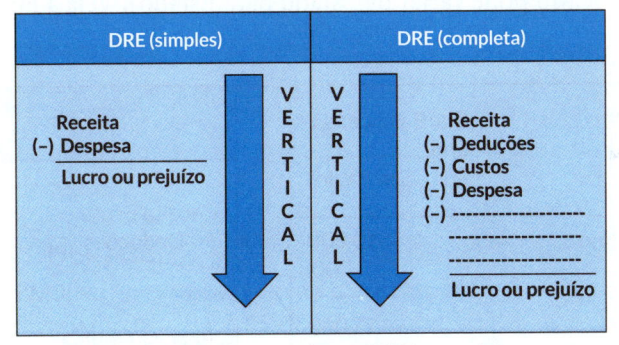

Figura 7.2 DRE simples × DRE completa

COMO APURAR A RECEITA LÍQUIDA

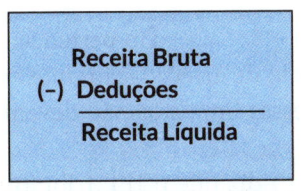

Figura 7.3 Apuração da Receita Líquida

A Receita Bruta é o total bruto vendido no período. Nela estão inclusos os *impostos sobre vendas* (os quais pertencem ao governo) e dela não foram subtraídos as *devoluções* (vendas canceladas) e os *abatimentos* (descontos) ocorridos no período.

Impostos e taxas sobre vendas são aqueles gerados no momento da venda; variam proporcionalmente à venda, ou seja, quanto maior for o total de vendas, maior será o imposto. São os mais comuns:

- IPI – Imposto sobre Produtos Industrializados (governo federal) – de 0 a quase 400% (no caso de cigarros). Veja observação adiante (Lei nº 12.973/13).
- ICMS – Imposto sobre Circulação de Mercadorias e Serviços (governo estadual) – Estado de São Paulo: de 18 a 25%.
- ISS – Imposto Sobre Serviços de Qualquer Natureza (governo municipal) – Município de São Paulo: de 0 a 10%.
- PIS – Programa de Integração Social – taxa sobre o faturamento (governo federal) – 0,65 a 1,65% (não cumulativo a partir da Lei nº 10.637/02).
- Cofins – Contribuição para o Financiamento da Seguridade Social (governo federal) – de 3 a 7,6% (não cumulativo a partir da Lei nº 10.833/03).

Admita que a Cia. Balanceada, indústria, tenha emitido uma nota fiscal de venda cujo preço do produto seja de $ 10.000 mais 30% de IPI. O ICMS está incluso no preço do produto (a alíquota de ICMS pode variar de Estado para Estado). Veja a Figura 7.4.

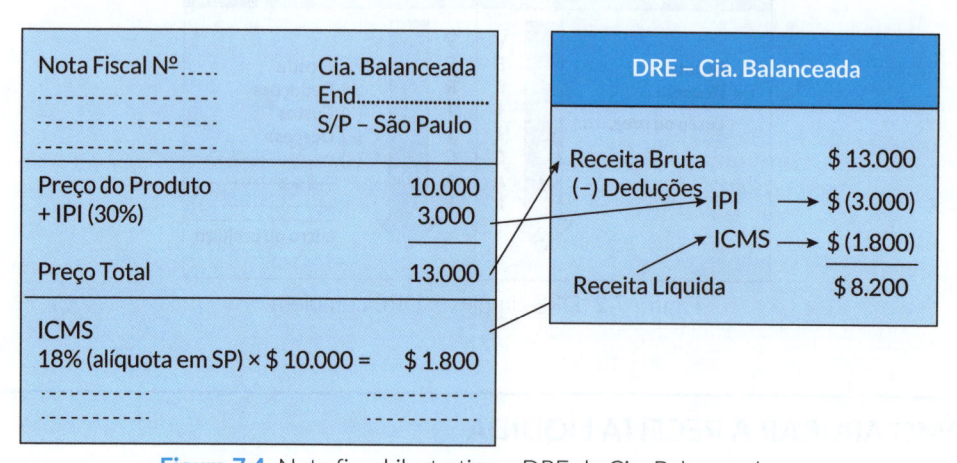

Figura 7.4 Nota fiscal ilustrativa e DRE da Cia. Balanceada

Na verdade, os impostos sobre vendas não pertencem à empresa, mas ao governo. Ela é uma mera intermediária (veículo de arrecadação) que arrecada impostos do consumidor e recolhe ao governo; por isso, esses impostos não devem ser considerados receita real da empresa.

O art. 2º da Lei nº 12.973/13 diz que o IPI, tributo não cumulativo, na condição de mero depositário, não deverá ser incluso na Receita Bruta e, consequentemente, não aparecerá como dedução, embora teríamos mais informações para decisões com destaque do IPI. Assim, o exemplo acima da Cia. Balanceada fica conforme podemos ver na Figura 7.5.

Receita Bruta	**10.000**
(–) ICMS	**(1.800)**
Receita Líquida	**8.200**

Figura 7.5 Receita Líquida da Cia. Balanceada

Devoluções (vendas canceladas) – são mercadorias devolvidas por estarem em *desacordo com o pedido* (preço, qualidade, quantidade, avaria). O comprador, sentindo-se prejudicado, devolve total ou parcialmente a mercadoria. Às vezes, a empresa vendedora, na tentativa de evitar devolução, propõe um *abatimento* no preço (desconto) para compensar o prejuízo ao comprador. Tanto a devolução como o abatimento aparecem deduzindo a Receita Bruta na DRE.

Suponha que a Cia. Desequilibrada tenha vendido $ 5.000 de mercadorias com má qualidade, metade para o comprador A e metade para o *B. A* empresa A devolveu 20% do lote e a empresa *B* aceitou a proposta da Cia. Desequilibrada de 10% de abatimento para evitar devolução. Veja a Figura 7.6.

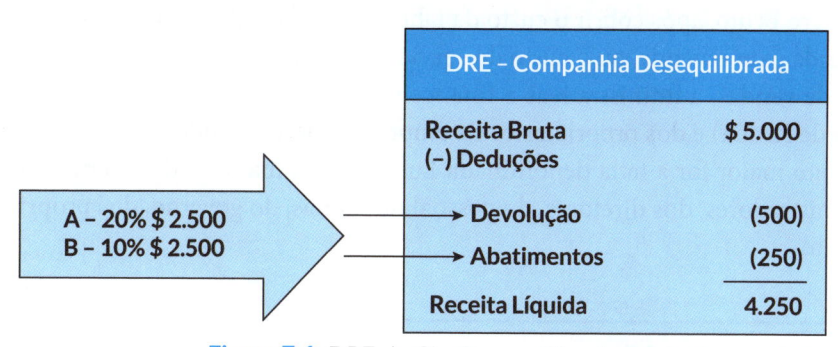

Figura 7.6 DRE da Cia. Desequilibrada

Portanto, *deduções* são ajustes (e não despesas) realizados sobre a Receita Bruta para se apurar a Receita Líquida. O que interessa para a empresa é efetivamente a Receita Líquida, que é o que sobra em termos de receita.

A diferença entre deduções (ajustes) e despesas é que deduções não são sacrifícios financeiros para a empresa (impostos sobre vendas, quem paga é o consumidor), enquanto despesas são sacrifícios, esforços, onerando a empresa.

COMO APURAR O LUCRO BRUTO

Trata-se do primeiro indicador de desempenho nas atividades operacionais da empresa. Veja a Figura 7.7.

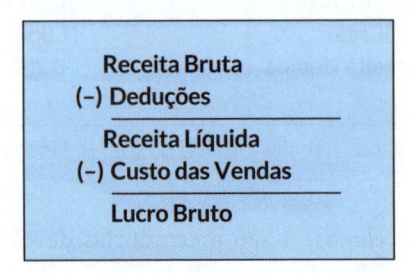

Figura 7.7 Apuração do Lucro Bruto

Lucro Bruto é a diferença entre a Venda de Mercadorias e o Custo dessa Mercadoria Vendida, sem considerar despesas administrativas, de vendas e financeiras. Para uma empresa prestadora de serviços, o raciocínio é o mesmo: Lucro Bruto é a diferença entre a receita e o custo do serviço prestado sem considerar aquelas despesas anteriormente referidas.

Resumindo, subtrai-se da *receita* o custo da mercadoria ou do produto, ou o do serviço para ser *colocado à disposição do consumidor,* não considerando as despesas administrativas, financeiras e de vendas.

O Lucro Bruto, após cobrir o custo da fabricação do produto (ou o custo da mercadoria adquirida para revenda, ou o custo do serviço prestado), é destinado à remuneração das despesas de vendas, administrativas e financeiras, bem como à remuneração do governo (Imposto de Renda) e dos proprietários da empresa (Lucro Líquido).

Quanto maior for a fatia denominada Lucro Bruto, maior poderá ser a remuneração dos administradores, dos diretores, do pessoal de vendas, do governo, dos proprietários da empresa etc.

CUSTO[1] DAS VENDAS

A expressão *custo das vendas* é bastante genérica, devendo, por essa razão, ser especificada por setor na economia:

- Para empresas *industriais,* o custo das vendas é denominado Custo do Produto Vendido (CPV).
- Para empresas *comerciais,* o custo das vendas é denominado Custo das Mercadorias Vendidas (CMV).

---

[1]   Custo foi definido no Capítulo 6.

- Para *empresas prestadoras de serviços,* o custo das vendas é denominado Custo dos Serviços Prestados (CSP) ou Custo dos Serviços.

O custo do produto ou serviço é tão relevante para a entidade que há uma contabilidade específica para tratar este assunto: a *Contabilidade de Custos* (hoje, mais do que nunca, há uma preocupação em reduzir custos para tornar o produto mais competitivo e mais rentável).

A DRE avalia o desempenho (performance) da empresa para fins de análise. Por exemplo, a comparação do Lucro Bruto com a Receita Líquida (LB/RL) indica a *Margem Bruta*, ou seja, o percentual da Receita que originou o Lucro Bruto. Se uma empresa tem Receita de $ 1.000 e um Lucro Bruto de $ 600, significa que a Margem Bruta é de 60%. Assim, do total de Vendas, houve uma sobra de 60% de Lucro Bruto. Nesse caso, os custos representam 40%.

COMO APURAR O LUCRO OPERACIONAL

A apuração deste resultado evidencia o desempenho no negócio da entidade.

	RECEITA BRUTA
(–)	Deduções
	Receita Líquida
(–)	Custo dos produtos, das mercadorias ou dos serviços vendidos
	Lucro Bruto
(–)	Despesas com vendas, administrativas e gerais
(+/–)	Outras despesas e receitas
	Resultado Operacional antes das receitas e despesas financeiras
(–/+)	Despesas financeiras e Receitas financeiras
	Resultado antes dos tributos e participações sobre o lucro

Figura 7.8 Apuração do Lucro Operacional

O Lucro Operacional é obtido pela diferença entre o Lucro Bruto e as despesas operacionais.

DESPESAS OPERACIONAIS: DESPESAS COM VENDAS, ADMINISTRATIVAS E OUTRAS DESPESAS E RECEITAS OPERACIONAIS

As despesas operacionais são as necessárias para vender os produtos, administrar a empresa e financiar as operações. Enfim, são todas as despesas sacrificadas para a manutenção da atividade operacional da empresa. Os principais grupos de Despesas Operacionais são especificados a seguir:

a) *Despesas de vendas*

Abrangem desde a promoção do produto até sua colocação junto ao consumidor (comercialização e distribuição). São despesas com o pessoal da área de venda, comissões sobre vendas, propaganda e publicidade, marketing, estimativa de perdas com duplicatas derivadas de vendas a prazo (provisão para devedores duvidosos) etc.

b) *Despesas administrativas e gerais*

São aquelas necessárias para administrar (dirigir) a empresa. De maneira geral, são gastos nos escritórios que visam à direção ou à gestão da empresa.

Podem ser citados como exemplos: honorários administrativos, salários e encargos sociais do pessoal administrativo, aluguel de escritórios, materiais de escritório, seguro de escritório, depreciação de móveis e utensílios, assinaturas de jornais etc.

c) *Outras receitas e despesas operacionais*

c.1) *Despesas (Perdas)*

Entram aqui as despesas com perda de equivalência patrimonial[2] e com perdas estimadas para ajuste ao valor de mercado (veja no Capítulo 5 o item "Deduções do Ativo Circulante").

c.2) *Receitas (Ganhos)*

Entram aqui receitas com ganho de equivalência patrimonial,[2] receitas de dividendos etc.

> As Perdas e Ganhos significam resultados de operações de atividades não fundamentais, normalmente não relevantes. Por exemplo, as despesas decorrentes da baixa ou alienação de bens do Ativo Não Circulante, como Imobilizado, perdas estimadas com investimentos, receita com dividendos etc.

---

[2] Resultado de equivalência patrimonial: ganhos ou perdas nos investimentos (ações) em outras empresas.

DESPESAS E RECEITAS FINANCEIRAS

Despesas Financeiras são as remunerações aos capitais de terceiros, tais como: juros pagos ou incorridos, comissões bancárias, descontos concedidos, juros de mora pagos etc.

As Despesas Financeiras devem ser compensadas com as *Receitas Financeiras* (conforme disposição legal), isto é, estas receitas são deduzidas daquelas despesas.

As receitas de natureza financeira são as derivadas de juros ganhos nas aplicações financeiras, juros de mora recebidos, descontos obtidos etc.

Em $ mil

DESPESA FINANCEIRA > RECEITA FINANCEIRA		DESPESA FINANCEIRA < RECEITA FINANCEIRA	
Desp. Financeiras	280.000	Desp. Financeiras	280.000
Rec. Financeiras	(80.000)	Rec. Financeiras	(390.000)
Desp./Rec. Financeiras	200.000	Rec. Financeiros	110.000
DESPESAS OPERACIONAIS		**DESPESAS OPERACIONAIS**	
De vendas	300.000	De vendas	300.000
Administrativas	400.000	Administrativas	400.000
→ Resultado I	700.000	→ Resultado I	700.000
Financeiras*	200.000	Financeiras*	(110.000)
→ Resultado II	900.000	→ Resultado II	590.000

* Deve-se, com o objetivo de apresentar maior grau de detalhe, indicar o confronto Despesa Financeira x Receita Financeira, destacando-se seus respectivos valores.

Figura 7.9 As despesas e as receitas financeiras

Ainda dentro do item de Despesa Financeira, há o subitem *"Variação Cambial"* ou Variação Monetária. Por exemplo, quando uma empresa faz um empréstimo em moeda estrangeira, admita US$ 100.000, no momento de registrar esta operação há necessidade de transformá-lo em real pelo câmbio do dia. Se, por exemplo, a cotação do dólar for de R$ 3,00 no dia do empréstimo, a dívida no Passivo será contabilizada por R$ 300.000. Como no final do período (ano, mês...) a empresa deverá atualizar a dívida, pressupondo que o dólar esteja cotado em R$ 4,00, a dívida terá aumentado para R$ 400.000. Esse acréscimo de R$ 100.000 será contabilizado como "Variação Cambial" em Despesa Financeira reduzindo o Lucro Operacional. Na verdade, pela desvalorização do real, a empresa está tendo perda, devolvendo mais real na hora do pagamento.

Se compararmos o Lucro Operacional (antes dos Resultados Financeiros) com a Receita Líquida (LO/RL), obteremos a *Margem Operacional*, que indica o percentual da Receita que se tornou Lucro Operacional.

COMO APURAR O LUCRO DEPOIS DO IMPOSTO DE RENDA (RESULTADO LÍQUIDO DO PERÍODO)

IMPOSTO DE RENDA E CONTRIBUIÇÃO SOCIAL SOBRE O LUCRO

	Resultado antes dos tributos e participações sobre o lucro
(–)	Despesas com tributos sobre o lucro (Imposto de Renda e Contribuição Social sobre o Lucro)
(–)	Contribuições e Participações sobre o lucro
	Resultado líquido das operações continuadas
	Resultado líquido das operações descontinuadas
(+/–)	Resultado líquido do período

Figura 7.10 Apuração do Resultado Líquido do Período

As principais fórmulas para tributação:

a) Lucro Real: é o lucro calculado pela Contabilidade e ajustado conforme as regras do Imposto de Renda.

b) Lucro Presumido: calcula-se a aplicação de percentuais fixados pela legislação, de acordo com a atividade da pessoa jurídica, sobre a Receita Total.

c) Simples Nacional: legislação especial para a microempresa e empresa de pequeno porte.

d) Lucro Arbitrado: o arbitramento do lucro é um privilégio concedido, em geral, às autoridades fiscais.

A alíquota do Imposto de Renda continua 15% (quinze por cento) e a do adicional em 10% (dez por cento).

Todavia, a Lei nº 11.638/07 dispõe a possibilidade de a empresa contabilizar conforme as regras tributárias e, em seguida, fazer ajustes contábeis, para apresentação das Demonstrações Financeiras.

Será calculado Imposto de Renda adicional no valor que exceder o limite estipulado pela legislação vigente. Atualmente, este limite está fixado em R$ 240.000,00 anuais (ou R$ 20.000,00 mensais).

Assim, quando o lucro tributável, por exemplo, for superior a R$ 240.000,00, a alíquota será 25% para o excedente desse limite.

O exercício social em que é gerado o lucro (ano X) denomina-se "ano-base". O exercício em que se paga o Imposto de Renda (ano X + 1) denomina-se "exercício financeiro". Todavia, atualmente, o Imposto de Renda é pago mensal ou trimestralmente, de forma antecipada.

Qualquer empresa, por menor que seja, pode fazer opção pela tributação com base no Lucro Real. As opções de tributação pelo Lucro Presumido e Simples Nacional nem sempre serão possíveis em razão do valor da receita bruta, da atividade ou condição da empresa.

Para as empresas que não calculam Imposto de Renda pelo Lucro Presumido, a base de cálculo para o Imposto de Renda não é exatamente o lucro apurado pela Contabilidade, mas o lucro ajustado às disposições da legislação do Imposto de Renda, que será denominado, como já vimos, Lucro Real. Esse lucro será calculado num livro extracontábil denominado "Livro de Apuração do Lucro Real" (LALUR).

Além do Imposto de Renda, as empresas são obrigadas a pagar ao governo federal a Contribuição Social sobre o Lucro Líquido (CSLL). Na DRE destacamos a CSLL junto com o Imposto de Renda. A CSLL é em torno de 9% (nove por cento). Assim, o IR mais a CSLL poderá chegar próximo a 34% (trinta e quatro por cento), ou seja, um terço do Lucro Líquido (LL).

CONTRIBUIÇÕES E PARTICIPAÇÕES SOBRE O LUCRO

	Lucro Depois do Imposto de Renda
(−)	Doações e Contribuições
(−)	Participações
	Lucro Líquido

Figura 7.11 Contribuições e participações

As *contribuições* são dirigidas às fundações com a finalidade de assistir o quadro de funcionários; às previdências particulares com o objetivo de complementar a aposentadoria; às cooperativas de empregados etc.

Normalmente, as *participações* são complementos à remuneração de empregados e administradores. É estipulado um percentual sobre o lucro. A participação no lucro ou no resultado para os empregados é obrigatória.

RESULTADO LÍQUIDO DAS OPERAÇÕES CONTINUADAS E DAS NÃO CONTINUADAS

A Resolução CFC nº 1.188/09 (CPC 31) e a Resolução CFC nº 1.185 (CPC 26) destacam a nova forma de apresentação do Resultado Líquido do Período, que objetivam evidenciar a capacidade de geração de resultados das atividades correntes ou em funcionamento normal (continuadas) e das atividades que foram descontinuadas, com seus componentes alienados ou classificados como mantidos para vendas (descontinuadas).

DISTRIBUIÇÃO DO LUCRO

Como foi visto, o Lucro Líquido de uma empresa limitada (sócios) é a sobra líquida à disposição dos proprietários da empresa. Os proprietários decidem a parcela do lucro que ficará retida na empresa e a parte que será distribuída aos donos do capital (dividendos). A distribuição do lucro será evidenciada na Demonstração dos Lucros ou Prejuízos Acumulados (DLPAc).

> Nas Sociedades Anônimas, normalmente, *o percentual* do lucro a ser distribuído aos acionistas em forma de dividendos está estipulado no estatuto da empresa.

DRE – CONFORME OS CPCs 26 E 30

Destaca-se a separação entre Operações Continuadas (atividades operacionais) e Não Continuadas (vendas, por exemplo, de máquinas de uma de suas linhas de produção, que será desativada ou vendida – descontinuidade). Veja o Quadro 7.1.

Quadro 7.1 Operação Continuada e Operação Descontinuada

OPERAÇÃO CONTINUADA
Receita Bruta (–) Deduções
Receita Líquida (–) Custo das Vendas
Lucro Bruto (–) Despesas com Vendas (–) Despesas Gerais e Administrativas (±) Outras Despesas e Receitas (±) Resultado da Equivalência Patrimonial
Resultado Antes das Receitas e Despesas Financeiras (+) Receitas Financeiras (–) Despesas Financeiras
Resultado Antes dos Tributos sobre o Lucro (–) Tributos sobre o Lucro
Resultado Líquido das Operações Continuadas
OPERAÇÃO DESCONTINUADA
Lucro do Exercício proveniente das Operações Descontinuadas Lucro Líquido do Exercício

A comparação entre o Lucro Líquido e a Receita Liquida (LL/RL) nos informa a *Margem Líquida*, que nada mais é que o percentual da Receita que se tornou Lucro Líquido.

DEMONSTRAÇÃO DOS LUCROS OU PREJUÍZOS ACUMULADOS

Evidencia o "destino" do lucro, a canalização, a distribuição do lucro do exercício.

Havendo sobras (saldos) de lucros de exercícios anteriores não distribuídos, estas sobras são adicionadas ao lucro do exercício atual. Daí a expressão *Lucros Acumulados*.

Dessa forma, o roteiro contábil é: em *primeiro lugar* apurar o lucro (ou prejuízo do exercício); em *segundo lugar* transferi-lo para Lucros Acumulados; e em *terceiro lugar,* após distribuição do lucro aos proprietários (dividendos), canalizar o lucro retido (não distribuído) para o Patrimônio Líquido (conta dos proprietários). Veja a Figura 7.12.

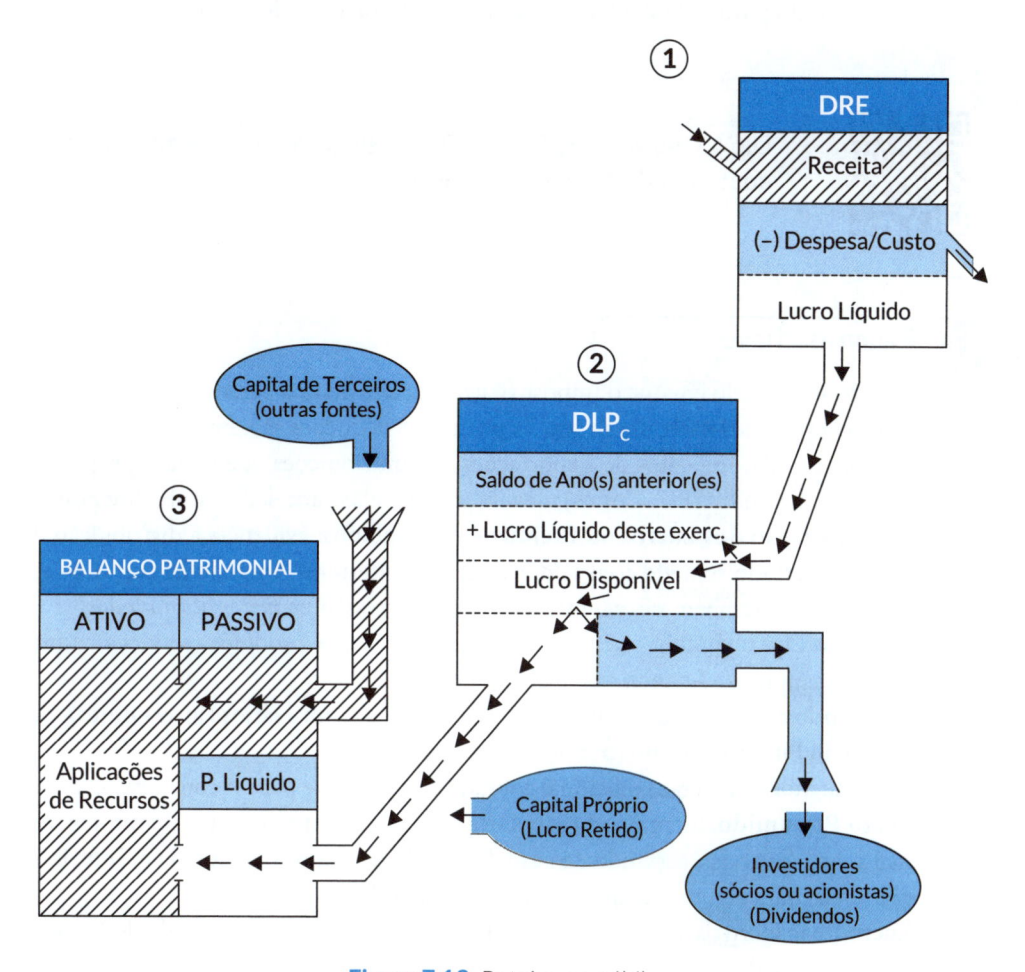

Figura 7.12 Roteiro contábil

ESTRUTURA DA DLPAc

Quadro 7.2 Estrutura resumida da DLPAc

Lucro Acumulado de Exercício(s) Anterior(es) **+ Lucro Líquido do Exercício**
Lucro Disponível (–) Reservas (caso se tratar de S.A.) (–) Dividendos
Lucro Acumulado (Reinvestido → Patrimônio Líquido)

Pela Lei nº 11.638/07, a conta Lucros Acumulados deverá ter saldo zero no final do exercício social, ou seja, todo lucro deverá ser destinado, ter uma definição, não ficar em suspenso. Isso é válido para as Sociedades Anônimas e para as Sociedades de Grande Porte.

DICAS PARA OS ESTUDANTES: Assista ao vídeo "Demonstração do Resultado do Exercício (DRE)".

uqr.to/15ujm

Palavras-chave

Ano-base: período em que o Imposto é gerado; ano do fato gerador.

Deduções: ajustes à Receita Bruta. As principais deduções são: impostos sobre vendas (ICMS, ISS, Impostos de Exportações...), contribuições que variam proporcionalmente às vendas (PIS, Cofins), devoluções (vendas canceladas) e abatimentos.

Demonstração dos Lucros ou Prejuízos Acumulados: evidencia a distribuição do lucro do período somado com saldos de lucros anteriores. Quando há prejuízos sucessivos, estes também são acumulados; daí a expressão *prejuízos acumulados*.

Despesas Operacionais: são as necessárias para vender produtos (serviços), administrar a empresa e financiar as operações.

Dividendos: distribuição do lucro em dinheiro aos proprietários (investidores).

Exercício Financeiro: ano (período) do pagamento.

Juros de mora: uma taxa adicional cobrada daqueles que pagam com atraso.

Lucro Presumido: lucro fiscal (tributário), calculado multiplicando-se um percentual sobre as vendas, servindo de base de cálculo de Imposto de Renda e Contribuição Social para algumas empresas permitido pelo Fisco.

Lucro Real: lucro fiscal (tributário); lucro que serve de base para cálculo do Imposto de Renda. É calculado no Livro de Apuração do Lucro Real.

Prazo Fixo: aplicações financeiras por um período fixo, também conhecido como depósito a prazo fixo.

Resultado da Equivalência Patrimonial: ganhos ou perdas nos investimentos em outras empresas. Reconhece-se o ganho ou a perda no resultado apurado nas investidas (outras empresas) na proporção da participação societária.

 ## Perguntas e Respostas

1. Qual é a diferença entre Demonstração do Resultado do Exercício e Demonstração dos Fluxos de Caixa?

A Demonstração do Resultado do Exercício (DRE) é a forma científica, perfeita, de apuração de resultado (lucro ou prejuízo), baseando-se no regime ou princípio de competência (Princípio de Competência dos Exercícios).

A DRE narra com perfeição o resultado do período, sendo impossível sua manipulação. Está dentro das determinações da Teoria Contábil.

A Demonstração dos Fluxos de Caixa (DFC) é um dos principais relatórios contábeis para fins gerenciais. No Brasil, com a modificação da Lei nº 6.404/76 pela Lei nº 11.638/07, tornou-se obrigatório (exigido por lei), substituir a Demonstração das Origens e Aplicações de Recursos (DOAR). Ainda que seja indispensável para a tomada de decisão, a DFC não é eficiente para apurar com exatidão o resultado (lucro ou prejuízo). Veremos a DFC no Capítulo 8.

Admita que uma empresa vendeu $ 500.000 em determinado período "X1", recebendo (caixa) 60%. Nesse mesmo período, teve $ 400.000 de despesa, e 60% foram pagos.

APURAÇÃO DE RESULTADO X1			
DRE – Competência		**DFC – Caixa**	
Receita Gerada	500.000	Receita Recebida	300.000
(–) Despesa Incorrida	(400.000)	Despesa Paga	(240.000)
Lucro	100.000	Superávit	60.000

BALANÇO PATRIMONIAL			
ATIVO		**PASSIVO**	
Circulante		Circulante	
Dupl. a Receber	200.000	Contas a Pagar	160.000
_____	_____	_____	_____
_____	_____	_____	_____

Manipulação do Fluxo de Caixa

Admita que a empresa desejasse que seu lucro tivesse sido maior no período "X1". Na DRE, é inalterável. Na DFC, é manipulável: bastaria a empresa ter atrasado o pagamento de despesa (nesse caso, o item "Despesa Paga" seria menor e "Contas a Pagar" seria maior) e seu superávit seria maior.

Pelo regime de caixa, se a empresa quisesse ter lucro menor, bastaria liberar seus clientes para postergar a liquidação das duplicatas sem nenhum ônus. Os clientes iriam gostar e a empresa teria menos receita recebida (mais Duplicatas a Receber) reduzindo seu superávit. Outra maneira de reduzir o resultado seria antecipar o pagamento da despesa.

Ora, se o resultado é passível de manipulação, conclui-se que o Instrumento de Apuração não é bom como mensuração de resultado. Daí preferir-se a DRE para medir o desempenho da gestão do negócio.

Existem outros enfoques de tratamento para a DRE e DFC

De maneira geral, a DFC é tratada como um *fluxo financeiro*, tratando especificamente a movimentação do dinheiro no disponível (caixa e bancos).

A DRE, para fins didáticos, é tratada como um *fluxo econômico*. Rigorosamente, deveríamos tratar como um fluxo contábil; entretanto, comumente, podemos chamar de fluxo econômico.

A ideia de econômico, nesse caso, é que afeta o patrimônio em determinado momento e não afeta o caixa simultaneamente.

Um caso clássico é a depreciação que é *subtraída* no fluxo econômico (DRE), por se tratar de um consumo de ativo (reduz o benefício do Ativo Imobilizado pelo uso, desgaste, pelo passar do tempo, pela perda da eficiência, defasagem tecnológica...), mas não é deduzida no fluxo financeiro (DFC), pois não se trata de um desembolso, saída de dinheiro do caixa.

Há parcelas que aumentam ou diminuem o lucro sem afetar o caixa no momento em que o fluxo econômico é gerado. Daí, de forma simplista, tratar-se de fluxo econômico pelo fato de não representar entrada ou saída de dinheiro no momento em que é gerado:

FLUXO FINANCEIRO (MONETÁRIO) × FLUXO ECONÔMICO (CONTÁBIL)	
Receita Recebida (entrou no caixa) ⇔	Receita Gerada (mesmo que não tenha sido recebida)
(−) Despesa Paga (saiu do caixa) ⇔	Despesa Sacrificada (mesmo que não tenha sido paga)
Resultado Financeiro (DFC) ⇔	Resultado Econômico (DRE)

2. Poderia mostrar um exemplo de Lucro Financeiro e Lucro Econômico?

A seguir, apresentamos um exemplo que diferencia o Lucro Financeiro do Lucro Econômico num caso prático:

Em 1999, fui fazer um cruzeiro por um navio reformado chamado "Rembrandt".

Esse navio, considerado por muito tempo o maior do mundo, foi construído em 1950, sendo aposentado em 1995.

Uma companhia marítima comprou e reformou o navio por US$ 100 milhões, com autorização de uso por 10 anos, sendo que, ao concluir esse período, o navio deveria ir para o "cemitério de navios", já que normas internacionais impediam sua continuidade.

De maneira simples, poderíamos dizer que o Balanço Patrimonial foi sintetizado em:

Ativo		Passivo e PL	
Circulante		Circulante	
_____	_____		_____
_____	_____		_____
Não Circulante		Patrimônio Líquido	
Imobilizado		Capital Social	
Navio	100.000.000	Grupo Investidores	100.000.000
_____	_____	_____	_____
_____	_____	_____	_____

Tendo acesso à Demonstração dos Fluxos de Caixa do primeiro ano do navio, também de forma sintética, constatou-se:

DFC
$$\begin{cases} \text{Receita Recebida} & \$ \quad 56.790.400 \\ \text{(–) Despesa Paga} & \$ \quad \underline{(48.990.400)} \\ \text{Resultado Financeiro} & \$ \quad 7.800.000 \end{cases}$$

Aparentemente, o resultado financeiro foi excelente, produzindo um acréscimo de caixa relevante. Há motivos para comemoração? Não.

Vejamos o resultado econômico, admitindo que as receitas e as despesas foram à vista.

DRE
$$\begin{cases} \text{Receita} & \$ \quad 56.790.400 \\ \text{(–) Despesa} & \$ \quad (48.990.000) \\ \text{(–) Depreciação} & \$ \quad \underline{(10.000.000)} \rightarrow \$\,100.000.000/10\,\text{anos} \\ \text{Prejuízo} & \$ \quad (2.200.000) \end{cases}$$

A depreciação é uma despesa. Representa um ativo que perdeu em 10% a sua capacidade de trazer benefícios. O navio tem uma vida útil de dez anos e, portanto, deveremos distribuir dez parcelas de despesa nesse período.

O raciocínio é simples: se alugássemos ou fizéssemos *leasing*, não teríamos que subtrair tal despesa a cada ano? Sim. A depreciação é equivalente. A diferença é que a depreciação é um fato econômico (no momento, não há saída de dinheiro do caixa), enquanto o aluguel é financeiro (há saída de dinheiro do caixa).

Pela DFC, a persistir o resultado, em dez anos teríamos $ 78.000.000, montante este que não compensaria os donos do negócio que investiram $ 100.000.000. Assim, o negócio está tendo prejuízo, como mostra a DRE (fluxo econômico).

Assim, a decisão correta deverá ser tomada com a DRE. Para apenas "empatar" o investimento, o "lucro econômico" teria que ser zero e o fluxo de caixa em $ 10.000.000 anuais. Para isso, teria que se aumentar a receita e/ou reduzir despesas.

Mesmo gerando recursos para igualar o investimento, economicamente o negócio seria péssimo para os investidores. Para o negócio ser viável, os investidores teriam que ter retorno do capital que ultrapassasse uma rentabilidade mínima (custo de oportunidade) que eles teriam se investissem no mercado (poupança, bancos...).

Vamos admitir que, em dez anos, aplicando em poupança, os investidores tivessem 20% de juros garantidos (conceito de custo de oportunidade), ou seja, $ 120.000.000 acumulados no final daquele período.

Dessa forma, a DFC teria que gerar anualmente um pouco mais de $ 12.000.000.

Nesse caso, poderíamos dizer que o prejuízo econômico é de $ 4.200.000, enquanto o lucro financeiro foi de $ 7.800.000 (enganoso do ponto de vista gerencial).

3. É comum observar atualmente relatórios contábeis com a expressão Ebitda. O que significa isto?

Ebitda é um refinamento na apuração do lucro. Em inglês, é identificado como *Earning Before Interest, Taxes, Depreciation and Amortization*. Em português, é chamado popularmente de Lajida (Lucro Antes dos Juros, Impostos, Depreciação e Amortização).

Em certo sentido, EBITDA é o Lucro Operacional, obtido na DRE, ajustado, ou ainda equivale ao conceito restrito do Fluxo de Caixa Operacional antes do Imposto de Renda e Contribuição Social.

Vamos fazer uma comparação de uma DRE tradicional com uma DRE inovada com o EBITDA: admita uma empresa comercial (nesse caso, não tem depreciação no custo), partindo da Receita Líquida:

DRE TRADICIONAL		DRE INOVADA	
Receita	1.400.000	Receita	1.400.000
(–) CMV	(600.000)	(–) CMV	(600.000)
Lucro Bruto	800.000	Lucro Bruto	800.000
(–) Despesas Operacionais		(–) Desp. Vendas	(200.000)
de Vendas	(200.000)	(–) Desp. Administrativas	(210.000)
Administrativas (30% e Deprec.)	(300.000)	EBITDA	390.000
Financeiras (Juros)	(150.000)	(–) Depreciação	(90.000)
Lucro Operacional →	150.000	(–) Desp. Financeiras	(150.000)
(–) Imposto de Renda/Contr. Social	(70.000)	Lucro Operacional →	150.000
Lucro Líquido	80.000	(–) Imposto de Renda/Contr. Social	(70.000)
		Lucro Líquido	80.000

EBITDA abrange todos os *componentes operacionais* (Desp./Rec. Financeira, a rigor, não são operacionais) e os *componentes com potencial de afetar o Caixa* (amortização, depreciação... não afetam o Caixa), mostrando a capacidade que a empresa tem de gerar recursos considerando seu objeto social apenas, seu ramo de atividade, seu negócio básico.

4. O que é Demonstração do Resultado Abrangente (DRA)?

Uma grande novidade na Contabilidade brasileira é a inclusão da DRA, inclusive para pequenas e médias empresas.

Há casos excepcionais que não entram na DRE como despesa e receita, mas que afetam o resultado final do período. Assim, deveriam ser considerados itens como ganhos e perdas atuariais, ganhos e perdas provenientes de conversão das demonstrações contábeis de operação no exterior etc.

A DRA poderá ser uma demonstração destacada ou deverá estar contida na Demonstração das Mutações do Patrimônio Líquido (DMPL).

Atividades Sugeridas

Tarefa 7.1 Selecione uma Demonstração Financeira de uma indústria alimentícia ou de bebidas e indique a Demonstração do Resultado do Exercício e a Demonstração dos Lucros ou Prejuízos Acumulados. Arquive em sua pasta.

Sublinhe (ou circule) o Lucro Líquido do Exercício na Demonstração do Resultado do Exercício e seu trajeto na Demonstração de Lucros ou Prejuízos Acumulados.

Tarefa 7.2 Arquive ou imprima uma página do Livro de Apuração do Lucro Real. Para desempenhar essa tarefa, solicite esse livro a sua empresa ou pesquise em alguns livros de Contabilidade que abordam o assunto.

Tarefa 7.3 Anexe a sua pasta um formulário do Imposto de Renda da Pessoa Jurídica. Esse formulário pode ser encontrado no *site* da Receita Federal (www.receita.fazenda.gov.br).

Sublinhe as despesas operacionais estudadas neste capítulo: de vendas, administrativas e financeiras.

Exercícios

1 Associe os números da coluna da esquerda com a coluna da direita:

1. ICMS, ISS
2. CMV
3. CPV
4. CSP
5. Receita Bruta (–) Deduções
6. Desp. Vendas, Administrativas e Gerais
7. Juros, Descontos Obtidos
8. Lucro Bruto (–) Desp. Operacionais
9. Complemento às remunerações
10. Destino do lucro
11. Distribuição do lucro em dinheiro
12. Lucro Real

( ) Custo do Produto Vendido
( ) Receita Líquida
( ) Participações empregado e Admin.
( ) Desp./Rec. Financeira
( ) Dem. de Lucros ou Prejuízos Acumulados
( ) Lucro Operacional

( ) Dividendos
( ) Despesas Operacionais
( ) Deduções
( ) Lucro-base para o Imposto de Renda
( ) Custo das vendas para o comércio
( ) Custo dos Serviços Prestados

2 Carlos é estudante do curso de Ciências Contábeis e faltou na aula de DRE. Quando foi pegar o material da aula com seus colegas, deparou com esse exercício em que tem várias partes da DRE para colocar em ordem, porém está faltando o valor inicial, que é o valor da Receita de Vendas. É possível descobrir o valor da Receita de Vendas com os dados a seguir? É possível montar a DRE completa?

Empresa Semma	Em $ mil
Lucro Antes do Imposto de Renda	8.300
Despesas Administrativas	6.100
Custo das Vendas	25.000
Lucro Bruto	24.500
Lucro Operacional	8.100
Despesas Financeiras	1.300
Receitas Financeiras	1.500
Despesas de Vendas	10.300
Lucro Líquido	5.055
Vendas	?
Participações Diversas	2.000
Imposto de Renda e CSLL	1.245
Lucro Depois do Imposto de Renda	7.055

Monte a DRE completa:

3 Suponha que uma empresa adquira um financiamento em dólar (moeda americana) e, no momento de pagá-lo, a moeda americana esteja cotada a valor 10% maior que na data da aquisição do financiamento.

    3.1 O que isso reflete na DRE?
    3.2 Como podemos denominar essa variação?
    3.3 Onde será classificada na DRE?

Parte II

CICLO CONTÁBIL

"Abrange a captação dos dados gerados na entidade, o processamento destes dados até o levantamento dos Relatórios Contábeis."

8

Demonstração dos Fluxos de Caixa e Plano de Contas

uqr.to/15ujn

Para este capítulo, veja o vídeo "Demonstração dos Fluxos de Caixa e Plano de Contas".

Neste capítulo você verá:

Demonstração dos Fluxos de Caixa (DFC)
- Importância e tipos dos fluxos de caixa
- Por que a Contabilidade no Brasil dá pouco valor à DFC
- Elaboração e estruturação da DFC

Plano de contas e sua importância
Plano de contas "importado" e simplificado
Plano de contas e o usuário da Contabilidade
Como adequar o plano de contas a outras atividades

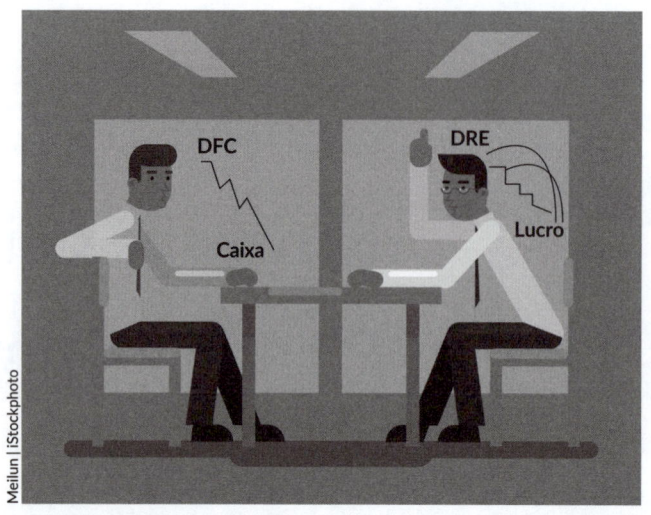

"Após esta brilhante apresentação dos fluxos contábeis, devo-lhe dizer que o senhor está demitido. Motivo? – Redução de custos."

O ano de 2002 foi considerado um péssimo ano para a Contabilidade. Ainda com os efeitos da bolha da Internet, houve a descoberta das falcatruas contábeis e gerenciais em corporações como a Enron, a WorldCom, a Tyco etc. Também em função de escândalos contábeis, no caso específico da Enron, houve a falência de uma das mais tradicionais empresas de auditoria: a Arthur Andersen.

DEMONSTRAÇÃO DOS FLUXOS DE CAIXA (DFC)

IMPORTÂNCIA DOS FLUXOS DE CAIXA

Todo mundo tem seu fluxo de caixa. Por mais simples que uma pessoa seja, ela tem de memória quanto entrou de dinheiro no mês e quanto saiu, quanto foi gasto. Até uma criança que ganha mesada sabe seu fluxo financeiro.

Algumas pessoas mais organizadas verificam seu fluxo de caixa por meio do extrato bancário ou do cartão de crédito, ou ainda fazem anotações em sua agenda e, em alguns casos, montam uma planilha em seu *laptop, smartphone* etc.

Uma dona de casa, além de ter, nem que seja na memória, seu fluxo de caixa, vai mais longe: projeta seu fluxo de caixa (orçamento financeiro) para saber quanto ela pode gastar até o final do mês.

Entre as três principais razões de falências ou insucessos de empresa, uma delas é a falta de planejamento financeiro ou a ausência total de fluxo de caixa e da previsão de fluxo de caixa (projetar as receitas e as despesas da empresa).

Sem um fluxo de caixa projetado, a empresa não sabe antecipadamente quando precisará de um *financiamento* (e normalmente sai desesperada, quando seu Caixa estoura, fazendo as piores operações que existem: cheque especial, desconto de duplicatas...) ou quando terá, ainda que temporariamente, sobra de recursos para *aplicar* no mercado financeiro (ganhando juros, reduzindo o custo do capital de terceiros emprestado). Daí os insucessos financeiros. Veja a Figura 8.1.

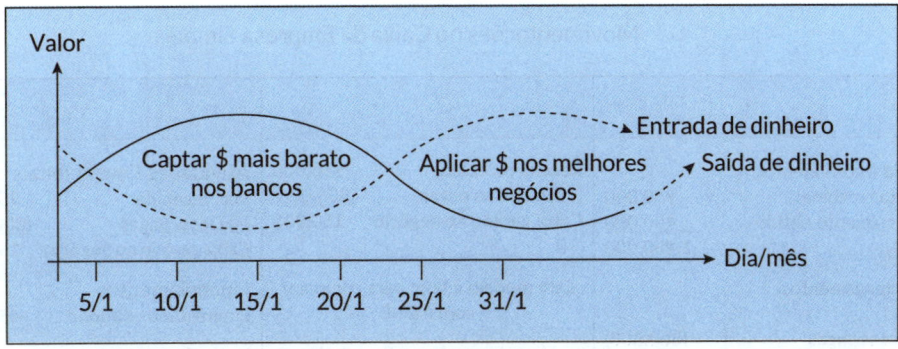

Figura 8.1 Fluxo de caixa projetado: melhores decisões antecipadas.

POR QUE A CONTABILIDADE NO BRASIL DÁ POUCO VALOR À DFC

Ainda que nos EUA seja o relatório preferido, mais utilizado, no Brasil a DFC é uma demonstração quase desprezada. Diversos escritórios de Contabilidade que prestam serviços às micro e pequenas empresas (em torno de 90% das empresas brasileiras) não faz a DFC, comprometendo o sucesso gerencial de seus clientes.

Uma das razões é a cultura do empresário brasileiro, que não gosta de revelar a origem e o uso de seu dinheiro, entendendo que é uma informação de foro íntimo. Aliás, ninguém gosta de prestar contas (até mesmo para a esposa) de onde foi gasto seu dinheiro.

Outra razão é que a DFC não era um relatório obrigatório por lei no Brasil (ao contrário dos EUA), não se exigindo da classe contábil sua elaboração. A partir de 2008, passou a ser exigida pela Lei nº 11.638/07 para empresas de Capital Aberto ou com Patrimônio Líquido maior que $ 2 milhões de reais.

Uma terceira razão é o índice de sonegação por parte de nossos empresários, que trabalham com o famoso "Caixa 2" pelo qual movimentam o dinheiro sonegado, ilícito. Assim, esses dados não são trazidos à luz para a Contabilidade registrar.

Por outro lado, sem fluxo de caixa fica quase impossível projetar, planejar financeiramente. Sem orçamento (planejamento financeiro), é impossível ter uma administração sadia.

TIPOS DE FLUXOS DE CAIXA

O fluxo de caixa poderia apenas medir o resultado do período (modelo operacional) em termos financeiros (Resultado do Negócio – semelhante a uma DRE) ou ser um modelo completo, incluindo todas as alterações no Caixa, as de investimentos (compra e venda de ativo...) e as de financiamento (obtenção de novos recursos no mercado...)

Admita que a Empresa Simples teve as movimentações no Caixa apresentadas no Quadro 8.1.

Quadro 8.1 Movimentações no Caixa da Empresa Simples

DADOS DO MÊS DE AGOSTO/X1		DFC – OPERACIONAL		DFC – COMPLETO	
Entrada (recebimentos)		Receita recebida 950.000		**Atividades Operacionais**	
Receita recebida	950.000	(–) Despesas pagas (800.000)		Rec. recebida	950.000
Financiamento obtido	450.000	Caixa gerado no negócio 150.000		(–) Desp. pagas	(800.000)
	1.400.000			Caixa gerado no negócio	150.000
Saídas (pagamentos)		Este modelo é bom para comparar com a DRE		**Financiamentos**	
				Empréstimos obtidos	450.000
Despesas pagas	(800.000)	Fluxo Financeiro × Econômico		**Investimentos**	
Aquisição de imobilizado	(420.000)	(DFC) × (DRE)		Aquisição de imobilizado	(420.000)
	(1.220.000)				
Resultado	180.000			**Resultado**	180.000

Nesse caso, o modelo completo é um instrumento mais rico e revelador. Todavia, como veremos à frente, o modelo operacional é bastante prático na comparação dos dois fluxos (DFC × DRE).

A DFC pode ainda ser dividida em modelo direto e indireto, como veremos na próxima seção.

No modelo direto, conforme o exemplo mencionado, destacam-se objetivamente as entradas e saídas de dinheiro, informando-se a origem (fonte) e o uso (aplicação). É um modelo mais revelador e facilmente analisado pelo leigo em Contabilidade.

No modelo indireto, as variações no Caixa decorrentes da atividade operacional são identificadas pelas mudanças no capital de giro da empresa (circulantes). Por exemplo, um aumento na conta Estoque pressupõe redução do Caixa, pois provocará um desembolso adicional. Uma redução da conta Fornecedores pressupõe também uma redução do Caixa, pois saiu dinheiro para pagamento da dívida com fornecedores. Nesse modelo, parte-se do lucro do período.

ELABORAÇÃO DOS FLUXOS DE CAIXA

Uma das formas mais simples seria a empresa processar todas as movimentações financeiras nos moldes do Livro-Caixa.

Outra forma muito usada é avaliar as movimentações de BP e DRE. Como exemplo, vamos continuar com a Empresa Simples (em R$ mil). Veja o Quadro 8.2.

Quadro 8.2 Movimentações do BP e da DRE

BP						
Ativo				**Passivo e PL**		
	31/7/X1	31/8/X1			31/7/X1	31/8/X1
Circulante				**Circulante**		
Disponível Dupl.	200	380		Contas a Pagar	300	400
Dupl. Receber	600	750				
	800	1.130				
Não Circulante				**Não Circulante**		
Imobilizado	500	920		Financiamentos (ELP)	300	750
Intangível	200	200				
	700	1.120		**Patrimônio Líquido**		
				Capital	800	800
				Reservas de Lucros	100	300
					900	1.100
Total	1.500	2.250	Total		1.500	2.250

DRE – Agosto de X1		DLPAc	
Receita	**1.100**	**Lucros Acumulados**	**100**
(–) Despesas	**(900)**	**+ Lucro do mês**	**200**
Lucro Líquido	**200**	**Saldo final acum.**	**300**

A DFC visa explicar por que o "disponível" (caixa + bancos) variou de $ 200 para $ 380 e como houve o acréscimo no Caixa em $ 180.

Modelo Direto

Começamos pela DRE: da Receita $ 1.100, apurada pelo regime de competência, quanto entrou no Caixa? Receita gera Duplicatas a Receber. A empresa tinha $ 600 a receber + $ 1.100 de vendas, deveria ter $ 1.700 de Duplicatas a Receber. Como ela só tem $ 750 a receber, significa que a diferença $ 950 [$ 1.700 (–) $ 750] foi recebida, entrou no Caixa (**item a**).

Das Despesas de $ 900, apuradas pelo regime de competência, se nada fosse pago deveriam estar em Contas a Pagar no Passivo. A empresa tinha $ 300 a pagar + $ 900 de novas despesas, deveria ter $ 1.200 de Contas a Pagar. Como ela só tem $ 400, a diferença, $ 800 [$ 1.200 (–) $ 400], foi paga, saindo do Caixa (**item b**).

Assim, deveríamos analisar conta por conta na DRE. Terminando a Análise da DRE, vamos para o BP apreciar cada conta ainda não analisada, exceto o disponível, que é o alvo da análise (sua variação).

O "Imobilizado" aumentou de $ 500 para $ 920. Esse aumento parece ser novas aquisições. Nesse caso, tal acréscimo de $ 420 (**item c**) pode ser visto como uma saída de caixa.

O "Intangível" não sofreu variação, assim não afetou o Caixa.

"Financiamentos" aumentou de $ 300 para $ 750. Este acréscimo significa novos financiamentos em $ 450 (**item d**) implicando entrada de dinheiro.

A conta Capital não alterou, não afetando o Caixa. A conta Lucros Acumulados foi indiretamente analisada ao considerarmos Receita e Despesa. Veja a Figura 8.2.

Entradas no Caixa		
a) Receita recebida	$ 950	
d) Novos financiamentos	$ 450	1.400
(–) Saída do Caixa		
b) Despesas pagas	($ 800)	
c) Compra de Imobilizado	($ 420)	(1.220)
Acréscimo no Caixa		180

Figura 8.2 Modelo direto

Modelo Indireto

Começamos pelo Lucro do Exercício. Em quanto o lucro líquido afetou o Caixa?

Considere que o lucro líquido é obtido na DRE, que é um fluxo econômico. Assim, o lucro deverá sofrer alguns ajustes para neutralizar os itens econômicos que o afetaram. Por exemplo, se houvesse depreciação, para neutralizar o efeito da redução no lucro, teríamos que adicioná-la ao lucro. Como não há depreciação, o lucro líquido fica integral no valor de $ 200 (**item a**).

Em seguida, deveremos analisar as Variações no Capital em Giro (Ativo e Passivo Circulantes) que afetaram o Caixa.

No Ativo Circulante, temos apenas Duplicatas a Receber, que variou em $ 150 (**item b**), de $ 600 para $ 750. Para o caixa, os aumentos em Contas a Receber não são considerados bons, pois postergam, adiam recebimentos. Se houvesse redução de Contas a Receber, haveria indicação de antecipação de recebimento, entrando dinheiro no Caixa mais rapidamente.

Por outro lado, no Passivo Circulante, o aumento de Contas a Pagar é bom para o Caixa, pois se estará adiando ou postergando pagamento. O aumento em $ 100 (**item c**), de $ 300 para $ 400, é bom.

De maneira geral, acréscimos no Ativo Circulante são ruins para o Caixa. Diminuições de Contas do Ativo Circulante aumentam o Caixa, são boas.

Aumento no Passivo Circulante é bom para o Caixa, demora-se mais para pagar. Redução de Contas do Passivo Circulante é ruim, pois está saindo dinheiro do Caixa muito rápido, não está havendo alavancagem (postergação de dívidas).

As demais contas do BP são analisadas como o modelo direto. Veja a Figura 8.3.

DFC Modelo Indireto

```
Lucro Líquido        200
+ Depreciação        -0-                    200    (a)
Variações no Capital de Giro

Ativo Circulante
    Aumento Duplic. Receber                (150)   (b)

Passivo Circulante
    Aumento de Contas a Pagar               100    (c)
    Caixa Gerado no Negócio                 150

Financiamentos
    Empréstimos obtidos                     450

Investimentos
    Aquisição de Imobilizado               (420)
    Acréscimo no Caixa                      180
```

Tanto o Modelo Direto como o Indireto levam ao mesmo Fluxo de Caixa Operacional: gerado nos negócios

Comparação dos Fluxos Econômico *versus* Financeiro

Fluxos	DRE – ECONÔMICO	DFC – FINANCEIRO	VARIAÇÃO	ANÁLISE EM RELAÇÃO AO DFC[1]
Receita	1.100	950	(150)	Ruim, recebeu menos do que vendeu
(–) Despesas	(900)	(800)	100	Bom, pagou menos do que gastou
Resultado Operacional	200	150	(50)	Resultado desfavorável
+ Empréstimos Recebidos	– 0 –	450	450	Bom, captou $, melhorou Caixa
(–) Compra de Imobilizado	– 0 –	(420)	(420)	Ruim, sai $ do Caixa
Resultado	**200**	**180**	**(20)**	O Caixa não acompanhou o lucro

Figura 8.3 Modelo indireto

---

[1] A análise é feita olhando-se sempre para o Caixa, especificamente. É como se focasse para o Tesoureiro.

ESTRUTURAÇÃO DA DFC

Tanto o modelo direto como o indireto devem destacar três tipos de atividade:

a) Operacional (ou Operações)

Normalmente, o Caixa é gerado pela venda de bens e serviços, tendo como subtração as despesas operacionais, impostos, participações etc. São as transações ligadas ao objeto social da empresa.

b) Financiamentos

As empresas obtêm Caixa por meio de Financiamentos e aporte de Capitais. As amortizações de Financiamentos e o pagamento de Dividendos aparecem neste item: captação de recursos e amortização dos recursos captados.

c) Investimentos

As aquisições de Ativos Não Circulantes (Imobilizado e Investimentos), bem como a venda destes itens, devem ser destacadas aqui. As participações em outras empresas também entram neste item.

> Por que tantas pessoas estão buscando aulas de empreendedorismo? Uma resposta possível é o movimento de migração do emprego da grande para a pequena empresa, que ganhou corpo no Brasil nas últimas décadas.
>
> Segundo o IBGE, 81 de cada 100 novos negócios sobrevivem ao primeiro ano, alcançando uma média de 10 anos de vida. Esse índice, que foi o maior de todos os tempos, é um dos responsáveis pelo saldo positivo de empreendimentos no mercado, com impacto direto sobre a geração de renda e emprego. (Empresas & Negócios – Nascimento e Morte das Empresas – 2013)

PLANO DE CONTAS

Plano de contas é o agrupamento ordenado de todas as contas utilizadas pela Contabilidade dentro de determinada empresa. Portanto, o elenco de contas considerado é *indispensável para os registros* de todos os fatos contábeis.

Cada empresa, de acordo com sua atividade e seu tamanho (micro, pequena, média ou grande), deve ter seu próprio plano de contas. Não há razão, por exemplo, para uma empresa prestadora de serviços relacionar uma conta de Estoque em seu Ativo Circulante, pois, normalmente, não realiza operações com mercadorias.

Assim, também não há necessidade de constar do Realizável a Longo Prazo de uma pequena empresa a conta Empréstimos Concedidos a Empresas Coligadas se não existir nenhuma coligada.

Um plano de contas, portanto, deve registrar as contas que serão movimentadas pela Contabilidade em decorrência das operações da empresa ou, ainda, contas que, embora não movimentadas no presente, poderão ser utilizadas no futuro.

Quando, por exemplo, um contador planeja o agrupamento de contas de uma indústria de eletrodomésticos, no que tange a impostos incluirá as contas *ICMS a Recolher* (haverá circulação de mercadorias e serviços), *IPI a Recolher* (haverá industrialização de bens) e, se houver perspectiva de a empresa prestar serviços de assistência técnica num futuro bem próximo, incluirá, ainda, *ISS a Recolher*. Veja o Quadro 8.3.

Quadro 8.3 Esquema de um plano de contas com codificação

PLANO DE CONTAS		
Balanço Patrimonial		**DRE**
1. ATIVO	**2. PASSIVO**	**4.1 Receita**
1.1 Circulante	2.1 Circulante	4.1.1 (–) Deduções
1.2 Não Circulante	2.2 Não Circulante	5.1 Custo
1.2.1 Realizável L. P.	3. Patrimônio Líquido	5.2 Despesas
1.2.2 Investimento	3.1 Capital	
1.2.3 Imobilizado	3.2 Reservas de Lucros	
1.2.4 Intangível		

PLANO DE CONTAS "IMPORTADO"

Embora prejudique o desempenho de seus profissionais contábeis, várias empresas "importam" (copiam) de outras o plano de contas. E, ainda que seja "importado" de uma empresa do mesmo ramo de atividade, o tamanho e as características normalmente diferem; o nível do pessoal do departamento de Contabilidade, o fluxo de papéis, os equipamentos contábeis, o sistema de pagamentos e recebimentos diferem de uma empresa para outra.

O ideal é cada empresa implantar, dentro dos moldes estabelecidos pela legislação e tradição contábil brasileiras, *seu próprio plano de contas,* mesmo que, no decorrer do tempo, sejam feitas algumas alterações com o objetivo de aperfeiçoá-lo.

IMPORTÂNCIA DO PLANO DE CONTAS

Quando uma empresa efetua vendas a prazo, esse procedimento dá origem a uma conta a receber no futuro cujo valor a receber é conhecido como *Clientes* (são os clientes da empresa que adquirem seus produtos), ou *Duplicatas a Receber* (o comprovante da dívida emitido após a venda), ou *Contas a Receber* (são valores a receber).

Podemos citar ainda muitos outros exemplos em que, para uma mesma operação, são conhecidas *diversas nomenclaturas*, ou seja, diversos títulos de contas que querem dizer a mesma coisa.

O plano de contas com um único título para cada conta ou um único título de conta para determinada operação evita, portanto, que diversas pessoas ligadas ao setor contábil (lançadores) registrem um mesmo fato contábil ou uma mesma operação com nomenclaturas diferentes. Dessa forma, com a *padronização dos registros contábeis,* mesmo que haja rotação de profissionais contábeis, não ocorrerá perigo de falta de uniformidade das nomenclaturas.

Na prática, o plano de contas é *numerado* ou *codificado* de forma racional, o que facilita a contabilização por meio de processos mecânicos ou processos eletrônicos. Ressalte-se que, atualmente, a Contabilidade manuscrita é praticada em raríssimas situações. Na verdade, como será visto adiante, a Contabilidade poderá ser realizada de forma manual (a mão), mecânica (utilizavam-se máquinas contábeis, hoje extintas) e eletrônica (utilizando-se o computador).

> Com a estruturação do plano de contas, pode-se falar em escrituração ou registros contábeis como manda nossa legislação.

PLANO DE CONTAS E O USUÁRIO DA CONTABILIDADE

O elenco de contas e o grau de pormenores num plano de contas dependem do volume e da natureza dos negócios de uma empresa. Entretanto, na estruturação do plano de contas devem ser considerados os *interesses dos usuários* (gerentes, proprietários da empresa, governo, bancos etc.).

Para uma grande indústria química, é necessário destacar, para a tomada de decisões, as contas de salários e encargos sociais relativas a pessoal da fábrica, de vendas, pessoal administrativo, honorários da diretoria etc.

Em uma drogaria, contudo, não é interessante para seus usuários tanta minúcia. Poderiam ser destacados apenas os honorários da diretoria e os salários dos demais funcionários. Para um bar ou uma farmácia, uma única conta Salários poderia ser o suficiente.

PLANO DE CONTAS SIMPLIFICADO

A seguir, sugerimos um *miniplano de contas,* relativo a uma indústria, com o objetivo adicional de auxiliar o estudante a memorizar ainda mais o Balanço Patrimonial e a Demonstração do Resultado do Exercício.

O *plano de* contas proposto foi *codificado* da seguinte maneira:

- Inicia-se com a unidade 1 para todas as contas do *Ativo*; com a unidade 2 para todas as contas do *Passivo*; com a unidade 3 para todas as contas do *Patrimônio Líquido*; 4 para todas as contas *Receita e Deduções das Receitas;* e com a 5 para as contas dedutivas no *Resultado* (Custo, Despesas, Participações etc.).
- Em seguida, adiciona-se um segundo número que representa o grupo de contas do Ativo, do Passivo e assim por diante. Desse modo, observando o código 1.1, encontra-se o Ativo Circulante (o primeiro 1 é Ativo, o segundo 1 é Circulante), 1.2 Não Circulante, 2.1 Passivo Circulante, 2.2 Passivo Não Circulante etc.
- O terceiro dígito significa a conta do grupo. Observe o código 1.1.1 no Quadro 8.4.

Quadro 8.4 Codificação do Plano de Contas

```
1. Ativo

        1.1  Ativo Circulante

                1.1.1  Ativo Circulante – Caixa

                1.1.2  Ativo Circulante – Bancos etc.
```

(Veja o plano de contas simplificado do Quadro 8.5.)

COMO ADEQUAR O PLANO DE CONTAS A OUTRAS ATIVIDADES

O plano de contas apresentado está voltado para uma pequena indústria. Como proceder quando desejamos elaborar um plano de contas para uma *empresa comercial?*

Certamente, devem ser consideradas as *peculiaridades da atividade* comercial para conseguir melhor adequação do plano de contas. Um supermercado, por exemplo, tem características bem diferentes de uma revendedora de automóveis, embora ambas as empresas sejam comerciais.

No caso de um plano de contas de um supermercado, normalmente não há a conta Duplicatas a Receber (o supermercado só vende à vista) e, muito menos, itens do Imobilizado, tais como: Máquinas, Equipamentos, Ferramentas (são peculiares em uma indústria).

No caso de uma empresa de transportes coletivos (ônibus urbanos), normalmente não há as contas Duplicatas a Receber (recebe à vista) e Estoque (não opera com mercadorias). O Imobilizado, todavia, seria elevado no item Veículos.

Quadro 8.5 Plano de Contas Simplificado

BALANÇO PATRIMONIAL		DEMONSTRAÇÃO DO RESULTADO DO EXERCÍCIO

BALANÇO PATRIMONIAL

1. ATIVO	2. PASSIVO

1.1 Circulante
- 1.1.1 Caixa
- 1.1.2 Bancos
- 1.1.3 Duplicatas a Receber
- 1.1.4 (–) Provisão para Devedores Duvidosos
- 1.1.5 (–) Duplicatas Descontadas[2]
- 1.1.6 Estoques
- 1.1.7 Despesas do Exercício Seguinte

1.2 Não Circulante
- **1.2.1 Realizável a LP**
  - 1.2.1.1 Empréstimos a Coligadas
  - 1.2.1.2 Empréstimos a Controladas
- **1.2.2 Investimentos**
  - 1.2.2.1 Aplicações em Cias. Coligadas e Controladas
  - 1.2.2.2 Imóveis para Renda
  - 1.2.2.3 Terrenos
- **1.2.3 Imobilizado**
  - 1.2.3.1 Imóveis em uso
  - 1.2.3.2 (–) Depreciação Acumulada de Imóveis em Uso
  - 1.2.3.3 Equipamentos
  - 1.2.3.4 (–) Depreciação Acumulada de Equipamentos
  - 1.2.3.5 Móveis e Utensílios
  - 1.2.3.6 (–) Depreciação de Móveis e Utensílios
- **1.2.4 Intangível**
  - 1.2.4.1 Marcas e Patentes
  - 1.2.4.2 (–) Amortização Acumulada

2.1 Circulante
- 2.1.1 Fornecedores
- 2.1.2 Impostos a Recolher[3]
- 2.1.3 Salários a Pagar
- 2.1.4 Encargos Sociais a Recolher[3]
- 2.1.5 Empréstimos a Pagar
- 2.1.6 Contas a Pagar
- 2.1.7 Títulos a Pagar

2.2 Não Circulante
- 2.2.1 Financiamentos

3. Patrimônio Líquido
- 3.1 Capital
- 3.2 Reservas de Lucros
- 3.3 Lucros Acumulados[4]

[3] Veja a diferença entre Impostos a Recolher e Pagar nas Palavras-chave.

[4] Conta transitória. Deverá ter saldo zero no final do período, pela Lei nº 11.638/07 para as empresas de grande porte.

[2] Preferencialmente classificada no Passivo Circulante.

DEMONSTRAÇÃO DO RESULTADO DO EXERCÍCIO

4.1 Vendas Brutas

4.2 (–) Deduções
- 4.2.1 IPI[5]
- 4.2.2 ICMS
- 4.2.3 ISS
- 4.2.4 Devoluções
- 4.2.5 Abatimentos

5.1 (–) Custos dos Produtos Vendidos
- 5.1.1 Matéria-prima
- 5.1.2 Mão de Obra Direta
- 5.1.3 Aluguel da Fábrica
- 5.1.4 Energia Elétrica
- 5.1.5 Depreciação de Equipamentos

5.2 (–) Despesas de Vendas
- 5.2.1 Comissão de Vendedores
- 5.2.2 Propaganda
- 5.2.3 Salários do Pessoal de Vendas
- 5.2.4 Devedores Duvidosos

5.3 (–) Despesas Administrativas
- 5.3.1 Aluguel de Escritório
- 5 3.2 Honorários da Diretoria
- 5.3.3 Material de Escritório
- 5.3.4 Salário do Pessoal Administrativo
- 5.3.5 Encargos Sociais

5.4 (–) Despesas Financeiras
- 5.4.1 Juros
- 5.4.2 Comissão Bancária
- 5.4.3 Variação Cambial
- 5.4.4 Receita Financeira[6]
- 5.5.5 Ganhos e Perdas
- 5.5.6 Provisão para Imposto de Renda
- 5.5.7 Participações

[5] O IPI não deve ser incluso na Receita Bruta e, portanto, não aparece mais como dedução.

[6] Poderia ser codificada em 4.3 (Receita).

DICAS PARA OS ESTUDANTES: Assista ao vídeo "Demonstração dos Fluxos de Caixa e Lucros ou Prejuízos Acumulados".

Palavras-chave

Codificação do plano de contas: atribui número aos grupos e às contas do Balanço Patrimonial e DRE, facilitando a Contabilidade mecanizada e eletrônica.

DFC – Demonstração dos Fluxos de Caixa (*Cash Flow*): mostra as variações no disponível (caixa e bancos) da entidade.

DFC modelos direto e indireto: formas diferentes de apresentar a DFC. A primeira é mais simples de ser entendida, mostrando a origem e o uso do dinheiro. A segunda é mais complexa, parte do lucro da DRE ajustado e mostra as variações do Capital de Giro que afetam o Caixa.

DFC modelo operacional: analisa a apuração do resultado dos negócios. Modelo completo abrange todas as movimentações do Caixa, inclusive de Financiamento e Investimento.

Empresas coligadas: quando uma empresa participa com 10% ou mais de outra, tais empresas são denominadas coligadas; ligadas entre si.

Importação de plano de contas: copiar planos de contas de outras empresas. Não é aconselhável, mesmo que sejam as empresas do mesmo ramo de atividades.

Impostos a recolher: são como impostos a pagar; na verdade, os impostos decorrentes de vendas (ICMS e IPI) quem paga é o consumidor no momento da compra da mercadoria, a empresa apenas canaliza o imposto ao governo; daí a expressão *Imposto a Recolher* e não *a Pagar*. No caso do Imposto de Renda, é a empresa quem paga. Nesse caso, é IR a pagar.

Padronização dos registros contábeis: uniformização dos nomes das contas a serem movimentadas pela Contabilidade; uniformização de nomenclaturas.

Plano de contas: elenco das contas que serão movimentadas pela Contabilidade em virtude das operações realizadas pela empresa.

Processos eletrônicos: utilizam o computador para a elaboração da Contabilidade.

Processos mecânicos: utilizam equipamentos (máquinas) contábeis para a elaboração da Contabilidade (hoje, praticamente extintos).

 **Perguntas e Respostas**

1. Qual é o modelo mais adequado em termos de DFC: direto ou indireto?

O modelo direto dá mais clareza, principalmente para o leigo em Contabilidade. É mais revelador e fácil de ser analisado.

O modelo indireto (obrigatório nos EUA) é de difícil compreensão pelo leigo, porém é mais profundo, proporcionando melhores análises.

O fato de o modelo direto ser demasiadamente explícito inibe as empresas para divulgação ao usuário externo. Todavia, para fins internos o modelo direto é mais usado. (Veja CPC 03: Principais pontos da DFC.)

A Lei nº 11.638/07, que alterou a Lei das Sociedades por Ações, substituiu a Demonstração das Origens e Aplicações de Recursos (DOAR) pela Demonstração dos Fluxos de Caixa (DFC). A obrigatoriedade será para as sociedades abertas e para as empresas que tiverem um PL > \$ 2 milhões de reais. Além das sociedades de capital aberto, deverão seguir as disposições da Lei, no que diz respeito à escrituração e à elaboração das demonstrações, as sociedades de grande porte. Não ficou definido o modelo da DFC, se direto ou indireto.

A explicação da substituição é que a DOAR é uma demonstração difícil de ser entendida pelo leigo. Porém, a DFC modelo indireto é igualmente difícil. Assim, o ideal seria, sim, a DFC no lugar da DOAR, mas DFC modelo direto.

2. Por que o modelo indireto é mais rico para análise?

Este modelo mostra as variações do Capital de Giro Próprio que afetam o Caixa. Por exemplo, acréscimos sem Duplicatas a Receber (adia recebimento) e Estoque (provoca mais saída do Caixa) são fatos, do ponto de vista puramente financeiro, ruins para o Caixa.

Conclusões como esta levam a empresa a trabalhar com Estoque Mínimo (adequar melhor a política de estoque), trabalhar com uma política mais realista de Vendas a Prazo no sentido de enxugar Duplicatas a Receber (política de crédito, de cobrança, prazo de financiamento de vendas etc.).

Por outro lado, ampliar dívidas não onerosas (fornecedores, salários a pagar...) favorece o Caixa, adiando pagamento. Isso leva a uma adequação do perfil do endividamento (qualidade, quantidade, prazo da dívida).

Em outras palavras, a Análise da DFC Modelo Indireto evidencia objetivamente quais são as operações que prejudicam (ou melhoram) o Caixa e induz políticas gerenciais a corrigir ou aperfeiçoar os resultados financeiros.

3. Por que se diz que a empresa deu lucro contábil pode não ter Caixa para pagar suas contas?

O lucro contábil apurado na DRE nem sempre se transforma em Caixa imediatamente (por exemplo, Receita a Prazo). Outras parcelas puramente econômicas não se tornarão Caixa por algum tempo.

Na maioria das vezes, o Caixa gerado pelo lucro é imobilizado (aumenta Ativo), sacrificando o Capital de Giro. Outras vezes, o Caixa é destinado à amortização de financiamentos, diminuindo o Passivo. São exemplos de operações que reduzem o Caixa (diminuindo o resultado financeiro), mas não são tratadas como parcelas subtrativas na DRE (não diminuindo o lucro contábil).

Outras situações de Vendas e Compras desordenadas em termos de cronogramas financeiros, prazos, ciclos operacional e financeiro etc. podem inicialmente evidenciar lucro contábil sem a geração de caixa suficiente. Claro que compromissos com captação de dinheiro no mercado financeiro poderão trazer ônus financeiro (juros...) que comprometerá o lucro contábil no futuro.

Um bom remédio é, no planejamento da empresa, harmonizar o orçamento operacional (DRE) com o orçamento financeiro (DFC).

Atividades Sugeridas

Tarefa 8.1 Arquive em sua pasta ou arquivo um plano de contas. Em primeiro lugar, busque-o junto à empresa onde você trabalha. Se não for possível, um amigo seu ou uma empresa conhecida pode auxiliá-lo. É possível também obtê-lo num livro de Contabilidade, como o *Manual de contabilidade societária*, do GEN | Atlas. Também pode ser facilmente encontrado pela Internet.

Tarefa 8.2 A ITG 1000 é um modelo contábil para micro e pequenas empresas aprovada pela resolução do CFC. Nela é sugerido um plano de contas simplificado. Arquive esse plano de contas.

Tarefa 8.3 Admita que você e dois colegas de sala de aula resolvam montar uma lanchonete. O primeiro sócio foi designado para a produção: a função dele é operacionalizar a atividade, ou seja, trabalhar no balcão. O segundo foi designado para a parte comercial. Além de cuidar do marketing (propaganda, anúncios, luminosos, visual...), também será responsável pelas compras de bebidas e alimentos. Finalmente, você cuidará da parte financeira, será responsável por contatos bancários, folha de pagamento, impostos, Contabilidade etc.

Sua primeira preocupação, evidentemente, é montar um pequeno plano de contas para executar a Contabilidade. Não esqueça de dar nome à lanchonete. Faça esta atividade com mais dois colegas; troquem ideias e endossem o plano de contas.

Exercícios

1   Associe os números da coluna da esquerda com a coluna da direita:

1.	Plano de Contas Importado	( )	Numeração
2.	Clientes	( )	1.2.1.1
3.	ICMS a Recolher	( )	1.1.2.1
4.	Codificação	( )	1.1.3.1
5.	Bancos (código)	( )	Contadores
6.	Banco do Brasil (código)	( )	Duplicatas a Receber
7.	Empréstimos a Controladas (código)	( )	1.1.2
8.	Matéria-prima (código)	( )	3.
9.	Usuário do Plano de Contas	( )	Empresas prestadoras de serviços
10.	ISS a Recolher	( )	Empresa Comercial
11.	Passivo Não Circulante (código)	( )	Plano de Contas copiado
12.	Patrimônio Líq. (código)	( )	2.2

2   Que tal elaborar um plano de contas pessoal? Coloque esta ideia em prática e elabore um plano de contas do seu Balanço Patrimonial pessoal, coloque seus bens e direitos no lado do Ativo e suas principais contas do dia a dia (aluguel, alimentação, água, energia, celular) no lado do Passivo (não precisa colocar valores em $).

3   Após elaborar seu plano de contas pessoal, elabore:

3.1   Seu fluxo de caixa pessoal do ultimo mês. Faça de maneira simples. Coloque as entradas de dinheiro de um lado e as saídas do outro lado. Espero que seu resultado seja positivo!!

3.2   Tente elaborar um Fluxo de Caixa junto com a pessoa responsável pelas compras de supermercado e demais suprimentos mensais da sua casa.

3.3   Monte os Fluxos de Caixa (ano 2) Modelo Direto e Indireto.

BP					
Ativo			**Passivo e PL**		
	ANO 1	ANO 2		ANO 1	ANO 2
Circulante			Circulante		
Disponível	150	200	Contas a pg	250	400
Dupl. Receber	850	950	Financiamentos a pg	750	900
	1.000	1.150			
Não Circulante			Patrimônio Líquido		
Imobilizado			Capital	1.000	1.200
Veículos	1.200	1.200	Lucros Acum.	200	150
(-) Deprec. Acum.	-0-	(240)		1.200	1.350
Terrenos	-0-	540			
Total	2.200	2.650	Total	2.200	2.650

BP	
Receita	5.000
(–) Custos	(3.500)
(–) Despesas	(1.310)
(–) Depreciação	(240)
Prejuízo	50

9 Contabilidade por Balanços Sucessivos

uqr.to/15ujs

Para este capítulo, veja o vídeo "Contabilidade por Balanços Sucessivos".

Neste capítulo você verá:

Metodologia do ensino da Contabilidade
Aspectos da constituição de uma empresa
Operações

- Constituição do capital
- Aquisição de bens à vista
- Aquisição de bens a prazo
- Financiamento a longo prazo
- Aquisição de bens (metade a prazo + metade à vista)

Contabilidade por balanços sucessivos

Yapanda | iStockphoto

> "Nos livros de introdução à Contabilidade, a essência da obra de autores americanos (veja Finney & Miller, por exemplo) é a clareza e a didática da exposição. Partem de uma visão de conjunto dos relatórios emanados da contabilidade (o balanço principalmente) para, a partir daí, descer ao nível de detalhe dos lançamentos originários. O aluno tem muito maior interesse e facilidade em aprender dessa forma do que na ordem inversa, pois é assim que evoluiu, historicamente, a contabilidade" (Livro *Introdução à Teoria da Contabilidade*, Marion/Iudícibus, Capítulo 1).

METODOLOGIA DO ENSINO DA CONTABILIDADE

Na verdade, conforme a opinião de alguns autores de livros sobre Contabilidade, há duas escolas distintas no ensino da matéria:

- *Escola italiana* – parte dos lançamentos contábeis (escrituração) para, no final, chegar às demonstrações financeiras.
- *Escola americana* – parte de uma visão conjunta das demonstrações financeiras, principalmente o Balanço Patrimonial, para, em seguida, estudar os lançamentos contábeis (escrituração) que deram origem a essas demonstrações.

A metodologia americana, de aceitação universal, consolidada no Brasil pela Lei das Sociedades por Ações, em 1976 (de origem nitidamente americana), baseia-se na própria *evolução histórica da Contabilidade*. Nos primórdios da Contabilidade (4000 a.C.), era feita apenas a contagem da riqueza (demonstração financeira) em momentos distintos; em época mais recente (século XV d.C.), foram introduzidos os lançamentos contábeis.

Este livro segue a Escola americana. Veja a Figura 9.1.

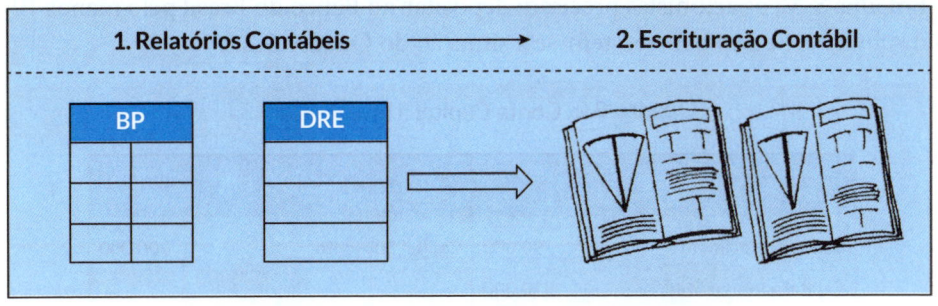

Figura 9.1 Escola contábil americana

Apresenta-se agora uma sequência de operações monetárias de uma empresa prestadora de serviços (transportadora) que servirá de base para se desenvolver, na etapa seguinte, a escrituração contábil.

ASPECTOS DA CONSTITUIÇÃO DE UMA EMPRESA

Normalmente, na constituição de uma empresa, os proprietários se reúnem para estruturar um contrato que regerá as regras da sociedade. Numa empresa Ltda. esse contrato é denominado *contrato social*; numa S.A., chama-se *estatuto*.

Uma das regras fundamentais refere-se ao valor do capital que os proprietários se responsabilizam em conceder à empresa. O compromisso assumido pelos proprietários é real, pois assinam (subscrevem) o contrato. Por isso, o montante de capital que todos os proprietários se comprometem a conceder à empresa denomina-se Capital Subscrito (capital prometido).

Dessa forma, se os sócios se comprometem a dar $ 900.000 (em dinheiro ou em bens) para a empresa, esta tem direito de receber dos proprietários esse valor contabilmente, ocorrendo a situação do Quadro 9.1.

Quadro 9.1 Capital a receber

ATIVO		PASSIVO E PL	
Direito		Obrigações	
Capital a Receber (dos proprietários)	900.000	Capital subscrito (uma promessa)	900.000

"Capital a Receber" pode ser chamado também *capital a integralizar* ou *capital a realizar*: significa cumprir a promessa, integralizar (realizar) em bens ou dinheiro.

Em uma S.A., os acionistas precisam depositar no Banco do Brasil pelo menos 10% do capital subscrito. Se isso ocorrer, tem-se a situação do Quadro 9.2.

Quadro 9.2 Conta Capital a Integralizar

ATIVO		PASSIVO E PL	
Banco c/Movimento	90.000	Capital Subscrito	900.000
Capital a Integralizar	810.000		
	900.000		900.000

Quando os proprietários integralizam todo o capital, a conta "Capital a Integralizar" desaparece. Consideremos uma Companhia Transportadora como exemplo. Na 1ª operação, a seguir, será observado todo o capital já integralizado.

OPERAÇÕES

CONSTITUIÇÃO DO CAPITAL

> **1ª** *Operação: depósito inicial de $ 300.000 por sócio no Banco do Brasil S.A., em 02/12/X1 (a empresa é formada por três sócios).*

Foi visto que o Investimento Inicial realizado pelos sócios é denominado de *Capital*; que o Capital é uma *origem* de recursos derivada dos próprios sócios ou acionistas (Capital Próprio); que toda *origem* de recursos deve ser classificada no lado do Passivo e PL (obrigações exigíveis e não exigíveis, respectivamente); que toda *aplicação* de recursos deve ser classificada no lado do Ativo (Bens + Direitos).

Assim, há bons motivos para classificar *Bancos Conta Movimento* no Ativo: (1) é uma aplicação de recursos; (2) é um direito que a empresa adquire: o de sacar o dinheiro no momento que assim desejar.

Por outro lado, nas Demonstrações Financeiras (Balanço Patrimonial), Capital é uma conta de PL e Bancos, de Ativo Circulante. Veja o Quadro 9.3.

Quadro 9.3 Balanço Patrimonial em 02/12/X1

COMPANHIA TRANSPORTADORA			
ATIVO (B + D)	(Aplicação)	**PASSIVO E PL**	(Obrigações) (Origem)
Circulante		**Patrimônio Líquido**	
Banco c/Movimento	900.000	Capital	900.000
Total	900.000	Total	900.000

Nesta operação, ocorre um *aumento* do PL (que era zero) e um *aumento* do Ativo e, pelo plano de contas apresentado, são utilizadas as contas 1.1.2 e 3.1.1. Veja o Quadro 9.4.

Quadro 9.4 Aumento do PL e do Ativo

ATIVO	PASSIVO E PL
(+) 900.000	(+) 900.000

AQUISIÇÃO DE BENS À VISTA

2ª Operação: em 10/12/X1, a empresa adquire à vista (paga em cheque) um veículo por $ 800.000.

Quadro 9.5 Balanço Patrimonial em 10/12/X1

COMPANHIA TRANSPORTADORA			
ATIVO (Aplicação)		**PASSIVO E PL (Origem)**	
Circulante		**Patrimônio Líquido**	
Bancos c/ Movimento	100.000	Capital	900.000
Não Circulante			
Imobilizado			
Veículo	800.000		
Total	900.000	Total	900.000

Observe no Quadro 9.5 que o veículo adquirido foi pago (à vista), e o dinheiro, obviamente, foi tirado de bancos; por isso, seu novo saldo passou para $ 100.000 (900.000 – 800.000).

Por outro lado, veículo é uma aplicação, é um bem, por isso foi classificado no Ativo.

É importante lembrar o conceito de Balanço, que se origina de *balança – equilíbrio de dois lados* (pensar, evidentemente, em balança de dois pratos). De fato, os totais são $ 900 mil, tanto no Ativo como no Passivo + PL.

Obtemos, então, $ 900 mil de origem e $ 900 mil de Aplicação: a Aplicação será sempre igual à Origem, uma vez que a empresa não pode aplicar o que não tem.

Observe ainda que o valor do Capital não se alterou com a compra de veículos, pois o Capital representa o valor nominal aplicado pelos proprietários, ou seja, o valor da dívida (não exigível) da empresa para os sócios.

Veículos, nesta operação, leva a *aumento* de uma conta do *Ativo* → *Veículos* e à *diminuição* de outra conta do Ativo → Bancos, pelo mesmo valor. Portanto, houve apenas uma permuta entre duas contas do Ativo. Veja o Quadro 9.6.

Quadro 9.6 Aumento na conta Veículos e diminuição na conta Bancos

	ATIVO	PASSIVO E PL
B	(–) 800.000	_____
	(+) 800.000	_____

Pelo plano de contas apresentado, foram utilizadas as contas 1.1.2 e 1.2.3.3.

AQUISIÇÃO DE BENS A PRAZO

> *3ª Operação:* em 12/12/X1, a empresa *adquire Móveis e Utensílios* (computadores, calculadoras, mesas etc.) a prazo, com pagamento em seis parcelas iguais de $ 20.000, mediante a emissão de uma Nota Promissória.

Veja o Quadro 9.7.

Quadro 9.7 Balanço Patrimonial em 12/12/X1

COMPANHIA TRANSPORTADORA			
ATIVO		**PASSIVO E PL**	
Circulante		Circulante	
Bancos c/Movimento	100.000	Títulos a Pagar	120.000
Não Circulante		Patrimônio Líquido	
Imobilizado		Capital	900.000
Veículo	800.000		
Móveis e Utensílios	120.000		
Total do Não Circulante	920.000		
Total do Ativo	1.020.000	**Total do Passivo e PL**	1.020.000

Na aquisição de *Móveis e Utensílios*, houve a entrada de mais um bem (Aplicação de Recursos) na empresa. Por outro lado, quem originou a aplicação foi uma dívida contraída com o fornecedor de Móveis e Utensílios. Como a dívida terá o prazo de pagamento de seis meses, foi classificada no Passivo Circulante (Curto Prazo: até 365 dias).

Observe que, embora não houvesse ainda pagamento, Móveis e Utensílios já é *propriedade da empresa* e na Contabilidade é registrada por seu custo total de aquisição. Se, por exemplo, tivesse sido efetuada metade dessa aquisição, mesmo assim a conta Móveis e Utensílios seria registrada pelo valor total da aquisição.

É importante salientar que, por ocasião do pagamento das parcelas restantes, *não mais se movimentará* a conta *Móveis e Utensílios*. No pagamento, por exemplo, da primeira parcela de $ 20.000, o saldo da dívida será $ 100.000 (120 – 20) e o Caixa ou Bancos diminuirá $ 20.000. Portanto, haverá uma redução no Ativo e Passivo em $ 20.000, mas o valor de Móveis e Utensílios continuará sendo $ 120.000.

Nessa operação de aquisição de Móveis e Utensílios, adiciona-se uma conta de Passivo e uma conta de Ativo. Foram utilizadas aqui as contas 1.2.3.5 e 2.1.7 do plano de contas exposto. Veja o Quadro 9.8.

Quadro 9.8 Adição de contas no Ativo e no Passivo

ATIVO	PASSIVO E PL
(+) 120.000	(+) 120.000

Financiamento a Longo Prazo

4ª Operação: em 15/12/X1, a empresa adquire um financiamento, por três anos, no valor de $ 200.000.

Veja o Quadro 9.9.

Quadro 9.9 Balanço Patrimonial em 15/12/X1

COMPANHIA TRANSPORTADORA			
ATIVO		**PASSIVO E PL**	
Circulante		**Circulante**	
Bancos c/Movimento	300.000	Títulos a Pagar	120.000
Não Circulante		**Não Circulante**	
Imobilizado		Financiamentos	200.000
Veículo	800.000		
Móveis e Utensílios	120.000	**Patrimônio Líquido**	
Total do Não Circulante	920.000	Capital	900.000
Total do Ativo	**1.220.000**	**Total do Passivo e PL**	**1.220.000**

Normalmente, Empréstimos Bancários e Financiamentos obtidos pela empresa são depositados em sua conta bancária. Nessa operação, ocorreu uma *aplicação* de $ 200 mil (Ativo) e uma *origem* de idêntico valor. A origem (dívida) de recursos foi classificada nos Financiamentos a Longo Prazo, Não Circulante, pois se trata de uma obrigação cujo vencimento supera 365 dias.

A essa altura, pode-se constatar que em qualquer transação, no registro contábil, *pelo menos duas contas são afetadas*. Não há caso em que apenas uma conta seja alterada, mas, como foi visto até aqui, pelo menos duas contas têm seus valores modificados. Isso é explicado pelo fato de, em qualquer operação, sempre haver uma *origem* (fonte) e uma *aplicação* de recursos.

Nesta operação ocorreu o aumento de uma conta do Passivo no valor de $ 200.000 e o acréscimo, pelo mesmo valor, de uma conta do Ativo. Conforme o Plano de Contas, foram movimentadas a 1.1.2 e a 2.2.1. Veja o Quadro 9.10.

Quadro 9.10 Aumento de contas do Passivo e do Ativo

ATIVO	PASSIVO E PL
(+) 200.000	(+) 200.000

AQUISIÇÃO DE BENS (METADE A PRAZO + METADE À VISTA)

5ª *Operação:* em *31/12/X1, a empresa* adquiriu Materiais de Escritório *(lápis, clipes, grampeadores e outros) por $ 50.000. Metade desse material foi paga à vista (em cheque) e metade será paga em 60 dias.*

Veja o Quadro 9.11.

Quadro 9.11 Balanço Patrimonial em 31/12/X1

COMPANHIA TRANSPORTADORA			
ATIVO		**PASSIVO E PL**	
Circulante		**Circulante**	
Bancos c/Movimento	275.000	Fornecedores	25.000
Materiais de Escritório	50.000	Títulos a Pagar	120.000
Total do Ativo Circulante	325.000	Total do Circulante	145.000
Não Circulante		**Não Circulante**	
Imobilizado		Financiamentos (ELP)	200.000
Veículo	800.000		
Móveis e Utensílios	120.000	**Patrimônio Líquido**	
Total do Não Circulante	920.000	Capital	900.000
Total do Ativo	1.245.000	Total do Passivo e PL	1.245.000

Com o pagamento de $ 25.000 à vista (metade do valor da aquisição de Materiais para Escritório), este valor é diminuído da conta Bancos. A outra metade refere-se à promessa de pagamento no futuro. A conta de dívida escolhida foi Fornecedores (poderia, no entanto, ser Contas a Pagar).

Observa-se que o fato de ter pago apenas a metade é indiferente (não o seria para a Contabilidade pelo regime de caixa), por isso *escritura-se o gasto pelo total* que será alocado (transferido, distribuído) para despesa no momento de seu consumo.

Nesta operação, movimentam-se três contas. Veja o Quadro 9.12.

Quadro 9.12 Movimentação das contas

Pela aquisição (aplicação):	Pelo pagamento (origem):
$ 50.000 Materiais p/Escritório (1.1.6)	$ 25.000 (Bancos c/Movimento 1.1.2)
	$ 25.000 Fornecedores (2.1.1)

	ATIVO	PASSIVO E PL
E	(+) 50.000	(+) 25.000
	(−) 25.000	

CONTABILIDADE POR BALANÇOS SUCESSIVOS

A Contabilidade por balanços sucessivos é bastante simples: a cada operação realizada pela empresa faz-se a alteração em um novo balanço.

Bastante simples, também, é averiguar se as modificações evidenciadas no Balanço estão corretas ou não:

- Observa-se se o total do lado do Ativo é igual ao total do lado do Passivo + Patrimônio Líquido.
- Observa-se se o valor da operação inserido no Balanço no lado do Ativo é igual ao do lado do Passivo + Patrimônio Líquido.

Na 1ª operação, foram inseridos + 900.000 no Ativo, assim como o mesmo valor no Passivo + PL.

Na 2ª operação, não foram acrescidos valores adicionais no Ativo nem no Passivo e PL. Houve apenas uma permuta no Ativo.

Na 3ª operação, foram inseridos + $ 120.000 nos dois lados.

Na 4ª operação, foram adicionados $ 200.000 (Financiamento) no Passivo e $ 200.000 (Bancos) no Ativo.

Na 5ª operação, foram acrescentados $ 25.000 no Passivo (Fornecedores) e $ 25.000 no Ativo (+ 50.000 de Materiais de Escritório e (−) 25.000 baixados de Bancos para pagamento). Repare que haverá sempre equilíbrio entre Ativo e Passivo + Patrimônio Líquido. Daí a *Equação Contábil*: Ativo = Passivo + PL.

Palavras-chave

Balanços sucessivos: elaboração de um novo balanço para cada nova operação empresarial.

Capital a integralizar: capital a ser entregue à empresa na forma de bens ou dinheiro; capital a receber pela empresa, capital a realizar.

Capital subscrito: capital comprometido pelos proprietários: assinado, subscrito.

Contrato Social: contrato que estabelece as regras para uma sociedade por quotas de responsabilidade limitada.

Equação contábil: igualdade dos dois lados do balanço, equilíbrio. Ativo = Passivo + Patrimônio Líquido.

Escola contábil americana: de acordo com a evolução histórica da Contabilidade, parte dos relatórios contábeis para se chegar aos lançamentos contábeis.

Escola contábil italiana: metodologia que parte dos lançamentos contábeis para chegar às Demonstrações Financeiras.

Estatuto: contrato que estabelece as regras para uma sociedade anônima.

Lançamentos contábeis: escrituração contábil; registros contábeis.

Perguntas e Respostas

1. Como a classe contábil reagiu ao Código Civil no que tange à escrituração?

A revista *Você S/A*, nº 58/03, diz:

"A profissão contábil, uma das mais antigas do mundo, passa por uma verdadeira revolução no Brasil. A transformação começou em Janeiro, quando entrou em vigor o novo Código Civil brasileiro. A nova legislação, se não reinventou a contabilidade, fortaleceu a carreira do profissional contábil. Daqui para frente deve promover a criação de novos postos de trabalho nas empresas limitadas (de capital fechado) e estabelecer novas responsabilidades para quem assina os livros-caixa. O balanço, pelas novas regras, transformou-se numa peça capaz de enquadrar criminalmente o contador, o administrador e os sócios. Eles são obrigados a cobrir com seus próprios bens os prejuízos causados por fraudes.

Segundo especialistas da área, isso vai ajudar a acabar com aquela ideia de que o contador é um mero 'despachante'. Ou seja, alguém que apenas registra os atos e fatos da empresa, um burocrata, um emissor de notas que surge na história sempre depois das ações da companhia. Um profissional sem voz para dar palpites nem força para evitar deslizes administrativo e financeiro. No Brasil isso é de importância fundamental, já que, segundo dados do conselho, mais de 80% das empresas limitadas do país não têm nenhuma prestação de contas, o que prejudica a transparência dos negócios e, consequentemente, a saúde financeira delas. 'É por isso que tem tanta pequena empresa quebrando com apenas dois anos de vida no Brasil' [...] No curto prazo, mais de 1 milhão de empresas precisarão de contador. Nem que seja para fazer a escrituração simplificada. Esse caso valerá também para os pequenos empresários, que poderão usar regularmente dois livros: o caixa propriamente dito e o Registro de Inventário. Para empresas com receitas anuais acima de 1,2 milhão de reais, a exigência do novo Código é formal. Regulamenta as responsabilidades dos cotistas das limitadas, que abrangem mais de 98% das pessoas jurídicas do Brasil."

2. O que exatamente o Código Civil fala sobre o contador?

O art. 1.182 dispõe que a escrituração ficará sob responsabilidade do profissional contábil legalmente habilitado, salvo se nenhum houver na localidade.

O art. 1.184 dispõe que o livro Diário, o Balanço Patrimonial e a Demonstração do Resultado Econômico (DRE) serão assinados por técnico em Ciências Contábeis legalmente habilitado e pelo empresário ou sociedade empresária.

Os arts. 1.177 e 1.178 falam sobre prepostos (o contador é visto como um preposto da empresa):

"Art. 1.177. Os assentos lançados nos livros ou fichas do preponente, por qualquer dos prepostos encarregados de sua escrituração, produzem, salvo se houver procedido de má-fé, os mesmos efeitos como se o fossem por aquele.

Parágrafo único. No exercício de suas funções, os prepostos são pessoalmente responsáveis, perante os preponentes, pelos atos culposos; e, perante terceiros, solidariamente com o preponente, pelos atos dolosos.

Art. 1.178. Os preponentes são responsáveis pelos atos de quaisquer prepostos, praticados nos seus estabelecimentos e relativos à atividade da empresa, ainda que não autorizados por escrito.

Parágrafo único. Quando tais atos forem praticados fora do estabelecimento, somente obrigarão o preponente nos limites dos poderes conferidos por escrito, cujo instrumento pode ser suprido pela certidão ou cópia autêntica do seu teor."

3. Qual é o ponto principal do Código Civil em relação à Contabilidade?

É a obrigatoriedade da prestação de contas. Houve melhora na qualidade das informações de negócio, promovendo mais transparência, controles internos mais adequados e, consequentemente, mais confiabilidade das empresas.

Atividades Sugeridas

Tarefa 9.1

Na Tarefa 8.3 você montou uma lanchonete com três amigos. Deu-lhe um nome e preparou um plano de contas para suas atividades. Agora você fará um contrato social para sua empresa, com pelo menos quatro regras; uma delas deverá dispor sobre o capital subscrito a integralizar. Para realizar essa tarefa, pesquise no Código Civil (ou em livros de Contabilidade, ou Internet) como é que se realiza um contrato social.

Esta atividade pode ser realizada com mais dois colegas. Não se esqueça de assinar o contrato social.

Tarefa 9.2

Procure em sua biblioteca ou na da instituição de ensino um livro sobre balanços sucessivos (escola contábil americana) e outro cuja abordagem não seja essa (normalmente, de origem italiana). Indique ambos os livros, com o nome dos autores e editoras respectivas.

Tarefa 9.3

Sempre que uma empresa é constituída, deve-se fazer a notificação publicamente através do Diário Oficial.

Procure uma matéria de constituição de uma empresa (original) e arquive em sua pasta.

Exercícios

1 Associe os números da coluna da esquerda com a coluna da direita:

1.	Parte dos Lançamentos Contábeis	( )	Sociedade Anônima
2.	Parte dos Relatórios Contábeis	( )	Capital a Integralizar
3.	Estatuto	( )	Aplicação de Recursos
4.	Contrato Social	( )	Aumenta o Ativo e o Passivo
5.	Subscrever Capital	( )	Não muda o total do Ativo
6.	Capital a Receber	( )	Reduz o Ativo e o Passivo
7.	Balança de dois pratos	( )	Escola Americana Contábil
8.	Compra de veículos à vista	( )	Origem de recursos
9.	Pagamento de empréstimo	( )	Ltda.
10.	Compra de estoque a prazo	( )	Escola Italiana Contábil
11.	Aquisição de bens	( )	Equilíbrio, Balanço
12.	Aumento de capital	( )	Assinar, comprometer

2   A Cia. X foi constituída em setembro de 20X5 pelo Sr. Cosmo e teve as seguintes operações:

09/09 – Integralização do capital social de $ 15.000, cujo depósito foi feito no Banco do Brasil S.A.

15/09 – Compra à vista (com cheque) dos Bens:

   – Mat. de Escritório $ 3.000

   – Móveis e Utensílios $ 4.000

19/09 – Compra de Estoque de Mercadorias a Prazo por $ 6.000

Ajude o Sr. Cosmo a elaborar os Balanços sucessivos para cada operação:

09/09 ATIVO		PASSIVO e PL Em $ mil	
....		....	
....		....	
TOTAL	**15.000**	**TOTAL**	**15.000**

15/09 ATIVO		PASSIVO e PL Em $ mil	
....		....	
....		....	
....		....	
....		....	
TOTAL	**15.000**	**TOTAL**	**15.000**

19/09 ATIVO		PASSIVO e PL Em $ mil	
....		....	
....		....	
....		....	
....		....	
TOTAL	**21.000**	**TOTAL**	**21.000**

3   Qual a diferença entre o Estatuto e o Contrato Social? Cite os elementos que formam o Estatuto e os elementos que formam o Contrato Social.

4   Qual a diferença da Metodologia de Ensino da Escola Italiana e da Americana?

5   Qual a diferença entre Origens e Aplicações?

10

Contabilização das Contas de Balanço – Débito e Crédito

uqr.to/15uju

Para este capítulo, veja o vídeo "Contabilização das Contas de Balanço".

Neste capítulo você verá:

Método balanços sucessivos
Razonete
- Lançamentos nos razonetes

Débito e crédito
Saldo das contas
Regras para debitar e creditar

Qvasimodo | iStockphoto

"Nunca posso me desfazer desta minha escrivaninha. Ela é mais importante que meu micro-computador. A gaveta do lado esquerdo tem um 'D' marcado, para eu nunca esquecer que Débito é o lado esquerdo. A gaveta direita tem um 'C' inscrito, pois Crédito é o lado direito. Há mais de 20 anos esta escrivaninha tem sido minha memória."

O **razonete** nada mais é que um **Razão**[1] **simplificado**.

É de grande utilidade no ensino da Contabilidade, pois, através dele, é possível contro-lar o movimento de todas as contas utilizadas na escrituração, de maneira bem simpli-ficada.

Sendo assim, para controlar o movimento das contas, em substituição ao livro Razão, didaticamente podemos utilizar gráficos em **T**, em número igual ao de contas existentes na escrituração do livro Diário.

Esse mesmo gráfico em **T** já foi aplicado para representar o Balanço Patrimonial. Agora, porém, ele será empregado para controlar o movimento individualizado das contas (Razão: Livro: *Contabilidade básica fácil*, Cap. 7).

MÉTODO BALANÇOS SUCESSIVOS

A metodologia empregada no Capítulo 9 (Contabilidade por Balanços Sucessivos), embora seja correta e facilite a visualização do processo contábil, apresenta uma inconve-niência em seu aspecto prático: não é recomendável quando a empresa realiza muitas ope-rações (que é o caso de quase todas as empresas). Imagine uma empresa com mil operações diárias: teria de fazer mil balanços sucessivos, o que seria impraticável.

Dessa forma, sem perder de vista esta metodologia, utiliza-se outro processo mais prá-tico: o *controle individual por contas*, registrando-se aumentos e diminuições em cada conta isoladamente. No final de um período predeterminado, relacionam-se todas as contas, de forma resumida e ordenada, e chega-se ao Balanço Patrimonial. Veja a Figura 10.1.

---

[1]   O "Razão" ou "Livro Razão" é tratado no Capítulo 13 deste livro.

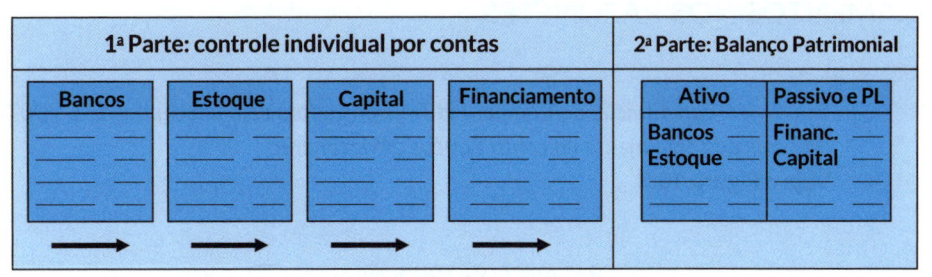

Figura 10.1 Processo de controle individual por contas

RAZONETE

É uma representação gráfica em forma de T utilizada pelos contadores, como podemos ver na Figura 10.2. É um *instrumento didático* para desenvolver o raciocínio contábil. Por meio do razonete são feitos os registros individuais por conta, dispensando-se o método por balanços sucessivos.

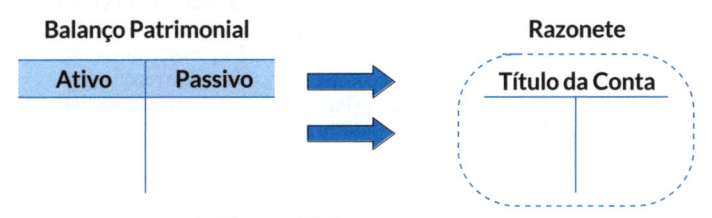

Figura 10.2 O razonete

Como o balanço, o razonete tem dois lados; na parte superior do razonete coloca-se o título da conta que será movimentada, como podemos observar na Figura 10.2.

Para cada conta do Balanço Patrimonial abre-se um razonete e nele realiza-se a movimentação. De um lado registram-se os *aumentos*, de outro as *diminuições*. A natureza da conta (Ativo, Passivo e Patrimônio Líquido) determina que lado deve ser utilizado para aumentos e que lado deve ser utilizado para diminuições, como será visto ainda neste capítulo.

As operações a seguir serão as mesmas vistas no Capítulo 9, do Quadro 9.3 até o Quadro 9.9:

1ª) Constituição de Capital;
2ª) Compra de um veículo a vista;
3ª) Compra de móveis e utensílios a prazo;
4ª) Aquisição de Financiamentos;
5ª) Aquisição de material de escritório.

LANÇAMENTOS NOS RAZONETES

1ª *Operação:* constituição da Companhia Transportadora com um capital de $ 900.000 *(PL) aplicado totalmente na conta Bancos c/Movimento.*
Veja a Figura 10.3.

BALANÇO PATRIMONIAL

ATIVO	PASSIVO E PL
Bancos c/Movimento 900.000	Capital 900.000

As contas movimentadas foram Bancos e Capital; por isso, será aberto um razonete para cada conta:

Bancos c/Movimento

Capital

Por uma questão de coerência, os $ 900.000 da conta Bancos c/Movimento serão lançados no lado esquerdo do razonete, pois as contas de Ativo *devem ser lançadas no lado esquerdo do Balanço Patrimonial.* Da mesma forma, os $ 900.000 da conta Capital serão lançados no lado direito do razonete (Capital), pois trata-se de uma conta de Patrimônio Líquido, *e o Patrimônio Líquido está situado no lado direito do Balanço Patrimonial.*

Bancos c/Movimento	Capital
900.000	900.000

Conclusões: a) Toda conta de Ativo e todo acréscimo de Ativo serão lançados, por coerência, no *lado esquerdo do razonete.*

b) Toda conta de Passivo ou Patrimônio Líquido, bem como os acréscimos, por coerência, serão lançados no *lado direito do razonete.*

Figura 10.3 Lançamentos da 1ª Operação

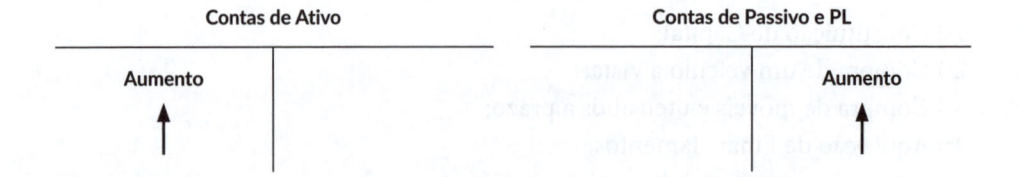

Contas de Ativo	Contas de Passivo e PL
Aumento ↑	Aumento ↑

2ª Operação: a Companhia Transportadora adquire um veículo por $ 800.000 e realiza o pagamento à vista, utilizando dinheiro da Banco c/Movimento.

Veja a Figura 10.4.

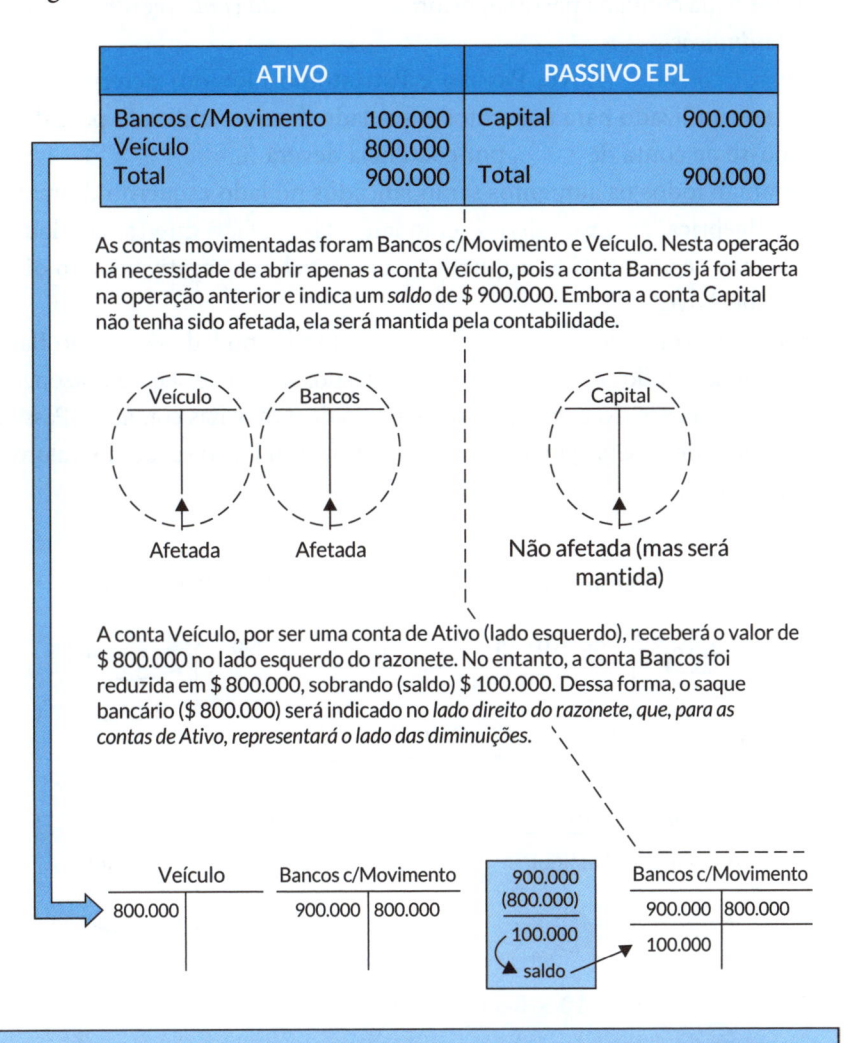

ATIVO		PASSIVO E PL	
Bancos c/Movimento	100.000	Capital	900.000
Veículo	800.000		
Total	900.000	Total	900.000

As contas movimentadas foram Bancos c/Movimento e Veículo. Nesta operação há necessidade de abrir apenas a conta Veículo, pois a conta Bancos já foi aberta na operação anterior e indica um *saldo* de $ 900.000. Embora a conta Capital não tenha sido afetada, ela será mantida pela contabilidade.

Veículo — Afetada
Bancos — Afetada
Capital — Não afetada (mas será mantida)

A conta Veículo, por ser uma conta de Ativo (lado esquerdo), receberá o valor de $ 800.000 no lado esquerdo do razonete. No entanto, a conta Bancos foi reduzida em $ 800.000, sobrando (saldo) $ 100.000. Dessa forma, o saque bancário ($ 800.000) será indicado no *lado direito do razonete, que, para as contas de Ativo, representará o lado das diminuições.*

Veículo	Bancos c/Movimento		900.000 (800.000) 100.000 saldo	Bancos c/Movimento	
800.000	900.000	800.000		900.000	800.000
				100.000	

Conclusões: c) Toda diminuição de Ativo será lançada no lado *direito do razonete.*
d) Toda diminuição de Passivo e Patrimônio Líquido será lançada no *lado esquerdo do razonete.*

Figura 10.4 Lançamentos da 2ª Operação

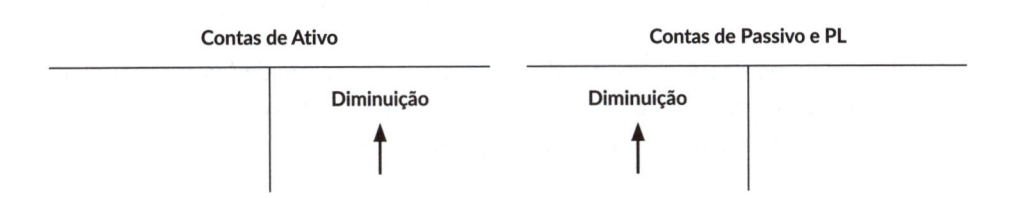

Contas de Ativo — Diminuição

Contas de Passivo e PL — Diminuição

PAUSA PARA MEMORIZAR AS REGRAS

Como foi visto, o razonete registra as movimentações por conta (individualmente). Coloca-se o título da conta na parte superior; *de um lado da conta registram-se os aumentos, de outro as diminuições.*

A *natureza da conta* (Ativo, Passivo e Patrimônio Líquido) determina que lado do razonete deve ser utilizado para aumentos e que lado deve ser utilizado para diminuições.

Tratando-se de conta de Ativo, por coerência deverá figurar no lado esquerdo do Balanço Patrimonial; todos os aumentos serão lançados no lado esquerdo do razonete e, por uma questão algébrica, as diminuições serão lançadas no lado direito. Um lado, portanto, representa valores positivos (lado esquerdo) e outro, valores negativos (lado direito) – isso para as contas de Ativo.

Tratando-se de conta de Passivo e PL, encontramo-las no lado direito do Balanço Patrimonial; por coerência, todos os aumentos serão lançados no lado direito do razonete e as diminuições, no lado esquerdo do razonete. Ao contrário do Ativo, nas contas de Passivo e PL, no lado direito, temos a representação dos valores positivos e, no lado esquerdo, valores negativos. Observe a Figura 10.5.

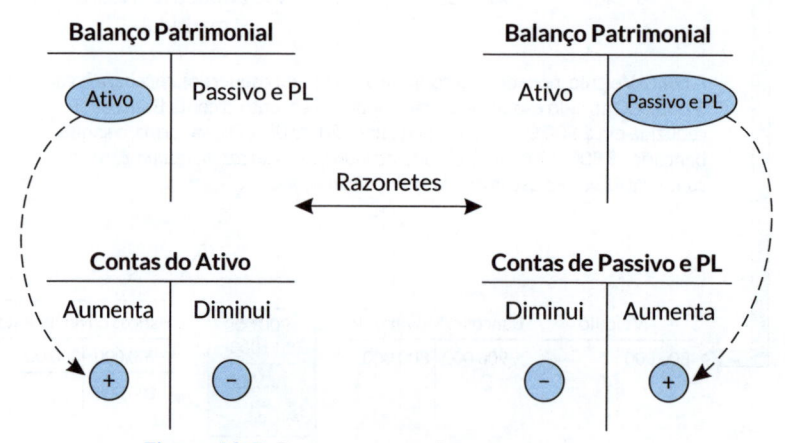

Figura 10.5 Regras para registros no razonete

DÉBITO E CRÉDITO

Tecnicamente, seria inadequado denominar *lado esquerdo* e *lado direito* da conta (ou do razonete). O lado esquerdo chama-se *débito* e o lado direito, *crédito*.

> Por muito tempo, no Brasil, conceitos de débito e crédito foram dados aos estudantes de Contabilidade de maneira complexa, de forma tal que muitos contadores deixavam a faculdade sem saber debitar e creditar adequadamente.

A tentativa de conceituar débito e crédito encontrava séria resistência no iniciante em Contabilidade, pois ele era levado a pensar que débito significava coisa desfavorável e crédito significava coisa favorável.

Com o advento da Escola Contábil Americana no Brasil, basicamente introduzida pelo livro *Contabilidade introdutória* por uma equipe de professores da FEA/USP, publicado pela Editora Atlas, houve uma notável simplificação para o estudante de Contabilidade, uma vez que essa escola dispõe que tais denominações (débito e crédito), "atualmente, são simplesmente convenções contábeis".

Dessa forma, em vez de se chamar "lado esquerdo do razonete", denomina-se débito (portanto, débito é como se chama o lado esquerdo de uma conta e *crédito* é o nome do lado direito da conta). A Figura 10.6 ilustra a explicação.

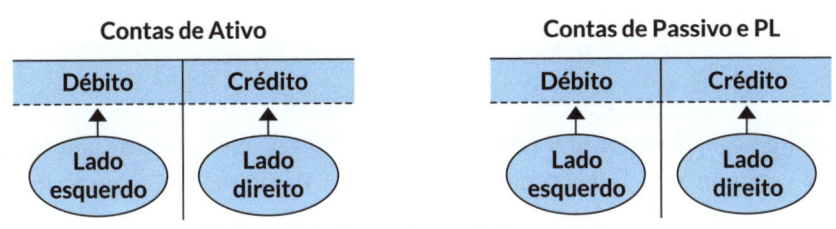

Figura 10.6 Razonetes: débito e crédito

Dessa forma, *debitar* significa lançar valores no lado esquerdo de um razonete; *creditar* significa lançar valores no lado direito de uma conta (ou razonete).

Regras gerais
- Todo aumento de Ativo (lança-se no lado esquerdo do razonete): debita-se.
- Toda diminuição de Ativo (lança-se no lado direito do razonete): credita-se.
- Todo aumento de Passivo e PL (lança-se no lado direito do razonete): credita-se.
- Toda diminuição de Passivo e PL (lança-se no lado esquerdo do razonete): debita-se.

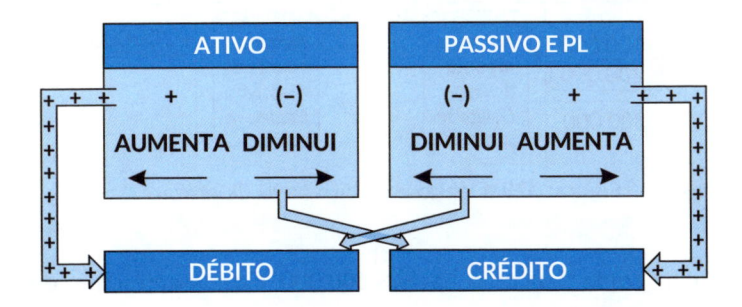

Figura 10.7 Regras gerais: débito e crédito, lado esquerdo e lado direito

Apresentam-se, a seguir, as operações da Companhia Transportadora, utilizando-se os termos *débito* e *crédito*. As operações são ilustradas nas Figuras 10.8, 10.9 e 10.10.

3ª Operação: a Companhia Transportadora adquire móveis e utensílios a prazo por $ 120.000; o comprovante da dívida serão notas promissórias (Títulos a Pagar).

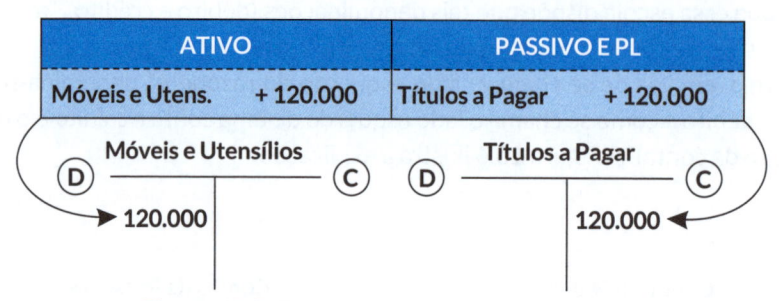

Figura 10.8 Débito e crédito da 3ª Operação

Nesta operação, *debitam-se* $ 120.000 da conta Moveis e Utensílios (lançados no lado esquerdo) e *creditam-se* $ 120.000 na conta Títulos a Pagar (lançados no lado direito do razonete).

Resumindo, sempre que houver aumentos em conta de Ativo, lança-se no lado esquerdo (debita-se); sempre que houver aumentos em conta do Passivo ou Patrimônio Líquido, lança-se no lado direito do razonete (credita-se).

4ª Operação: a Companhia Transportadora contrai um financiamento (Passivo), cuja entrada de dinheiro será lançada na conta Bancos c/Movimento: $ 200.000.

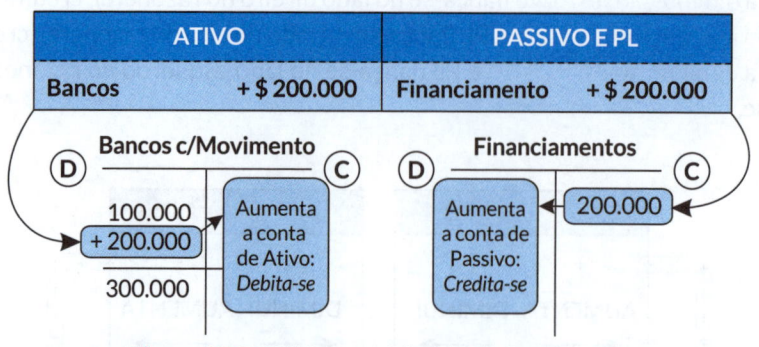

Figura 10.9 Débito e crédito da 4ª Operação

Observe que na conta Bancos já havia $ 100.000. Com o acréscimo de $ 200.000, obtém-se um saldo de $ 300.000.

5ª Operação: a Companhia Transportadora adquire Materiais de Escritório por $ 50.000; $ 25.000 foram pagos no ato (em cheque: saiu de Bancos); e $ 25.000 foram transformados em dívida com os fornecedores do material.

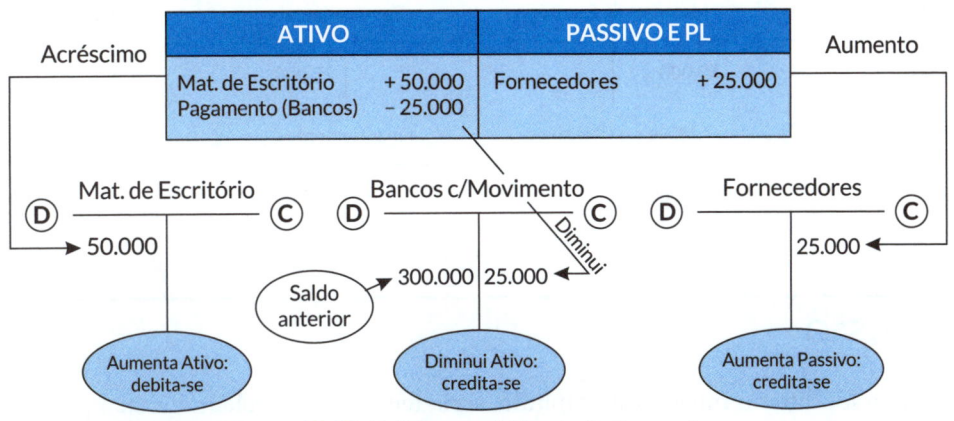

Figura 10.10 Débito e crédito da 5ª Operação

SALDO DAS CONTAS

O saldo de dinheiro no banco passa a ser $ 275.000, ou seja, $ 300.000 – $ 25.000, como podemos ver na Figura 10.11.

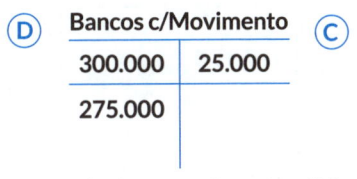

Figura 10.11 Saldo da conta Bancos c/Movimento

Esse saldo de $ 275.000, que figura no lado do débito, é denominado *saldo devedor*. Saldo devedor, portanto, ocorre sempre que o débito é maior que o crédito.

No caso de fornecedores, há um saldo de $ 25.000 no lado do crédito; por isso, é denominado *saldo credor*, e ocorre sempre que o crédito é maior que o débito.

Das contas movimentadas até o momento, têm-se os saldos apresentados no Quadro 10.1.

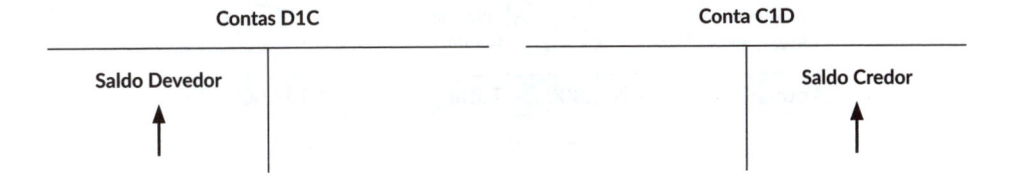

Quadro 10.1 Saldos das contas movimentadas

Saldo devedor: D > C		Saldo credor: C > D	
Bancos c/Movimento	Materiais de Escritório	Fornecedores	Títulos a Pagar
275.000	50.000	25.000	120.000
Veículos	Móveis e Utensílios	Financiamentos	Capital
800.000	120.000	200.000	900.000

CONCLUSÃO

Como foi dito no início deste capítulo, seria feito um controle individual por contas, registrando-se os aumentos e as diminuições em cada conta isoladamente, e, no final de um período qualquer, normalmente um ano, todas as contas seriam relacionadas de forma ordenada no Balanço Patrimonial.

Observe que todas as contas de saldo devedor são contas de Ativo; todas as contas de saldo credor são contas de Passivo e Patrimônio Líquido.

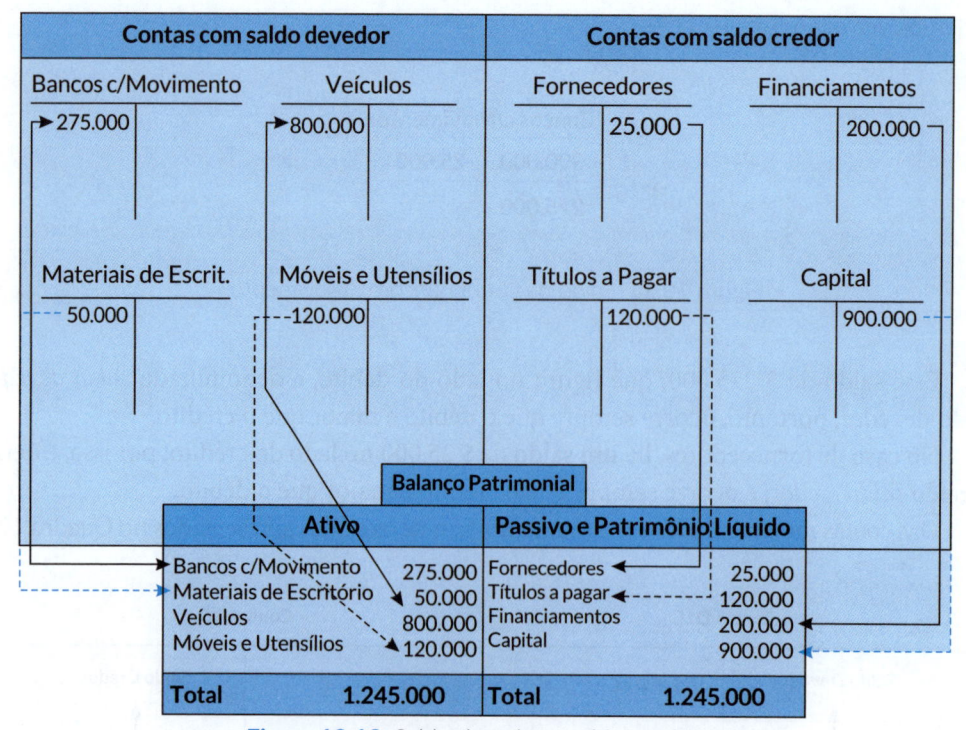

Figura 10.12 Saldo devedor e saldo credor

Palavras-chave

Crédito: por convenção, é o lado direito do razonete; todos os lançamentos (registros) que são feitos no lado direito de uma conta.

Débito: por convenção, é o lado esquerdo do razonete; todos os lançamentos que são feitos no lado esquerdo de uma conta.

Razonete: simboliza uma conta; uma representação gráfica em forma de T; um instrumento para raciocínio contábil.

Regras de contabilização:

Qualquer conta de Ativo	
Débito	Crédito
$ aumentos	$ diminuição

Qualquer conta de Passivo e PL	
Débito	Crédito
$ diminuição	$ aumentos

Saldo credor: se o total do crédito é maior que o total do débito, o saldo deve figurar no lado do crédito.

Saldo devedor: se o total do débito é maior que o total do crédito, o saldo deve figurar no lado do débito.

Saldos contábeis: a diferença entre o total do débito e o total do crédito é denominada *saldo*.

Perguntas e Respostas

1. Qual é a base científica para se trabalhar primeiro com relatórios, no caso de balanços sucessivos, para depois se falar de lançamentos contábeis?

   A justificativa é que a Contabilidade, historicamente, começa com a ideia de relatórios. Quatro mil anos antes de Cristo, o homem do pastoreio controlava seu rebanho com símbolos, objetos (por exemplo, uma pedrinha para cada ovelha ou um corte – uma marca – em uma árvore para cada cabeça).

   Mesmo depois de se inventar a escrita, os números e o dinheiro, a Contabilidade continuava em forma de inventário (contagem física do patrimônio).

   Os registros contábeis começaram a consolidar-se apenas na Idade Média, sendo totalmente estruturados em 1494, por Luca Pacioli. Assim, os relatórios contábeis precedem os registros contábeis.

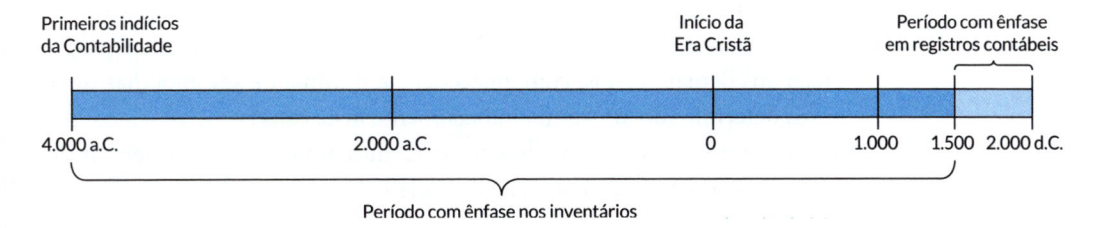

2. Seria possível trabalhar com balanços sucessivos indicando operações de Compra e Venda com lucro ou prejuízo?

Em operações simples de Compra e Venda, seria possível.

Imagine uma empresa que começa com Capital Social de $ 100.000, convertendo-o totalmente em estoque:

ATIVO		PASSIVO + PL	
Circulante		**Patrimônio Líquido**	
Estoque	100.000	Capital Social	100.000
Total	100.000	Total	100.000

Admita que ela venda a metade do Estoque por $ 70.000 à vista. Neste caso, houve um lucro de $ 20.000 [Vendas 70.000 (–) Custo 50.000].

Assim, o Balanço Patrimonial ficará:

ATIVO		PASSIVO + PL	
Circulante		**Patrimônio Líquido**	
Caixa	70.000	Capital Social	100.000
Estoque	50.000	Lucros Acumulados	20.000
Total	120.000	Total	120.000

Em operações múltiplas, com o surgimento de despesas, custos, outras receitas, haveria a necessidade de se trabalhar com a DRE.

3. Normalmente, os exemplos em Contabilidade referem-se a formação e aumento de capital. É possível situações de redução de Capital Social?

Sim, o Código Civil admite a saída ou morte de sócios, nos arts. 1.028 a 1.032, como transcrevemos:

"Art. 1.028. No caso de morte de sócio, liquidar-se-á sua quota, salvo:

I – se o contrato dispuser diferentemente;

II – se os sócios remanescentes optarem pela dissolução da sociedade;

III – se, por acordo com os herdeiros, regular-se a substituição do sócio falecido.

Art. 1.029. Além dos casos previstos na lei ou no contrato, qualquer sócio pode retirar-se da sociedade; se de prazo indeterminado, mediante notificação aos demais sócios, com antecedência mínima de sessenta dias; se de prazo determinado, provando judicialmente justa causa.

Parágrafo único. Nos trinta dias subsequentes à notificação, podem os demais sócios optar pela dissolução da sociedade.

Art. 1.030. Ressalvado o disposto no art. 1.004 e seu parágrafo único, pode o sócio ser excluído judicialmente, mediante iniciativa da maioria dos demais sócios, por falta grave no cumprimento de suas obrigações, ou, ainda, por incapacidade superveniente.

Parágrafo único. Será de pleno direito excluído da sociedade o sócio declarado falido, ou aquele cuja quota tenha sido liquidada nos termos do parágrafo único do art. 1.026.

Art. 1.031. Nos casos em que a sociedade se resolver em relação a um sócio, o valor da sua quota, considerada pelo montante efetivamente realizado, liquidar-se-á, salvo disposição contratual em contrário, com base na situação patrimonial da sociedade, à data da resolução, verificada em balanço especialmente levantado.

§ 1º O capital social sofrerá a correspondente redução, salvo se os demais sócios suprirem o valor da quota.

§ 2º A quota liquidada será paga em dinheiro, no prazo de noventa dias, a partir da liquidação, salvo acordo, ou estipulação contratual em contrário.

Art. 1.032. A retirada, exclusão ou morte do sócio, não o exime, ou a seus herdeiros, da responsabilidade pelas obrigações sociais anteriores, até dois anos após averbada a resolução da sociedade; nem nos dois primeiros casos, pelas posteriores e em igual prazo, enquanto não se requerer a averbação."

Atividades Sugeridas

Tarefa 10.1 Escolha um balanço patrimonial que tenha arquivado em sua pasta. Tome uma folha e transcreva os saldos de Ativo, Passivo e PL em razonetes. Para cada conta, abra um razonete.

Tarefa 10.2 Ao se consultar em um dicionário os termos *débito* e *crédito*, encontra-se o sentido comum das palavras, que nada tem a ver com os termos contábeis *débito* e *crédito*.

Um leigo em Contabilidade é levado a acreditar que débito é coisa desfavorável e que crédito é coisa favorável.

Como em Contabilidade nada disso acontece e para que você fixe definitivamente essa conceituação, tome uma folha e escreva cinco vezes o seguinte: "Débito é o lado esquerdo de uma conta; crédito é o lado direito de uma conta. Não devo confundir o significado contábil dessas palavras com o que comumente significam".

 **Tarefa 10.3** Há contas que aparecem subtraindo o Ativo: Depreciação Acumulada, Provisão para Devedores Duvidosos etc. Estas contas, embora estejam no Ativo, são contas credoras. Por isso o sinal foi trocado.

Verifique no balanço da Tarefa 10.1 quais são essas contas e sublinhe-as.

 ## Exercícios

1 Associe os números da coluna da esquerda com a coluna da direita:

1. Controle individual por conta	( ) Acréscimo do lado esquerdo
2. Aumento do Ativo	( ) Lado esquerdo da conta
3. Crédito	( ) D > C
4. Débito	( ) Debita
5. Diminui Patrimônio Líquido	( ) Credita
6. Compra de imobilizado	( ) C > D
7. Pagamento de $ 5.000.000	( ) Credita caixa $ 5.000.000
8. Recebimento de $ 8.000.000	( ) Não recomendável para muitas operações
9. Balanços sucessivos	( ) Lança-se a débito
10. Saldo credor	( ) Lado direito da conta
11. Aumenta Passivo	( ) Razonete
12. Saldo devedor	( ) Debita caixa $ 8.000.000

2 No exercício 2 do Capítulo 9, você já elaborou os balanços sucessivos da Cia. X. Agora, ajude o Sr. Cosmo a contabilizar em razonetes o último Balanço Patrimonial da Cia. X.

ATIVO		PASSIVO e PL	
Banco do Brasil	$ 8.000	Fornecedores	$ 6.000
Estoque	$ 6.000		
Material de Escritório	$ 3.000	Capital	$ 15.000
Móveis e Utensílios	$ 4.000		
TOTAL	$ 21.000	TOTAL	$ 21.000

Banco do Brasil	Estoque	Capital

Móveis e Utens.	Fornecedores	Mat. Escrit.

3   Vamos relembrar:

   a) Saldo Devedor é _____.

   b) Saldo Credor é _____.

   c) As regras para debitar são:

     Conta de Ativo, debitamos quando_____ e creditamos quando_____.

     Conta de Passivo e Patrimônio Líquido, debitamos quando_____ _____ e creditamos quando _____.

4   A conta Bancos ou Caixa será sempre debitada no aumento. Por que a conta Caixa não terá saldo credor?

5   Por que a tentativa de conceituar Débito e Crédito confunde o estudante?

11

Balancete de Verificação e Método das Partidas Dobradas

uqr.to/15uk4

Para este capítulo, veja o vídeo "Balancete de Verificação e Método das Partidas Dobradas".

Neste capítulo você verá:

Balancete de verificação
Método das partidas dobradas
Partidas simples
Balancete das partidas dobradas
Identificação do erro de lançamento
Erros que o Balancete não detecta
Balancete de várias colunas
Apresentação do Balancete
Balancete como instrumento de decisão

Quem inventou a escrita?

"Em pé no museu, tentei imaginar como, numa tarde remota, um ancestral brilhante e anônimo registrou uma transação de animais domésticos desenhando sinais em pedaços de barro e, fazendo isto, inventou para as épocas futuras a arte da escrita.
A escrita, compreendi, foi invenção não de poeta, *mas de um contador* para comunicar uma informação" (MANGUEL, Alberto. Saques em Bagdá apagam a história da escrita. *O Estado de S. Paulo*, 26-4-03).

Mesmo entre ruínas, a palavra nos alcança

"Muitas pessoas são intimidadas quando ouvem palavras como 'depreciação' ou 'inventário contábil'. Porém, estes conceitos são realmente muito simples. Tudo que você precisa para ser um mestre em finanças é contabilizar os dados do negócio cuidadosamente, um entendimento básico em Contabilidade e alguma habilidade para projetar Fluxo de Caixa" (Livro *Streetwise small business start-up*, Capítulo 6).

BALANCETE DE VERIFICAÇÃO

Nesse momento, faz-se uma pausa na sequência dos lançamentos contábeis para averiguação de sua exatidão.

Periodicamente (diariamente, semanalmente, quinzenalmente, mensalmente...), os responsáveis pela Contabilidade devem verificar se os *lançamentos contábeis realizados no período estão corretos*.

Uma técnica bastante utilizada para atingir tal objetivo é o Balancete de Verificação. Esse instrumento, embora de muita utilidade, não detectará, entretanto, toda a amplitude de erros que possam existir nos lançamentos contábeis, como será visto adiante.

O Balancete não se presta exclusivamente para detectar erros de lançamentos contábeis; é também um importante instrumento contábil para tomada de decisões.

O Balancete de Verificação é um *resumo ordenado* de todas as contas utilizadas pela Contabilidade. Observe a Figura 11.1.

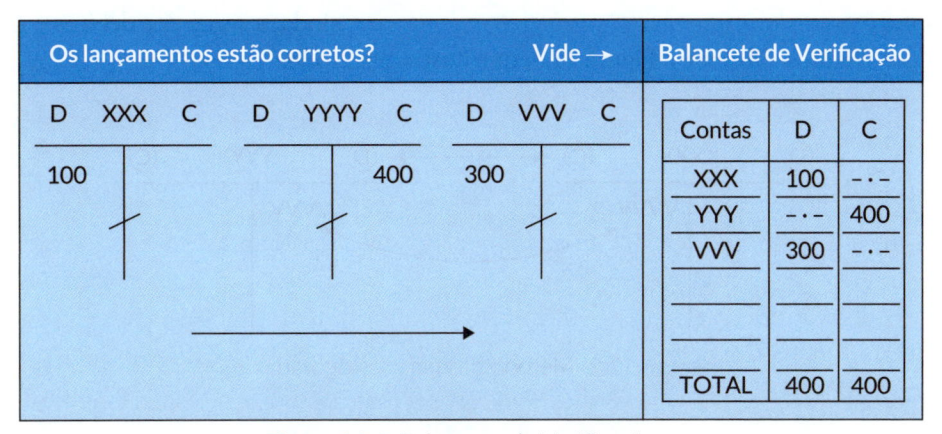

Figura 11.1 Balancete de Verificação

MÉTODO DAS PARTIDAS DOBRADAS

Este método, compilado e divulgado pelo Frei Luca Pacioli, na Itália, século XV, hoje universalmente aceito, dá início a uma nova fase para a Contabilidade como disciplina adulta, além de desabrochar a Escola contábil italiana, que dominaria o cenário contábil até o início do século XX (Luca Pacioli é considerado o pai da Contabilidade).

Figura 11.2 Retrato de Luca Pacioli em moeda de lira italiana lançada em 1994

O método consiste no fato de que, para qualquer operação, há um débito e um crédito de igual valor ou um débito (ou mais débitos) de valor idêntico a um crédito (ou mais créditos).

Portanto, *não há débitos sem créditos correspondentes*, ou, ainda, a soma dos débitos é igual à soma dos créditos. Observe a Figura 11.3, que ilustra o método.

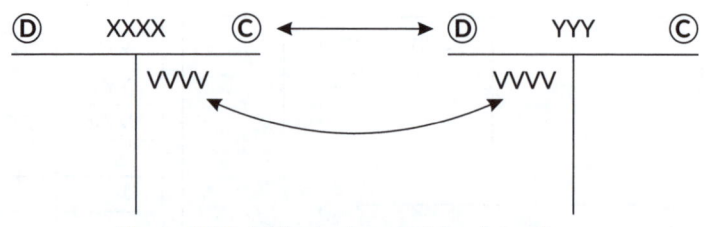

Figura 11.3 Método das partidas dobradas

EXEMPLOS DE PARTIDAS DOBRADAS

A Companhia Albertina solicitou um financiamento ao Banco Coroa no valor de $ 400.000, o qual foi depositado em Bancos c/ Movimento aberta nesta oportunidade. Veja as contas na Figura 11.4.

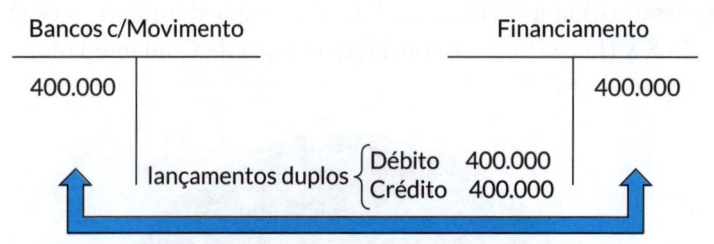

Figura 11.4 Contas da Companhia Albertina: financiamento

O método das Partidas Dobradas (dupla entrada) já fez 500 anos de idade após sua oficialização. Nos últimos 50 anos observamos as maiores descobertas e invenções do mundo, entretanto, nada ainda substituiu na Contabilidade este método. Na verdade, este método é tão perfeito que nunca sofreu qualquer ameaça de substituição. A Contabilidade de Partidas Duplas também é conhecida como Método Veneziano, que foi lançado oficialmente por Luca Pacioli (embora o método já existisse) no seu livro *Summa de arithmetica, geometria, proportioni et proportionalità*. Esse livro foi um dos primeiros publicados na Imprensa de Gutemberg.

A Companhia Albertina adquire, à vista, uma máquina por $ 350.000. Veja as contas na Figura 11.5.

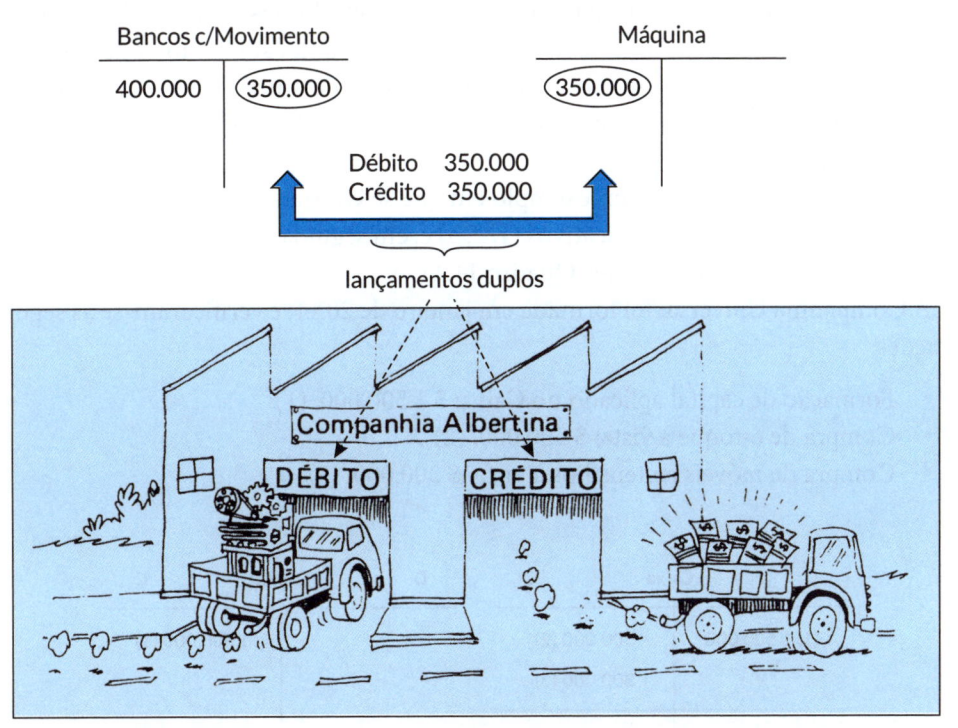

Figura 11.5 Contas da Companhia Albertina: compra de máquina

PARTIDAS SIMPLES

Há empresas, ou mesmo pessoas físicas, que fazem Contabilidade pelo *método das partidas simples*, ou seja, contabilizam apenas um débito ou apenas um crédito.

Suponha que um pequeno agricultor, sem muita preocupação de controle, realize os seguintes lançamentos:

- Venda à vista de sua produção: debita (ou lança *entrada* de dinheiro) o caixa.
- Compra à vista de sementes: credita (ou lança *saída* do dinheiro) o caixa.
- Empresta dinheiro do Banco X: credita (ou lança como *dívida*) o Banco X.
- Vende a prazo para a Cooperativa Y: debita (ou lança como valor a receber) a Cooperativa Y.

Embora haja alguns números relativos ao negócio, percebe-se que o método das partidas simples é imperfeito por revelar insuficiência de dados para a tomada de decisão. Essa é a razão por que tal método não é largamente utilizado. Utiliza-se, no entanto, o método das partidas dobradas, universalmente aceito.

BALANCETE DAS PARTIDAS DOBRADAS

O Balancete de Verificação tem como base o método das partidas dobradas: "não haverá débito(s) sem crédito(s) correspondente(s)". Portanto, somando-se todos os débitos, por um lado, e todos os créditos, por outro, o total de ambos será sempre o mesmo. Assim, deve-se verificar se os lançamentos a débito e a crédito foram realizados adequadamente ou não.

Será apresentado a seguir um exemplo em que se constata o método das partidas dobradas por meio dos números indicativos (1, 2, 3) e, em seguida, a exatidão dos lançamentos através do Balancete de Verificação (Quadro 11.1).

A Companhia Universal foi formada em janeiro de 20X1, e verificaram-se as seguintes operações:

- Formação de capital aplicado no Caixa: $ 1.500.000. (1)
- Compra de estoque à vista: $ 500.000. (2)
- Compra de móveis e utensílios à vista: $ 300.000. (3)

D	Caixa	C		D	Capital	C
(1) 1.500.000		500.000 (2)				1.500.000 (1)
		300.000 (3)				
1.500.000		800.000				

D	Móveis e Utensílios	C		D	Estoques	C
(3) 300.000				(2) 500.000		

Quadro 11.1 Balancete de Verificação em 31/01/X1

Cia. Universal		
CONTAS	LANÇAMENTOS DE DÉBITO	LANÇAMENTOS DE CRÉDITO
Caixa	1.500.000	800.000
Capital	–	1.500.000
Móveis e Utensílios	300.000	–
Estoques	500.000	–
Total	2.300.000	2.300.000

Balancete de duas colunas

Nada é mais desesperador para os profissionais contábeis do que um balancete que não "bate", isto é, a soma das colunas dá totais diferentes.

Pode-se apresentar o Balancete pelo método simplificado, isto é, utilizando-se os saldos. Veja os razonetes e o Balancete de Verificação (Quadro 11.2).

D	Caixa	C
1.500.000	500.000	
	300.000	
700.000		

D	Capital	C
		1.500.000

D	Móveis e Utensílios	C
300.000		

D	Estoques	C
500.000		

Quadro 11.2 Balancete de Verificação em 31/01/X1

Cia. Universal		
	SALDOS	
CONTAS	**DEVEDOR**	**CREDOR**
Caixa	700.000	–
Capital	–	1.500.000
Móveis e Utensílios	300.000	–
Estoques	500.000	–
Total	**1.500.000**	**1.500.000**

IDENTIFICAÇÃO DO ERRO DE LANÇAMENTO

Como é fácil entender, se a soma dos débitos (ou saldos devedores) não é igual à soma dos créditos (ou saldos credores), *há indícios claros de que os registros contábeis não estão corretos* (primeiro deve-se verificar com atenção se não houve erro na soma das colunas do Balancete).

O contador, por sua vez, vai averiguar onde está o erro. Nem sempre é uma tarefa fácil. Muito pelo contrário: é um trabalho de pesquisa nos lançamentos contábeis já realizados. É importante destacar que, havendo diferenças no Balancete, *não se deve prosseguir o trabalho contábil.*

Pode-se depreender, também, que, quanto menor for o período de abrangência do balancete, mais eficiente será a Contabilidade. Os bancos, por exemplo, levantam balancetes diários em razão da grande quantidade de lançamentos, não passando erros de um dia para o outro. Grande parte das empresas verifica sua Contabilidade por meio do Balancete mensal. O que não se pode recomendar são os balancetes anuais, uma vez que, na constatação de erros, seria necessário pesquisar a Contabilidade do ano todo (o que se torna inviável).

Um truque para identificar o erro quando o Balancete não bate é dividir a diferença entre a coluna do débito e a do crédito por 9. Se o resultado for um número decimal redondo (por exemplo, 100), há chance de ser um erro de transporte do número. Por exemplo, o número real a transportar para uma conta seria $ 1.428.395. Por um erro se transportou $ 1.482.395. A diferença, $ 54.000 ÷ 9, dá $ 6.000.

Ressaltamos que, pelo Método Eletrônico da Contabilidade (computador, *software* contábil...), os erros são minimizados.

ERROS QUE O BALANCETE NÃO DETECTA

Se, no exemplo anterior, a conta de Móveis e Utensílios corresponder à compra de calculadoras, mas o contador, na contabilização, debitar indevidamente a conta de "Máquinas e Equipamentos", ter-se-ão as contas que podemos visualizar nos razonetes e no Balancete de Verificação (Quadro 11.3).

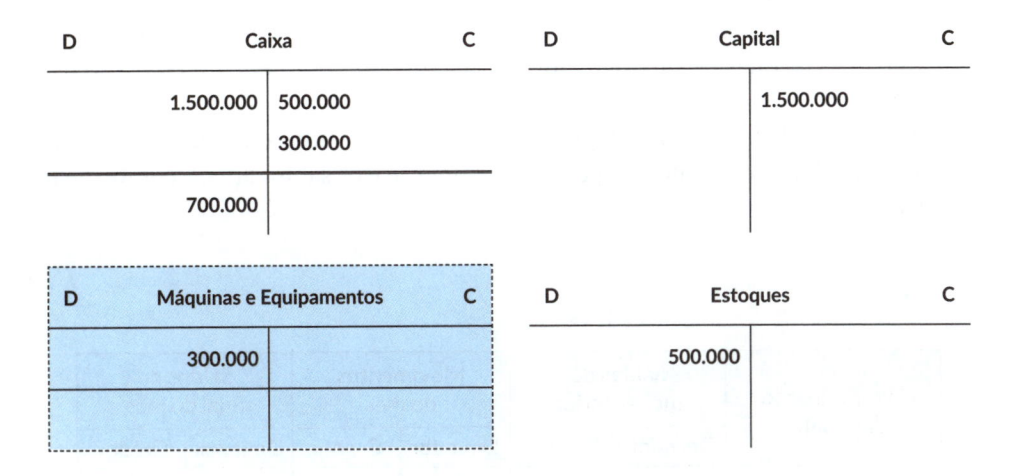

Quadro 11.3 Balancete de Verificação em 31/08/X8

Cia. Universal		
	SALDOS	
CONTAS	**DEVEDOR**	**CREDOR**
Caixa	700.000	–
Capital	–	1.500.000
Máquinas e Equipamentos	300.000	–
Estoques	500.000	–
Total	**1.500.000**	**1.500.000**

Os totais do Balancete são idênticos. A princípio, pode-se concluir que os lançamentos estão corretos. Dessa forma, o *Balancete não evidenciou o débito em conta errada*.

Outro tipo de erro que o Balancete não evidencia é a *inversão num lançamento*, de *débito* por crédito e de *crédito* por débito, simultaneamente. Numa operação em que o contador devesse debitar Caixa e creditar Duplicatas a Receber e invertesse: creditasse Caixa e debitasse Duplicatas a Receber, os totais do Balancete seriam os mesmos, mas os lançamentos estariam invertidos.

Pode-se, portanto, concluir que o Balancete de Verificação nem sempre detectará os erros nos registros contábeis. Embora de grande utilidade, o Balancete de Verificação é limitado no que tange à identificação de erros nos lançamentos.

BALANCETE DE VÁRIAS COLUNAS

O Balancete, dependendo da necessidade da empresa, pode ter forma simples, de duas colunas (como estudado até o momento), de quatro colunas, seis e até oito colunas.

Quanto mais colunas existirem, maior será a *quantidade de dados* oferecida ao usuário do Balancete.

Por exemplo, o balancete de seis colunas apresenta os saldos do Balancete anterior, os movimentos de débitos e créditos do período em análise e os saldos atuais, conforme podemos ver na Figura 11.6.

Mês _____/_____

Discriminação das contas	Saldos do mês anterior		Movimentos do mês		Saldos do final do mês	
	Devedor	Credor	Devedor	Credor	Devedor	Credor
Caixa	100.000	_____	200.000	50.000	250.000	_____

Figura 11.6 Balancete de Verificação da Cia. "J"

APRESENTAÇÃO DO BALANCETE

É interessante apresentar os balancetes destacando-se as Contas de Balanço das Contas de Resultados.

Conforme já foi visto no início deste capítulo, o Balancete comporta todas as *contas movimentadas* no período que possuem saldo no final de um período qualquer. Essas contas podem ser Patrimoniais (de balanço) ou de Resultados (receita/despesa). Veja o Quadro 11.4.

A apresentação do Balancete separando estes dois grupos de contas distintas (sem, com isso, fazer dois relatórios) e, de preferência, concentrando em forma de grupo de contas e puxando o subtotal (circulante, não circulante, despesas operacionais, despesas não operacionais...) contribui sensivelmente como um instrumento para a tomada de decisão (veja o tópico seguinte).

Quadro 11.4 Balancete de Verificação da Barbearia do Ismail Ltda.
Janeiro/X1

CONTAS	SALDOS DEVEDORES	SALDOS CREDORES
Caixa	200.000	–
Equipamentos	200.000	–
Capital	–	400.000
Instalações	150.000	–
Contas a Pagar	–	100.000
Receita	–	200.000
Despesas de Salários	50.000	–
Despesas de Aluguel	100.000	–
Total	700.000	700.000

O mesmo balancete é apresentado de forma mais adequada no Quadro 11.5.

Quadro 11.5 Balancete de Verificação

BARBEARIA DO ISMAIL LTDA.		
CONTAS	SALDOS DEVEDORES	SALDOS CREDORES
Ativo		
Caixa	200.000	–
Equipamentos	200.000	–
Instalações	150.000	–
Subtotal I	550.000	–
Passivo e PL		
Contas a Pagar	–	100.000
Capital	–	400.000
Subtotal II	–	500.000
Receita	–	200.000
Despesas Operacionais		
Salários	50.000	–
Aluguel	100.000	–
Subtotal III	150.000	200.000
Total (I, II e III)	700.000	700.000

Observa-se que, embora não se tenha apurado o resultado (lucro) do mês, torna-se fácil calcular o resultado das operações.

BALANCETE COMO INSTRUMENTO DE DECISÃO

Dada a inconveniência de levantar balanço em períodos mais curtos (normalmente as micros e pequenas empresas levantam balanço uma vez por ano), o Balancete tem se tornado poderoso instrumento de base para decisões. Assim, por meio de balancetes mensais, por exemplo, a administração da empresa terá um resumo de todas as operações, bem como de todos os saldos existentes no final do período.

Dessa forma, o "poder decisório" conhecerá o *resultado financeiro e econômico* da empresa no final de determinado período sem a necessidade de estruturar um balanço. Esses dados, sem dúvida, são fundamentais para a tomada de decisão.

Ressalte-se, entretanto, que, quanto maior o grau de detalhamento (sofisticação) do Balancete, mais subsídios haverá para a tomada de decisão. Assim, um balancete com duas colunas não terá o mesmo grau de utilidade para a tomada de decisão que um balancete de seis colunas.

Palavras-chave

Balancete de duas colunas: informa o total do débito (ou saldo devedor) e o total do crédito (ou saldo credor) de um período.

Balancete de várias colunas: além do Balancete de duas colunas, há aqueles que têm quatro, seis ou oito colunas e que, consequentemente, contêm mais informações, tais como: contas movimentadas no período, saldos anteriores etc.

Balancete de verificação: instrumento contábil, levantado periodicamente para examinar a exatidão dos lançamentos contábeis, que serve de base para a tomada de decisão.

Método das partidas dobradas: cada operação contábil dá origem a um lançamento duplo: débito e crédito. Não há, portanto, débito sem crédito. Daí a origem do Balancete de Verificação: o total do débito deve ser igual ao total do crédito.

Partidas: lançamento, registro.

Partidas simples: processo de lançamento em que apenas se debita sem que haja crédito correspondente ou apenas se credita sem que haja débito correspondente.

 **Perguntas e Respostas**

1. Por que é notória a Escola italiana de Contabilidade?

A Itália praticamente é o berço da Contabilidade Científica. Foi em Veneza, no século XV, que a complexidade e o volume das operações comerciais e industriais tornaram necessário enfatizar o controle e a documentação. Os comerciantes e militares venezianos registravam e controlavam sistematicamente todas as operações. O Arsenal Militar estava empregando contadores para essa finalidade. Em 1494, o frade franciscano Luca Pacioli divulgou o sistema das partidas dobradas utilizado em Veneza. Esse método, descrito em um dos capítulos do livro *Summa de arithmetica, geometria, proportioni et proportionalità*, deu início a uma série de estudos, pesquisas e publicações na Itália e se tornou o padrão universal da Contabilidade.

Apesar de outros países europeus (Inglaterra, França, Alemanha...) se destacarem em trabalhos contábeis, a Itália foi mais enfática, revelando verdadeiros gênios.

2. Como o Brasil foi afetado pela Escola italiana?

Em 1902, foi criada a primeira escola de comércio no Brasil, a Álvares Penteado, atualmente Fecap, com um modelo originado da Escola Italiana.

Em 1940, o Decreto-lei nº 2.627, sobre Sociedades Anônimas, era nitidamente de origem italiana.

Em 1946, foi criada a FEA/USP, dentro de um modelo italiano. Só na década de 1960, professores de Contabilidade desta instituição trouxeram o modelo norte-americano, consolidado em 1976 com a Lei nº 6.404, sobre as Sociedades Anônimas, substituindo o Decreto-lei acima referido. A Lei nº 11.638/07 globaliza a nossa Contabilidade.

3. Quais foram as razões da queda da Escola italiana em relação à norte-americana?

Os norte-americanos deram mais ênfase aos usuários da Contabilidade (valorizando a Auditoria, a Contabilidade Gerencial e a Contabilidade Pragmática), enquanto na Itália houve culto aos grandes personagens da Contabilidade (contabilidade dogmática), não enfatizando os usuários e a auditoria.

Atividades Sugeridas

Tarefa 11.1 Arquive um Balancete de Verificação. As fontes são: a empresa em que você trabalha, uma empresa qualquer, um livro de Contabilidade ou uma pesquisa na Internet.

Tarefa 11.2 O método das partidas dobradas foi divulgado pelo frade franciscano Luca Pacioli, no século XV d.C. Esse método exerceu notável influência na Contabilidade.

Pesquise sobre a vida e obra desse frade. Não se esqueça de citar as fontes: nome do livro, autor, editora, cidade, ano da publicação. A Editora Atlas publicou, em 1966, *Frà Luca Pacioli e seu tratado de escrituração de contas,* cujos autores são Francisco Valle e Armando Aloe.

Tarefa 11.3 Entreviste um empresário ou um administrador de empresas ou gerente e pergunte-lhe que tipo de decisão toma com base em balancetes.

Anote a decisão, cite o entrevistado e arquive a entrevista.

Exercícios

1 Associe os números da coluna da esquerda com a coluna da direita:

1. Averiguação da exatidão dos lançamentos	( )	Um débito ou um crédito apenas
2. Divulgador das partidas dobradas	( )	Contém mais informações
3. Partidas dobradas	( )	D – Capital a realizar; C – Capital
4. Partidas simples	( )	D – Máquinas; C – Caixa
5. Balancete de duas colunas terá somas iguais, pois:	( )	D – Bancos; C – Caixa
6. Balancete de várias colunas	( )	Lançamentos
7. Partidas	( )	Não há débito sem crédito
8. Constituição de uma empresa	( )	A soma dos saldos devedor e credor serão iguais
9. Compra à vista de máquinas	( )	Luca Pacioli
10. Compra a prazo de veículos	( )	Balancete de Verificação
11. Depósito de dinheiro em bancos	( )	D – Bancos; C – Empréstimos a pagar
12. Empréstimos Bancários	( )	D – Veículos; C – Contas a Pagar

2   No exercício 2 dos Capítulos 9 e 10, você já elaborou os balanços sucessivos da Cia. X. Agora, ajude o Sr. Cosmo a fazer os mesmos lançamentos contábeis nos razonetes e, para finalizar, o Balancete de verificação.

09/09 – Integralização do capital social de $ 15.000 cujo depósito foi feito no Banco do Brasil S.A.

15/09 – Compra à vista (com cheque) dos bens:

– Mat. de Escritório $ 3.000

– Móveis e Utensílios $ 4.000

19/09 – Compra de Estoque de Mercadorias a Prazo por $ 6.000

Em $ mil

D Banco C	D Mat. Escr. C	D Móv. Utens. C	D Estoque C

D Fornec. C	D Capital C

BALANCETE DE VERIFICAÇÃO

CONTAS	SALDO	
	DEVEDOR	CREDOR
....	....	....
....	....	....
....	....	....
....	....	....
....	....	....
....	....	....
TOTAL		

3   Indique qual dos erros abaixo relacionados causaria diferenças no Balancete de Verificação.

    a) Uma compra de mercadoria onde o digitador lança $ 469.800 a débito e 496.800 a crédito.

    b) Debita $ 800.000 de Capital e credita $ 800.000 de Caixa. O lançamento deveria ser ao contrário: debita Caixa e credita Capital.

    c) Lança duas vezes a débito $ 96.800 na compra de Máquinas de Escritório. Deveria creditar o Caixa uma vez.

    d) Numa folha de pagamento foram lançados $ 2.000.000 a crédito de Caixa e $ 200.000 em Despesas com Salários.

    e) Houve um esquecimento: não se debitou Caixa nem se creditou Duplicatas a Receber pelo recebimento de Duplicatas. O valor do recebimento foi $ 1.221.400.

4   Pesquise qual era o vínculo entre Luca Pacioli e Leonardo da Vinci (considerado um dos maiores gênios da humanidade).

5   No próximo capítulo, trataremos da contabilização das Contas de Resultado (Receita e Despesa). Antes de iniciar essa informação, relembre as regras de Ativo, Passivo e PL, escrevendo as palavras "aumenta" ou "diminui" nas linhas pontilhadas a seguir.

D	Contas de Ativo	C	D	Contas de Passivo e PL	C
-----		-----	-----		-----

12

Contabilização de Contas de Resultado e Apuração Contábil do Lucro

Neste capítulo você verá:

Contas de resultado
Contabilização das contas de Balanço Patrimonial
Regras de contabilização das contas de resultado
Apuração contábil do resultado
Encerramento das contas de resultado
Lançamentos de encerramento
Contabilização do resultado

Método Contábil x Revolução Industrial

Qual foi a maior revolução do último milênio?

"Uma das contribuições *mais notáveis* do livro 'Summa de Arithmetica, Geometria, Proportioni et Proportionalita', escrito por Luca Pacioli em 1494 foi sua apresentação da Contabilidade por partidas dobradas. Essa inovação revolucionária nos métodos contábeis teve importantes consequências econômicas, *comparáveis* à descoberta da máquina a vapor trezentos anos depois" (BERNSTEIN, Peter L. *Desafio aos Deuses*. Rio de Janeiro: Campus. Capítulo 3 – O jogador do Renascimento, dedicado a Luca Pacioli).

subjob | iStockphoto

O presidente da IFAC (International Federation Accounting Committee), em seu discurso de encerramento do Congresso Mundial de Contadores em 21/11/2002, destacou três compromissos em nome da profissão: **(a)** o contador ser consultor dos futuros empreendedores; **(b)** treinar auditores e contadores para ajudarem pequenas empresas; **(c)** estimular auditores e consultores à multidisciplinaridade, isto é, além da destreza em Contabilidade, conhecer impostos, legislação e sistemas de informação. Estimulou ainda a Contabilidade a combater a corrupção, a lavagem de dinheiro e a fraude (*Boletim do Ibracon*, set./dez. 2002). Estas recomendações têm-se mantido válidas no tempo e foram citadas no Congresso Mundial de Contabilidade (em 2014, esse congresso aconteceu em Roma).

CONTAS DE RESULTADO

De maneira geral, as contas de resultado são aquelas utilizadas para apuração do resultado (lucro ou prejuízo) do exercício social. Basicamente, são as contas de Receita e Despesa que periodicamente, pelo menos anualmente, são confrontadas (associadas) para apurar o *Lucro* (se Receita > Despesa) ou *Prejuízo* (se Despesa > Receita).

As regras definidas para o confronto Receita × Despesa são originadas do *regime de competência*. Este regime (estilo, maneira) de Contabilidade dispõe que, considerando determinado período ou exercício, 20X1, será considerada *Receita* aquela ganha ou gerada neste período (não importando se foi recebida ou o será em outro período) e como *Despesa* aquela consumida, utilizada, incorrida também naquele período (não importando se foi paga ou será liquidada em outro período).

Outra maneira de fazer a Contabilidade, oposta ao regime retroapresentado, é por meio do *regime de caixa*, que considera Receita apenas o que foi recebido no período em análise e Despesa aquilo que foi pago naquele período.

O regime de competência, exigido pela legislação brasileira e proposto pela teoria contábil,[1] é a base do que será apresentado. Observe o Quadro 12.1.

Quadro 12.1 Formas de apurar o resultado

AS FORMAS DE APURAR O RESULTADO (LUCRO OU PREJUÍZO)		
DRE	**Regime de Competência**	**Regime Caixa**
Receita →	**Ganha ou gerada no período →**	**Recebida no período**
(–) Despesas →	**Consumida ou utilizada no período →**	**Paga no período**
Lucro (ou prejuízo)	**Resultado econômico**	**Resultado financeiro**

---

[1]   Também pelo CPC 00 e pelas Normas Internacionais de Contabilidade.

CONTABILIZAÇÃO DAS CONTAS DE BALANÇO PATRIMONIAL

A contabilização das contas de resultados, como será vista adiante, é decorrência da própria contabilização das contas de balanço. Daí a necessidade de rápida recordação. Veja as regras no Quadro 12.2.

Quadro 12.2 Regras de contabilização do Balanço Patrimonial

BALANÇO PATRIMONIAL			
Contas de Ativo		**Contas de Passivo e PL**	
Qualquer conta de Ativo		Qualquer conta de Passivo e PL	
Débito	Crédito	Débito	Crédito
Aumento de conta de Ativo	Diminuição de conta de Ativo	Diminuição de conta de Passivo e PL	Aumento de conta de Passivo e PL

Observe que, conhecendo-se a regra de contabilização das contas do Ativo, automaticamente sabe-se a regra das contas do Passivo e do PL, que é exatamente o oposto. Para conhecer a regra de contabilização das contas de Ativo, basta lembrar que o Ativo é o lado esquerdo do balanço; o débito é o lado esquerdo da conta (razonete); portanto, aumentando o Ativo, por coerência registra-se o valor do acréscimo no lado esquerdo da conta: debita-se, e assim sucessivamente.

REGRAS DE CONTABILIZAÇÃO DAS CONTAS DE RESULTADO

É fácil compreender que toda receita aumenta o lucro: quanto maior a receita, maior o lucro; que todo lucro não distribuído aumenta o Patrimônio Líquido: quanto maior o lucro, maior o reinvestimento pelos proprietários, maior o PL (Figura 12.1).

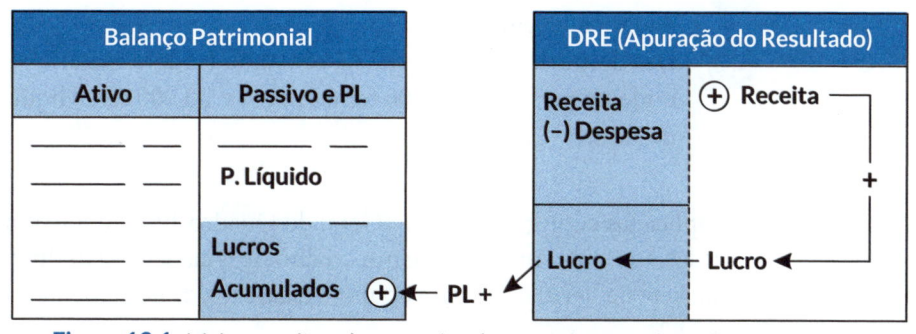

Figura 12.1 Maior receita = lucro maior; lucro maior = maior reinvestimento

A Contabilidade engloba basicamente duas classes de contas: (a) contas do Balanço Patrimonial (Ativo, Passivo e Patrimônio Líquido); e (b) contas da Demonstração de Resultado (Receita e Despesa).

Ora, foi visto no item anterior, nas regras de contabilização, que o Passivo e o PL deveriam ser *creditados* pelos aumentos e *debitados* pelas diminuições. *Se toda receita aumenta o PL, toda receita será creditada.* A regra primeira, portanto, é: toda receita ou ganho deve ser creditada.

Inversamente à receita, toda despesa reduz o lucro e, consequentemente, o Patrimônio Líquido. Se *toda despesa diminui o PL, toda despesa deve ser debitada.* A segunda regra, portanto, é: toda Despesa, Custo, Perda... será debitada.

RESUMO GERAL

Veja um resumo do que vimos no Quadro 12.3.

Quadro 12.3 Resumo geral

NATUREZA DAS CONTAS	DÉBITO	CRÉDITO
Contas de Ativo	Aumento	Diminuição
Contas de Passivo e PL	Diminuição	Aumento
Contas de Resultado	Despesa	Receita

EXEMPLOS DE CONTABILIZAÇÃO DAS CONTAS DE RESULTADO E BALANÇO PATRIMONIAL

Suponha que a Companhia Magnelândia tenha tido as seguintes operações no período de 20X1:

1. Iniciou a atividade com $ 20.000 em dinheiro no *Caixa*, que é equivalente a seu *Capital*.
2. Teve receita no período de $ 45.000; $ 15.000 foram à vista e o restante a prazo.
3. As Despesas de Salários atingiram o valor de $ 16.000 e foram totalmente pagas.
4. Das despesas com material de consumo (todo o material consumido no período), $ 4.000 foram pagos e $ 3.000 serão liquidados no futuro.

Observe as regras aplicadas conforme Resumo Geral do Quadro 12.3. Atente também para o método das partidas dobradas: um débito e um crédito de igual valor. No final, deve ser apresentado um Balancete de Verificação para apurar a exatidão dos lançamentos, como podemos ver na Figura 12.2.

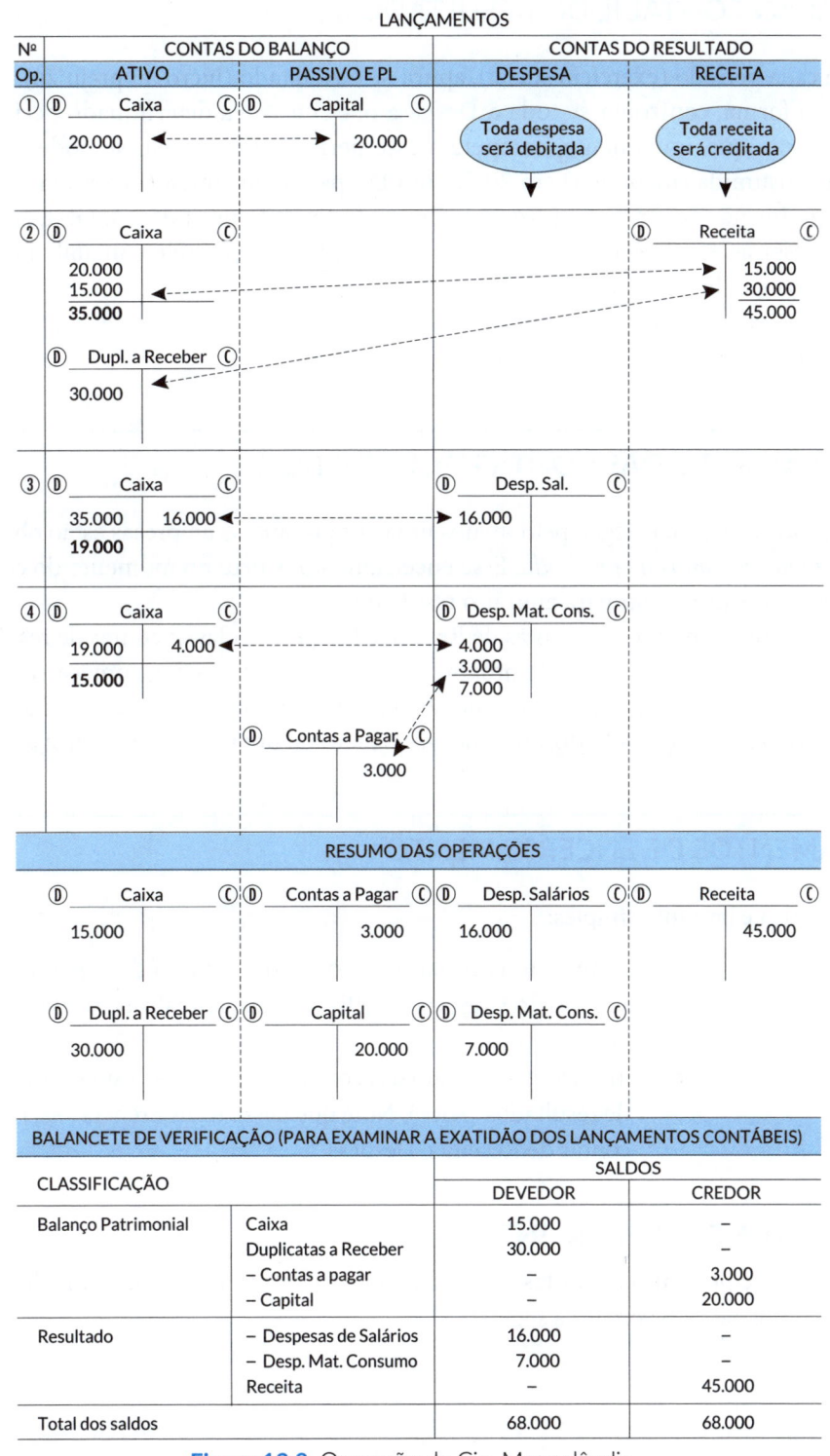

Figura 12.2 Operação da Cia. Magnelândia

APURAÇÃO CONTÁBIL DO RESULTADO

Em cada período (exercício social), apura-se o resultado (lucro ou prejuízo).

Dessa forma, confronta-se toda a Despesa que *compete* a determinado período com toda a Receita que, igualmente, compete a esse período. Então, não se pode confundir Despesa consumida (incorrida) em 20X1 com Despesa consumida (incorrida) em 20X2. Da mesma forma será tratada a Receita. Em cada final de período contábil, somam-se todas as Despesas e as Receitas. No ano seguinte, no próximo período contábil, inicia-se do zero o novo cálculo das Despesas e Receitas.

Por isso se fala em *independência absoluta de períodos contábeis*, relacionada com o princípio da Competência de Exercícios.

ENCERRAMENTO DAS CONTAS DE RESULTADO

Conforme exigência legal, pelo menos uma vez por ano as empresas estão obrigadas a *encerrar todas as contas de resultado*. Esse encerramento ocorre no momento do confronto das *despesas com as receitas* para apurar o resultado.

Com o encerramento das contas de Receita e Despesa, todas as contas de resultado ficam com saldo zero para o início do próximo período contábil. Assim, começa-se a acumular Receita e Despesa do próximo período até o final do período, em que novamente serão encerradas as contas de resultado, apurando-se o lucro ou prejuízo, e assim sucessivamente.

LANÇAMENTOS DE ENCERRAMENTO

A técnica é bastante simples:

a) Abre-se uma conta transitória com o título de "Apuração do Resultado do Exercício (ARE)", em que se realiza o confronto Receita × Despesa.

b) Transfere-se o saldo das contas de receitas e despesas para a conta de resultados (ARE). Note que nessa transferência *encerram-se* as contas de Receita e Despesa.

EXEMPLO DE ENCERRAMENTO

Tenham-se presentes as contas de resultado da Companhia Magnelândia do exemplo anterior, conforme os razonetes a seguir:

D	Desp. Salários	C	D	Desp. Mat. Consumo	C	D	Receita	C
16.000			7.000					45.000

Encerram-se agora essas contas, igualando-se o saldo a zero (assim, para o ano seguinte, *inicia-se a acumulação de Despesa e Receita novamente*). Para encerrar as contas de Despesa, basta creditar idêntico valor (a contrapartida será débito de ARE – Apuração de Resultado do Exercício). Para encerrar a conta Receita, basta debitar valor idêntico – $ 45.000 (a contrapartida será crédito de ARE). Ilustramos a situação na Figura 12.3.

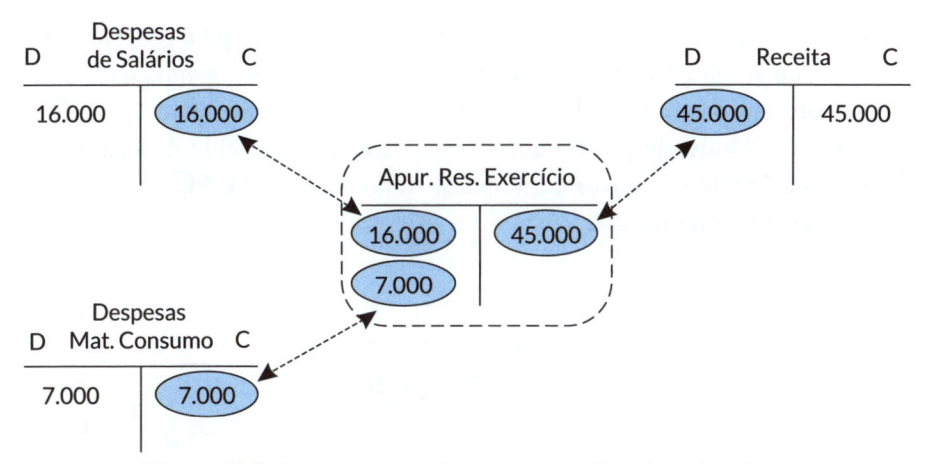

Figura 12.3 Encerramento das contas da Cia. Magnelândia

APURAÇÃO DO RESULTADO

Se o total da Receita for maior que o total de Despesa, haverá lucro; se a Receita for menor que a Despesa, haverá prejuízo.

No exemplo apresentado, tem-se $ 45.000 de Receita contra $ 23.000 de Despesa; portanto, houve um lucro de $ 22.000 ($ 45 – $ 23). Observe o Quadro 12.4.

Quadro 12.4 Apuração do Resultado da Cia. Magnelândia

Apuração de Resultados do Exercício	
(Despesa) 23.000	45.000 (Receita)
	22.000 (Saldo)
	Lucro

O saldo maior no lado da receita indica contabilmente lucro.

O lucro que é apurado pela Contabilidade é canalizado para diversas finalidades: a principal é a distribuição em dinheiro para quem investiu no negócio. Ao lucro não distribuído nem destinado para fins específicos é que chamamos de Lucro Retido, sendo certa sua distribuição ao final do exercício.

CONTABILIZAÇÃO DO RESULTADO

Como já foi estudado, todo lucro acresce ao Patrimônio Líquido. O lucro é a remuneração aos proprietários da empresa pelo capital investido. Os recursos dos proprietários aplicados na empresa são evidenciados no Patrimônio Líquido (capital próprio). Dessa forma, *a participação dos proprietários na empresa será maior com o acúmulo do lucro no PL.*

Por conseguinte, partindo-se da hipótese de que não há, por enquanto, distribuição do lucro em dinheiro (dividendos) aos proprietários, o PL será acrescido de $ 22.000. A conta que receberá os $ 22.000 é Lucros Acumulados. Aumentando-se o PL, tem-se um crédito, como podemos ver na Figura 12.4.

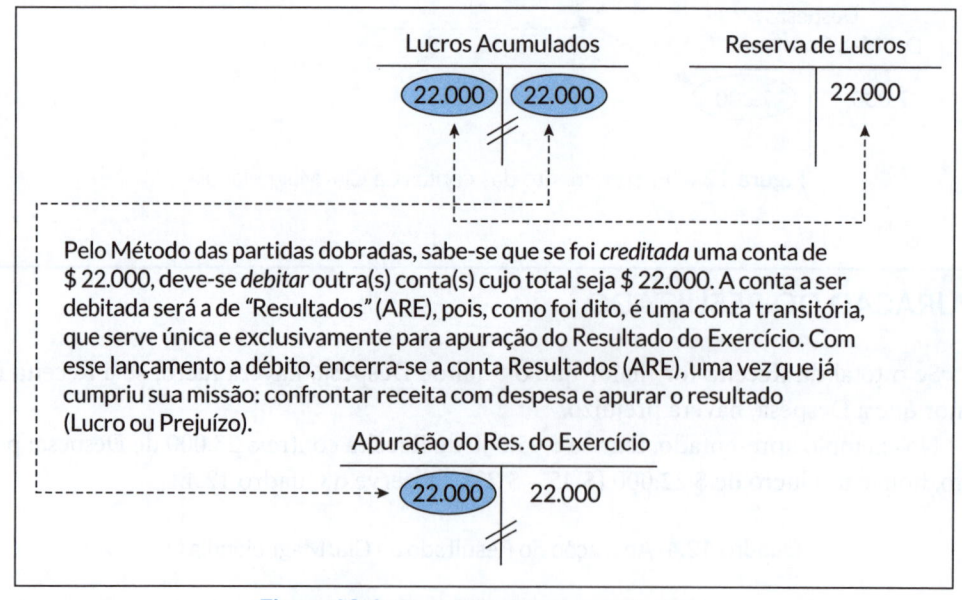

Figura 12.4 Contabilização do resultado

Se houvesse prejuízo, o saldo da conta ARE seria devedor; portanto, o lançamento seria o contrário: crédito da conta ARE e débito de Prejuízos Acumulados.

Admita, agora, que a Companhia Desilusão apresente um prejuízo de $ 18.600 (Figura 12.5).

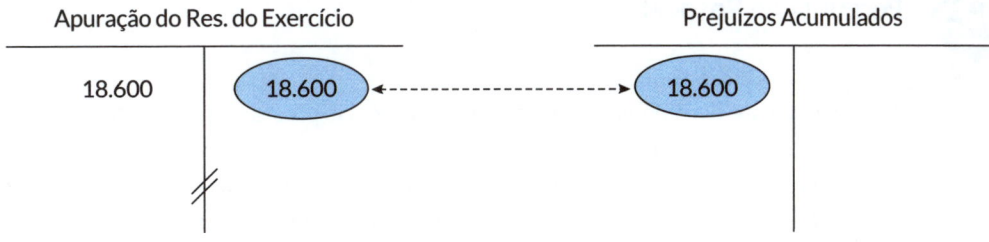

Figura 12.5 Prejuízo da Companhia Desilusão

A conta Prejuízos Acumulados faz parte do Patrimônio Líquido com o sinal negativo (18.600), ou seja, reduz os investimentos dos proprietários.

Palavras-chave

Caixa (Regime de Caixa): considera como receita aquela recebida no período e como despesa, aquela paga no período.

Competência: regime de competência ou princípio de competência de exercícios; dispõe que a receita de um período é aquela ganha (gerada) nesse período, independentemente se foi ou não recebida dentro desse período; dispõe também que a despesa de um período é aquela incorrida (consumida) nesse período, não importando se foi paga nesse período.

Independência absoluta de exercícios: significa que, para se apurar o resultado, as despesas de um ano não devem passar para outro período e vice-versa. A mesma coisa acontece com a receita: um período independe de outro.

Lucros Acumulados: ou prejuízo acumulado, é a conta de Patrimônio Líquido por onde transita o resultado do período, somando-se com os saldos anteriores. Pela Lei nº 11.638/07, é uma conta transitória, devendo ter saldo zero no final do exercício social.

Partidas de Encerramento: lançamentos (partidas) das contas de resultados (Receita/Despesa) para apurar contabilmente se a empresa teve lucro ou prejuízo no período.

Prejuízos Acumulados: conta subtrativa do Patrimônio Líquido; no caso de empresas malsucedidas, registram-se os sucessivos prejuízos.

Reservas de Lucros: conforme a Lei nº 11.638/07, art. 182, § 4º, serão classificadas como reservas de lucros as contas constituídas pela apropriação de lucros da empresa ou companhia.

Perguntas e Respostas

1. **Por que este livro dá ênfase somente às empresas prestadoras de serviços? E as operações com mercadorias e estoques?**

   Até agora, demos uma ênfase maior em empresas prestadoras de serviços pela facilidade maior em operacionalizá-las. Vamos introduzir agora empresas que operam com mercadorias.

Estoques e o Custo da Mercadoria Vendida

- Classificação

  Seja qual for o tipo de estoque, ele estará sempre classificado no Ativo Circulante. Basicamente, os estoques são apresentados de acordo com a atividade da empresa.

Ativo		
Circulante		
a) Comércio:	mercadorias para revenda	
b) Indústria:	matéria-prima (componentes que integrarão o produto)	
	produtos em elaboração (não completamente terminados)	
	produtos acabados (produtos prontos para venda)	
c) Serviços:	produtos para consumo: limpeza, escritório etc. (este tipo de estoque também é comum na indústria e no comércio)	

- Controle dos Estoques

  O controle ocorre fisicamente (quantidade) e monetariamente (valor). É necessário periodicamente contar (inventário) o estoque e avaliá-lo monetariamente para fins de custos (apurar lucro), de controle (conhecer consumo, perdas, extravios, quebra...) e para tomada de decisão (qual produto ou mercadoria é mais lucrativo na hora da venda...).

- Há dois sistemas distintos de Controle de Estoques:

Inventário Periódico

Não há uma avaliação constante, permanente dos estoques. No final de determinado período, a empresa faz um levantamento físico dos estoques de mercadorias.

Com a avaliação desses estoques (estoque final), tendo ainda o estoque do período anterior (estoque inicial), a empresa calcula o Custo da Mercadoria Vendida (CMV):

CMV = Estoque Inicial + Compras (–) Estoque Final

Inventário Permanente

É quando a empresa controla o estoque de forma contínua, registrando entrada e saída de mercadoria no estoque. Ou seja, quando se compra mercadoria, soma-se ao estoque; quando se vende mercadoria, dá-se baixa no estoque.

Assim, tem-se o Custo da Mercadoria Vendida (a baixa no estoque na hora da venda) e o valor da mercadoria à disposição para venda que permanece em estoque.

2. Como então se controla o Inventário Permanente?

Tradicionalmente, no Brasil *utilizam-se dois métodos* de controle de Inventário Permanente:

Média: à medida que se forem comprando as mercadorias, calcula-se o preço médio para todos os itens em estoque. Por ocasião das vendas das mercadorias, a saída dos estoques é calculada pelo preço médio encontrado, calculando-se o CMV. Poderia ser uma média simples. Entretanto, como veremos no exemplo a seguir, recomenda-se a média ponderada.

PEPS: primeiro que entra, primeiro que sai. Seria lógico um vendedor de ovos na feira vender na frente o que entrou em primeiro lugar, considerando que há prazo de validade para as mercadorias. Assim o custo da mercadoria é considerado com base nos estoques mais antigos, os primeiros a serem adquiridos. Em inglês, essa sigla é conhecida como FIFO = *first in, first out*.

Há outros métodos que rarissimamente são utilizados:

UEPS: último que entra, primeiro que sai. Imagine uma loja com depósito de areia. Quando a areia chega, o caminhão despeja no depósito. Na hora da venda, a última que entrou é a primeira que sai. Em inglês, essa sigla é conhecida como LIFO = *last in, first out*. Esse método não é aceito pelo Imposto de Renda.

Reposição: quando se vende a mercadoria, calcula-se o preço da nova mercadoria que será comprada para repor a mercadoria vendida. Em inglês, a sigla é NIFO = *next in, first out*. Esse método é mais usado pela Contabilidade Gerencial. Não é usado comumente, pois não obedece ao princípio do custo original como base de valor.

Exemplo:

Admita um revendedor de motos de modelo padronizado que no início de janeiro dispõe de duas motos adquiridas por $ 10.000 cada. Assim, seu *Estoque Inicial* é de $ 20.000.

Durante o mês, adquire mais três motos por $ 11.000 cada, ou seja, $ 33.000 de *Compras*.

No final do mês, vendeu duas motos por $ 15.000 cada (*Vendas* $ 30.000).

a) Pelo Inventário Periódico, constatou três motos em estoque. Admita que sejam as três últimas que foram adquiridas: $ 33.000 de Estoque Final. Ou, poder-se-ia calcular o Estoque Final pela média simples:[2]
3 × 10.500 = 31.500

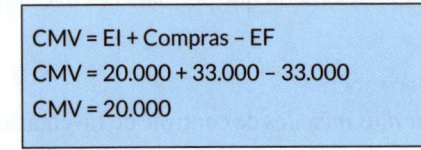

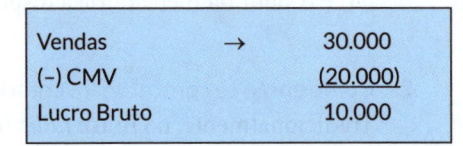

Estoque final: 3 × 11.000 = 33.000

b) Pelo Inventário Permanente: Média Ponderada.

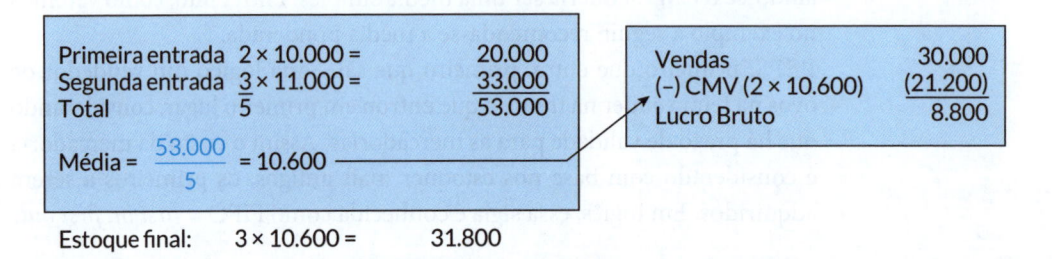

Estoque final: 3 × 10.600 = 31.800

c) Pelo Inventário Permanente: PEPS.

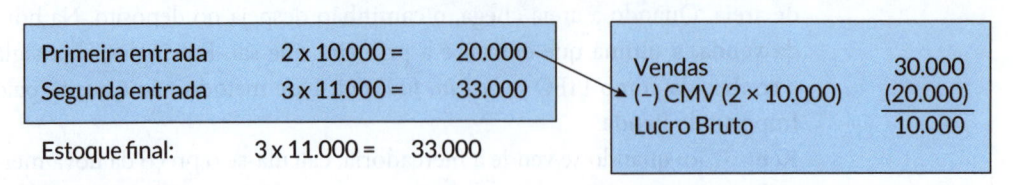

Estoque final: 3 × 11.000 = 33.000

[1] $\dfrac{10.000 + 11.000}{2}$ = 10.500 (este método não é considerado ideal).

d) Pelo Inventário Permanente: UEPS (ou LIFO: *Last In, First Out*).

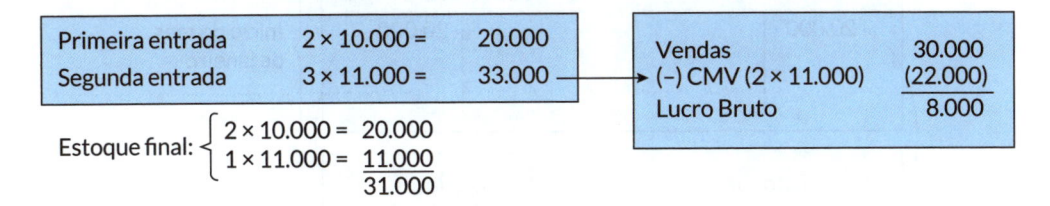

e) Pelo Custo de Reposição: NIFO (*Next In, First Out*).

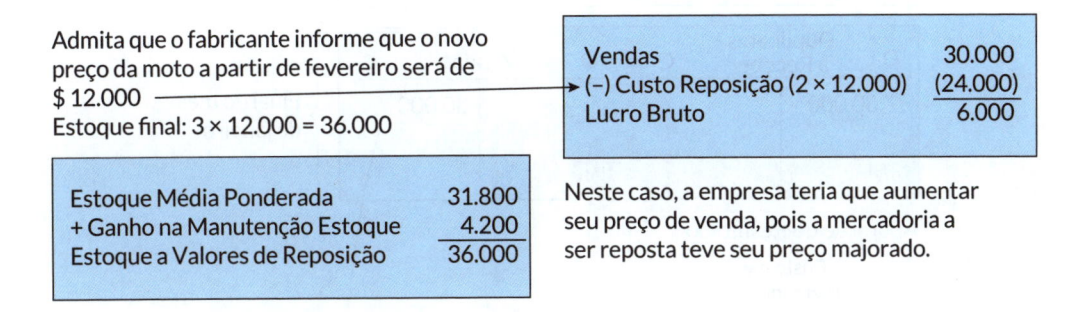

Neste caso, a empresa teria que aumentar seu preço de venda, pois a mercadoria a ser reposta teve seu preço majorado.

3. Como seria feita a apuração de resultado em termos contábeis com operações de mercadorias?

Tomando como base o exemplo da questão 2, o item "c", ou seja, pelo Inventário Permanente (PEPS), admitindo que a empresa compra e vende "a prazo".

Inicialmente, faremos os registros contábeis do mês de janeiro.

Numa segunda etapa, faremos a apuração do resultado, trabalhando com a conta de Custo da Mercadoria Vendida (CMV) e Resultado Com Mercadorias (RCM).

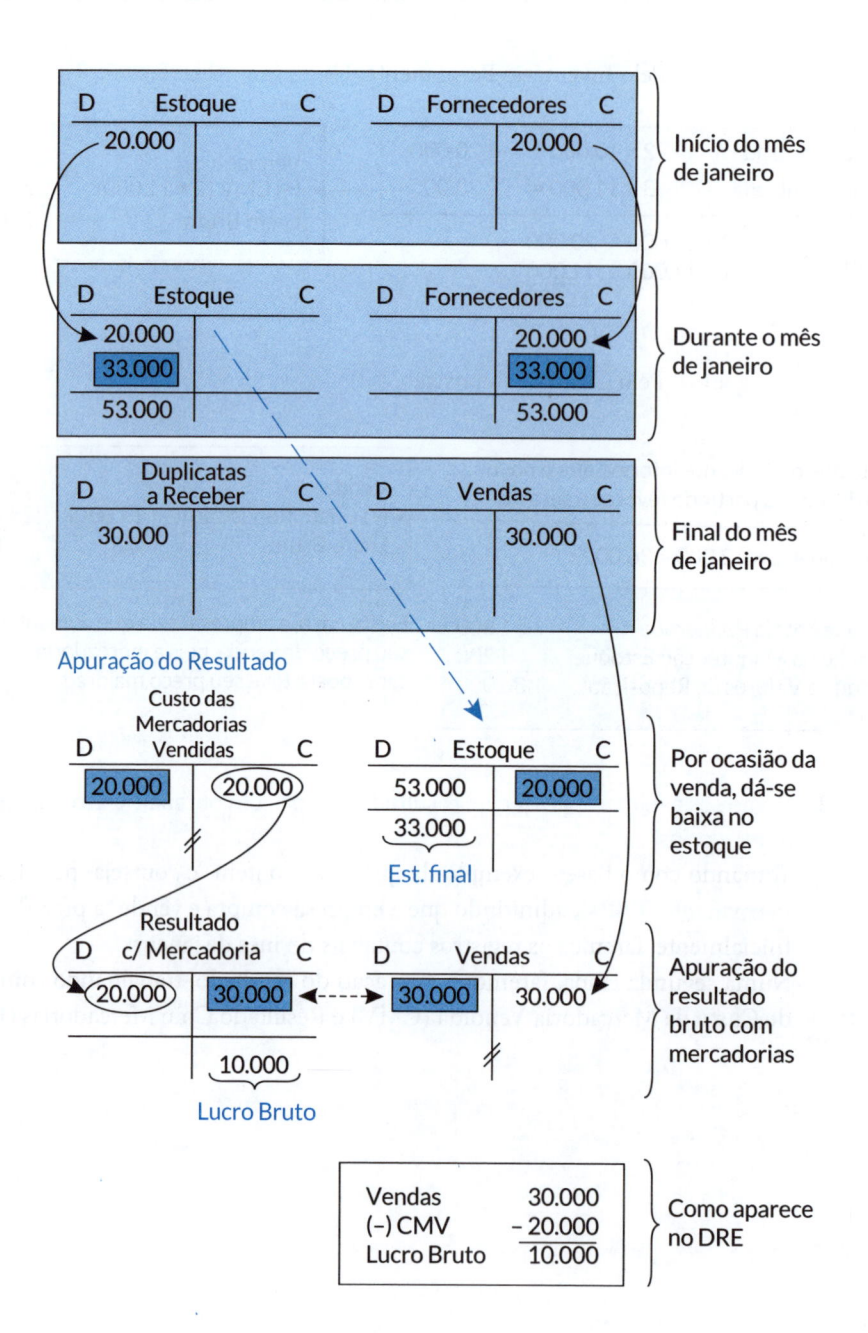

Atividades Sugeridas

Tarefa 12.1 Selecione, de um jornal ou da Internet, qualquer Demonstração de Resultado do Exercício que *num período tenha dado lucro, e noutro, prejuízo.* Arquive em sua pasta.

Observar se as Demonstrações Financeiras são publicadas em duas colunas (exercício atual e anterior).

Tarefa 12.2 Indique, num Balanço Patrimonial qualquer, a conta de *Lucros Acumulados.*

Tarefa 12.3 Elabore, com números hipotéticos, um exemplo de Receita e Despesa de uma situação em que, pelo *Regime de Caixa,* a empresa tenha lucro e, pelo *Regime de Competência,* prejuízo.

Exercícios

1 Associe os números da coluna da esquerda com a coluna da direita:

1. Receita ganha no período	( ) Regime de Caixa
2. Receita recebida no período	( ) 12 meses
3. Aumento de Receita	( ) Lucro ou Superávit
4. Toda despesa	( ) ARE
5. Exercício social	( ) Débito
6. Encerrar Receita e Despesa	( ) Crédito
7. Lançamentos de encerramento	( ) Regime de Competência
8. O lucro será lançado a	( ) Debita-se
9. O prejuízo será	( ) Credita-se
10. Lucros Acumulados	( ) Prejuízo ou Déficit
11. Receita < Despesa	( ) Independência absoluta do período
12. Receita > Despesa	( ) Conta do Patrimônio Líquido

2 Encontre o Custo da Mercadoria Vendida da empresa Gelato Ltda., sabendo que:

- o estoque Inicial de sorvetes era de R$ 2.000;
- a empresa comprou mais sorvetes no valor de R$ 8.000;
- o estoque final apurado foi de R$ 4.000.

CMV = Estoque Inicial + Compras (–) Estoque Final

3 A Cia. Desajeitada apresentou um prejuízo de $ 2.958.400 em 20X0.

Contabilize esse resultado e indique o grupo de contas que será classificado.

4 Admita que o Salão Cabeleireiros Perfeitos teve, no mês de dezembro, uma Receita à vista de $ 121.300. A folha de pagamento foi de $ 45.600, incluindo os encargos sociais. Essa folha será paga em janeiro do ano seguinte. Outras despesas consumidas e pagas no mês de dezembro: aluguel – $ 12.000, ISS – $ 6.150 e outras despesas – $ 22.650. Apure o resultado e apresente a DRE e o DFC do mês de dezembro.

5 Por que a Lei das Sociedades Anônimas não admite para as empresas de grande porte saldos na Conta Lucros Acumulados no PL?

D	C	D	C

13

Livros Contábeis[1]

Qual é a maior decisão do mundo dos negócios do século XX?

Depois de consultar estudiosos da Administração nas principais universidades norte-americanas, entre eles Warren Benis – o maior especialista em liderança nos EUA –, a AMA elaborou uma relação das decisões que mudaram o mundo dos negócios. A *primeira* que ganhou o destaque foi:

1. Pierre du Pont percebeu que sua empresa precisava gerir melhor o dinheiro que movimentava. Sob sua direção (entre 1902 e 1940), a Du Pont desenvolveu a *moderna Contabilidade Empresarial*.

2. (Há uma lista de mais de 100 decisões no mundo dos negócios).

PrettyVectors | iStockphoto

A falta de registros contábeis tira da empresa a sua identidade, não permitindo que se conheça o seu passado, nem seu presente e muito menos seu futuro, comprometendo o desenvolvimento da mesma, pois lhe faltam meios, isto é, está desprovida de controles econômico-financeiros permanentes que só a Contabilidade oferece, tornando-a desorganizada e desorientada.

---

[1] Neste capítulo, tivemos a colaboração do contador Valdir Segato, da Segato Consultores – Jundiaí, SP.

METODOLOGIA DESTE LIVRO

Até o momento, foram estudados os efeitos dos lançamentos contábeis sem a preocupação de escriturá-los em livros contábeis. Daqui para a frente, aquilo que foi feito em razonetes será transportado para os livros contábeis. Observe que o perfeito domínio da conceituação dos dois capítulos anteriores é imprescindível para a aprendizagem deste capítulo.

Como já foi abordado, caminha-se de acordo com o desenvolvimento histórico da Contabilidade: primeiro, os relatórios; depois, como observar os efeitos nos lançamentos contábeis; e, por fim, a escrituração (partidas dobradas) nos livros contábeis, que basicamente são dois: *Razão* e *Diário*.

As formalidades da escrituração contábil desses livros, de forma não digital, estão disciplinadas na Instrução Técnica Geral – ITG (2000) do Conselho Federal de Contabilidade.

É importante ressaltar que a escrituração em livros contábeis *não se traduz como atividade* principal *no aprendizado da Contabilidade,* haja vista que os computadores nos dias de hoje executam esta tarefa por sistema de informática (*software* contábil), no entanto, é fundamental para o estudante o domínio do raciocínio contábil, pois facilitará a compreensão de todo o processo contábil.

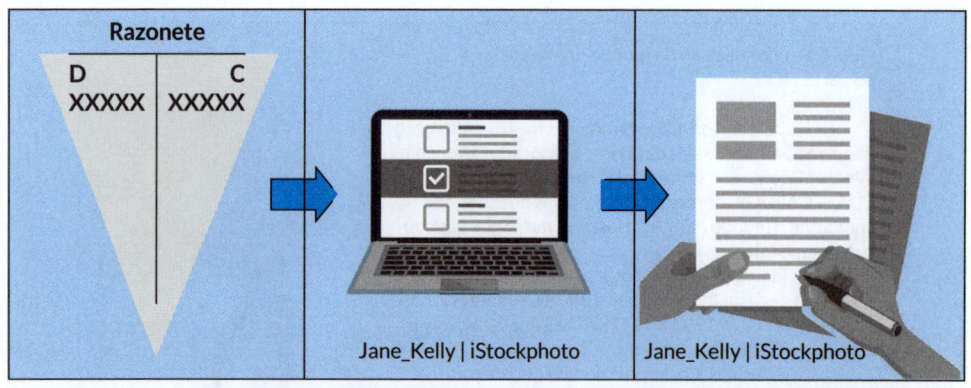

Figura 13.1 Caminho do raciocínio e escrituração dos lançamentos contábeis nos livros

RAZÃO

Razão é um livro atualmente obrigatório, que foi durante muito tempo facultativo. Em virtude de sua eficiência, é indispensável em qualquer tipo de empresa: é o instrumento mais valioso para o desempenho da Contabilidade. Por isso, pela legislação contábil, é um livro obrigatório.

Consiste no agrupamento de valores em contas de mesma natureza e de forma racional. Em outras palavras, o registro no Razão é realizado em *contas individualizadas*; tem-se assim um controle por conta. Por exemplo, abre-se uma conta Caixa e registram-se todas as operações que, evidentemente, afetam o Caixa; debitando-se ou creditando-se nesta conta, a qualquer momento apura-se o saldo.

Pela descrição anterior, pode-se concluir que o Razão e o Razonete são a mesma coisa. Na realidade, o Razonete deriva do Razão; o Razonete é uma forma simplificada, uma forma didática do Razão.

A princípio, o Razão só existia em forma de livros, em que para cada página se atribuía o título de uma conta. Tinha-se, então, uma página para o Caixa, outra para Bancos c/Movimento, outra para Duplicatas a Receber, outra para Estoque e assim sucessivamente. Com o passar do tempo, as folhas avulsas foram substituindo as páginas do livro. Também foram bastante comuns as fichas Razão, dado o aspecto prático que se exigia pela Contabilidade mecanizada. Para cada conta deve haver pelo menos uma ficha Razão. Com os sistemas eletrônicos, o Razão passa a consistir de folhas impressas numeradas mecânica ou tipograficamente e encadernadas em forma de livro.

A Resolução CFC nº 1.330, de 18/3/2011, editou a ITG 2000 – Escrituração Contábil. Essa interpretação técnica geral estabelece critérios e procedimentos a serem adotados pelas empresas em geral para escrituração contábil de seus fatos patrimoniais, por meio de qualquer processo de registro. Nos itens 8 e 9, destaca:

"8. Os livros contábeis obrigatórios, entre eles o Livro Diário e o Livro Razão, em forma **não digital**, devem revestir-se de formalidades extrínsecas, tais como:
a) serem encadernados;
b) terem suas folhas numeradas sequencialmente;
c) conterem termo de abertura e de encerramento assinados pelo titular ou representante legal da entidade e pelo profissional da contabilidade regularmente habilitado no Conselho Regional de Contabilidade.
9. Os livros contábeis obrigatórios, entre eles o Livro Diário e o Livro Razão, em forma digital, devem revestir-se de formalidades extrínsecas, tais como:
a) serem assinados digitalmente pela entidade e pelo profissional da contabilidade regularmente habilitado;
b) serem autenticados no registro público competente."

RAZÃO ANALÍTICO × SINTÉTICO

No passado, era comum o uso de fichas coloridas do Razão: determinada cor para as contas integrais (contas de balanço) e outra para as diferenciais (contas de resultado); ou, ainda, atribuíam-se cores de acordo com grupo de contas, ou seja, Ativo, Passivo, Receita, Despesa etc. Essas cores, que podiam ser identificadas por uma tarja colorida na parte superior da ficha, permitiam melhor visualização do grupo a que pertence a ficha, favorecendo, assim, o sistema de arquivo. Atualmente, com o advento da informática, esse processo tornou-se muito ágil, possibilitando o uso de inúmeros recursos oferecidos. Observe o Quadro 13.1.

Quadro 13.1 Diferenças entre livros Razão Sintético e Razão Analítico

Razão Sintético (Geral) (conta Sintética)	Razão Analítico (Auxiliar) (conta Analítica)
Estoques	Estoque de Mercadorias
	Estoque de Produtos Acabados
	Estoque de Produtos em Elaboração
	Estoque de Matérias-primas
Duplicatas a Receber	Cia. Nacional de Adubos
	Cia. Real de Inseticidas
	Lopes & Dias – Construções
	....
Bancos Conta Movimento	Banco do Brasil S.A.
	Itaú Unibanco
	Caixa Econômica Federal
	....
Fornecedores	João Alves & Cia. Ltda.
	Pedreira Mateus Ltda.
	Comércio de Ferramentas Rama S.A.
	....
Empréstimos a Pagar	Banco Bradesco S.A.
	Financeira Crédito Real
	Banco do Brasil S.A.
	....

Quando a ficha Razão abrange a conta toda, denomina-se *Razão Sintético* ou *Razão Geral*. Todavia, quando há o desdobramento de conta para melhor controle, denomina-se *Razão Analítico* ou *Razão Auxiliar*.

EXEMPLO DE RAZÃO

Veja a Figura 13.2.

A partir de um razonete, podemos observar o que é e como funciona uma ficha Razão. A "Cia. K. Nova" tem $ 1,0 milhão em Caixa e compra, à vista, em 20/02/X5, Equipamentos por $ 800 mil.

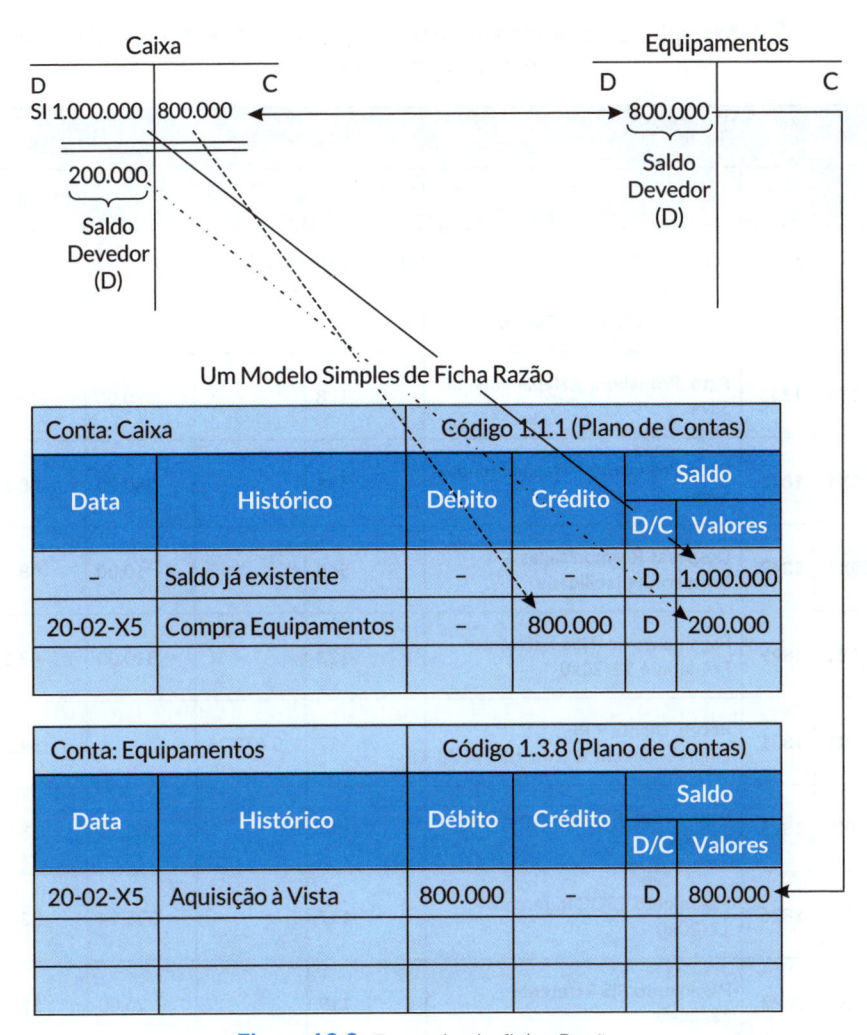

Figura 13.2 Exemplo de ficha Razão

O Razão, portanto, engloba as contas *Patrimoniais* (as contas de Balanço, também conhecidas como *contas integrais*) e as contas de *Resultados* (as contas de Receitas e Despesas, também conhecidas como *contas diferenciais*), de forma individual, havendo o controle de conta por conta.

Quadro 13.2 Exemplo de Razão elaborado por processamento eletrônico de dados (sistema de computador)

RAZÃO						
Data	Lote	Histórico	C/ contábil	Débito	Crédito	Saldo-Exercício
Conta:	5	1.1.01.01.0002	Banco do Brasil S.A.			
		SALDO ANTERIOR				50.132,61d
05/01/20X1	1843	Pgto. Pró-labore – Hepaminondas Silva	128		890,00	49.242,61d
05/01/20X1	1846	Pgto. Pró-labore – Hepaminondas Silva	531		380,00	48.862,61d
05/01/20X1	1847	Despesas Reembolsadas a Kolapso Contabilidade	546		10,00	48.852,61d
17/01/20X1	1829	Pagamento de INSS Referente Pró-labore 12/20x0	133		310,00	48.542,61d
25/01/20X1	1831	Receb. cliente – RF Empreendimentos Ltda. NFS nº 73	12	5.672,95		54.215,56d
30/01/20X1	1825	Pagamento IRPJ Referente 12/20x0	116		342,71	53.872,85d
30/01/20X1	1826	Pagamento CSOC Referente 12/20x0	117		235,24	53.637,61d
30/01/20X1	1827	Pagamento PIS Referente 12/20x0	119		26,00	53.611,61d
30/01/20X1	1828	Pagamento de Cofins Referente 12/20x0	120		120,00	53.491,61d
30/01/20X1	1830	Pagamento Contrib. Sindical Patronal Exercício – 20x1	547		170,98	53.320,63d
30/01/20X1	1850	Pagamento de Lucros Distribuídos a Sócios 20x0	65		35.000,00	18.320,63d

Todos os registros nos livros contábeis deverão ter um valor objetivo, baseado em documentos; objetividade significa que o contador deve ser neutro e não "inventar" valores.

DIÁRIO

É um livro obrigatório (exigido por lei) em todas as empresas. Registra os fatos contábeis em partidas dobradas na ordem rigorosamente cronológica do dia, mês e ano.

O livro Diário deve ser encadernado com folhas numeradas seguidamente, e os registros devem ser feitos diariamente. Quem empregava escrituração mecanizada podia substituir o Diário por fichas seguidamente numeradas (mecânica ou tipograficamente). Quando se usa o computador, as folhas são numeradas automaticamente pelo programa e, no final do período, o livro será encadernado.

Portanto, o Diário registra oficialmente todas as transações de uma empresa (veja Resolução CFC nº 1.130/11 quando tratamos do Livro Diário).

Os livros ou fichas (Diário) devem conter termos de abertura e de encerramento e ser submetidos à autenticação do órgão competente do Registro do Comércio. O atraso na escrituração do Diário não poderá ultrapassar 180 dias, sob pena de multa prevista pelo Imposto de Renda.

Os requisitos básicos de um livro Diário Geral são:

- Data da operação (transação).
- Título da conta de *Débito* e da conta de *Crédito*.
- Valor do Débito e do Crédito.
- Histórico: alguns dados fundamentais sobre a operação em registro: número da nota fiscal, cheque, terceiros envolvidos etc.

EXEMPLO DE ESCRITURAÇÃO NO DIÁRIO

Suponha que em fevereiro de 20X5 a empresa Bascos & Cia. faça as seguintes operações:

- 20/2: compra de equipamento, à vista (Caixa), da Calígula e Cia., conforme Nota Fiscal série B nº 25.451, por $ 800.000.
- 26/2: admitindo-se que a empresa tenha uma alta soma de dinheiro em Caixa, deposita no Banco do Brasil S.A. a quantia de $ 900.000.

Essas operações estão ilustradas nos razonetes a seguir e no Quadro 13.3.

	Caixa		Equipamentos		Banco c/Movimento	
$$$$	800.000 (20/2)	(20/2) 800.000			(26/2) 900.000	
	900.000 (26/2)					

Quadro 13.3 Escrituração no Diário: operações da Bascos & Cia.

Diário bicolunado

Data		Títulos das Contas e Histórico	Código da Conta	Débito	Crédito
20X5					
Fev.	20	**Equipamentos**	–	800.000	
		Caixa	–		800.000
		N.F. 25.451 – Série B de Calígula & Cia.			
	26	*Bancos c/Movimento*	–	900.000	
		Caixa	–		900.000
	–	**Depósito no Banco do Brasil S.A.**			
		----------------------------------	–	–	
		----------------------------------	–		–
Mar.	–	----------------------------------	–	–	–

Observações

- Normalmente, a coluna do Débito é colocada mais à esquerda, e a coluna do Crédito, por convenção, mais à direita.
  DÉBITO
      CRÉDITO
- Para averiguar a exatidão dos lançamentos, basta somar a coluna do Débito e a do Crédito, uma forma de averiguação parcial, além do Balancete de Verificação. Pelo método das partidas dobradas, os totais deverão ser iguais.

DIÁRIO DE DUAS COLUNAS – ESCRITURADO POR SISTEMA DE PROCESSAMENTO DE DADOS (Computador)

O Diário de duas colunas (bicolunado), onde uma coluna serve para o registro das contas a Débito e outra para o das contas a Crédito, é o mais utilizado como padrão para a escrituração contábil por processamento de dados (sistema de computador), conforme mostra o Quadro 13.4.

Quadro 13.4 Exemplo de Diário de duas colunas elaboradas por processamento eletrônico de dados

DIÁRIO						
Data	Lote	Classificação	Descrição	Histórico	Débito	Crédito
04/01/20X1	1301	2.1.04.01.0002	Pró-labore a Pagar	Pagto. Pró-labore – sócio Hepaminondas Silva	890,00	
04/01/20X1	1301	1.1.01.01.0001	Caixa	Pagto. Pró-labore – sócio Hepaminondas Silva		890,00
05/01/20X1	1307	2.1.05.02.0005	Assistência Contábil a Pagar	Pgto. de Serviços Contábeis Referente 12/20x0	390,00	
05/01/20X1	1307	1.1.01.01.0001	Caixa	Pgto. de Serviços Contábeis Referente 12/20x0		390,00
15/01/20X1	1288	2.1.03.01.0005	CSLL a Recolher	Pgto. de CSLL 12/20x0	100,29	
15/01/20X1	1288	1.1.01.01.0001	Caixa	Pgto. de CSLL 12/20x0		100,29
15/01/20X1	1289	2.1.03.01.0004	IRPJ a Recolher	Pgto. de IRPJ 12/20x0	175,98	
15/01/20X1	1289	1.1.01.01.0001	Caixa	Pgto. de IRPJ 12/20x0		175,98
15/01/20X1	1290	2.1.04.02.0001	INSS a Recolher	Pgto. de INSS ref. 12/20x0	310,00	
15/01/20X1	1290	1.1.01.01.0001	Caixa	Pgto. de INSS ref. 12/20x0		310,00
25/01/20X1	1217	5.1.02.01.0001	Prestação de Serviços	Cliente RF EMPREENDIMENTOS LTDA. NF Serv. 57		5.333,06
25/01/20X1	1217	1.1.02.01.0001	Clientes Diversos	Cliente 3 RF EMPREENDIMENTOS LTDA. NF Serv. 57	4.845,09	
25/01/20X1	1217	1.1.03.08.0005	Imp. Renda Retido Fonte a Recuperar	IRRF ref. NF Serv. – RF EMPREENDIMENTOS LTDA.	80,00	
25/01/20X1	1219	4.1.07.01.0002	ISS	ISS ref. NF Serv. – RF EMPREENDIMENTOS LTDA.	159,99	

DIÁRIO DE TRÊS COLUNAS – SISTEMA MANUSCRITO

O Diário de três colunas foi muito utilizado quando não se tinha o sistema de computador e a escrituração era então manuscrita, no entanto, para fins acadêmicos e históricos (*tradição dos contadores do Brasil*), esse método será também abordado em razão de ser ainda utilizado no ensino da Contabilidade. Assim, incluiremos esse método apenas no sentido didático, ilustrativo.

As diferenças básicas entre o modelo bicolunado e o de três colunas são as seguintes:

- Coloca-se a data por extenso no início de lançamentos referentes a um dia.
- Coloca-se a *preposição a* à frente das contas de crédito.
- Podem-se resumir em um único lançamento vários lançamentos que repetem a mesma conta devedora ou credora.

Vejamos um modelo na Figura 13.3.

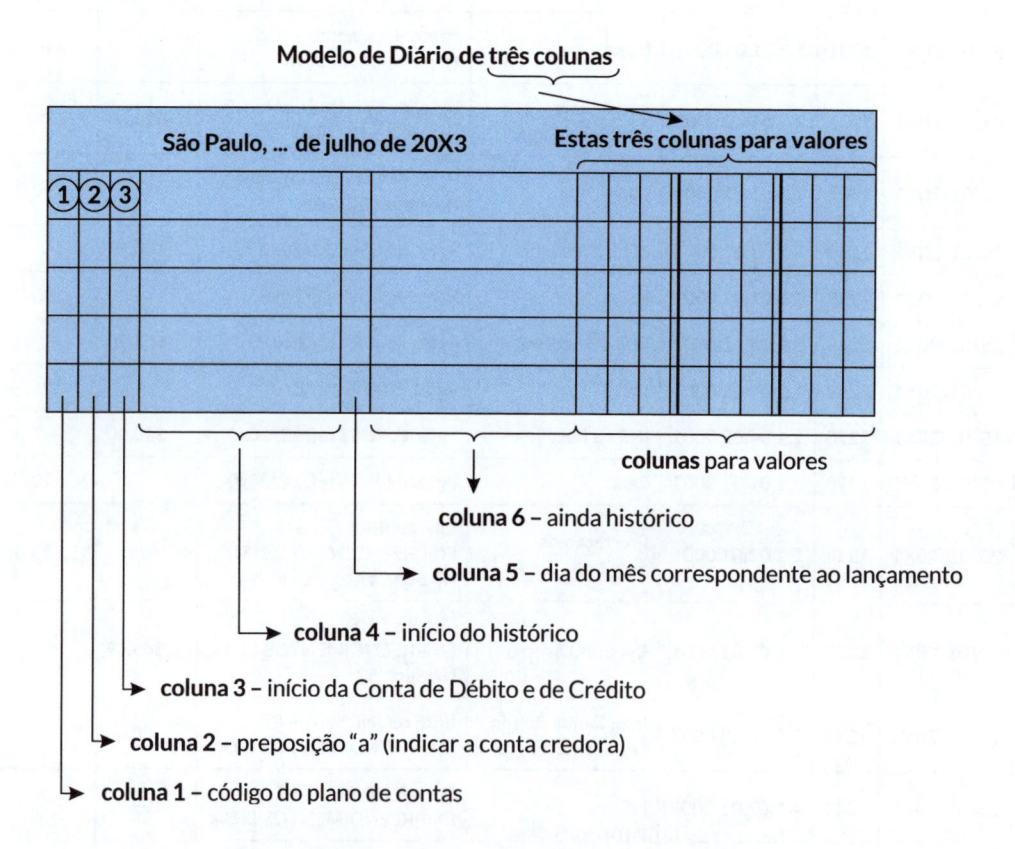

Figura 13.3 Exemplo de Diário de três colunas

EXEMPLOS DE LANÇAMENTOS EM DIÁRIO DE TRÊS COLUNAS (este assunto é apenas para ilustração, não tendo valor prático profissional)

1. Lançamento que envolve uma só conta de Débito e uma só de Crédito. Tradicionalmente, esse lançamento é conhecido como 1ª Fórmula.

   1ª Fórmula → Há uma única conta de Débito e uma única de Crédito.

   Admita que a *Cia. Simples* deposita $ 800 mil, que estavam no Caixa, no Banco Comercial S.A. Observe os razonetes:

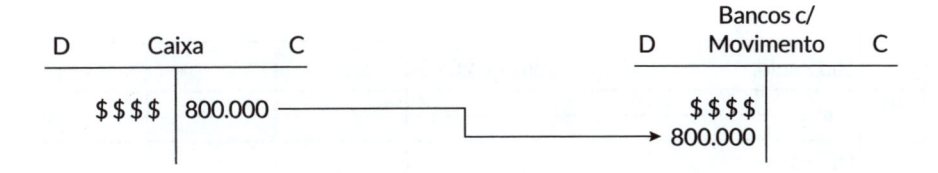

   Agora, veja a Figura 13.4.

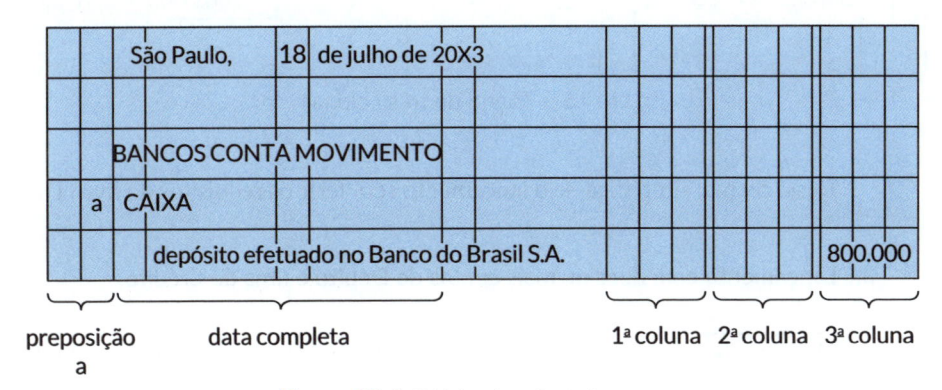

Figura 13.4 Diário de três colunas

2. Lançamento que envolve uma conta de Débito e duas ou mais de Crédito.

   2ª Fórmula → Uma conta de Débito e duas ou mais de Crédito num mesmo lançamento.

   Admita que a *Cia. Composta I* recebeu uma duplicata de $ 1.800 mil; nessa data, o cliente paga 10% de juros de mora, uma vez que liquidou a duplicata com atraso.

Observe os razonetes:

D	Dupl. a Receber	C	D	Juros Recebidos (conta de Receita)	C	D	Caixa	C
$$$$$$$$	1.800.000				180.000	$$$$$$$$ 1.800.000 180.000		

Movimentam-se nesse lançamento duas contas de Cédito (Dupl. a Receber e Juros Recebidos) e uma conta de Débito (Caixa). Nessa circunstância, introduz-se o termo *Diversos*, que substitui diversas contas de crédito (dispensa-se o histórico). Veja a Figura 13.5.

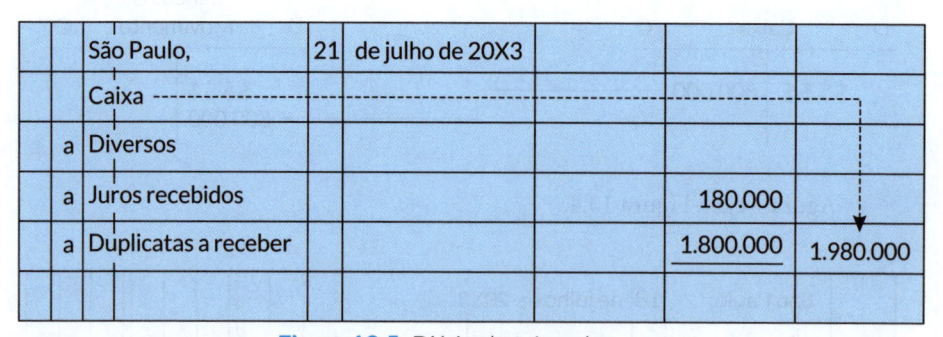

		São Paulo,	21	de julho de 20X3				
		Caixa						
	a	Diversos						
	a	Juros recebidos					180.000	
	a	Duplicatas a receber					1.800.000	1.980.000

Figura 13.5 Diário de três colunas

Dessa forma, simplifica-se o lançamento sem ferir os requisitos do livro Diário.

3. **Lançamento com duas ou mais contas de Débito e uma de Crédito.**

   3ª Fórmula → Diversas contas (duas ou mais) de Débito e uma conta de Crédito num mesmo lançamento.

Admita que a *Cia. Composta II* adquira, à vista, com pagamento em cheque, Ferramentas ($ 500 mil), Máquinas ($ 800 mil) e Móveis e Utensílios ($ 900 mil). Observe os razonetes:

D	Bancos c/Movimento	C	D	Ferramentas	C	D	Máquinas	C	D	Móveis e Utensílios	C
$$$$$$	500.000 800.000 900.000			500.000			800.000			900.000	

Agora, veja a Figura 13.6.

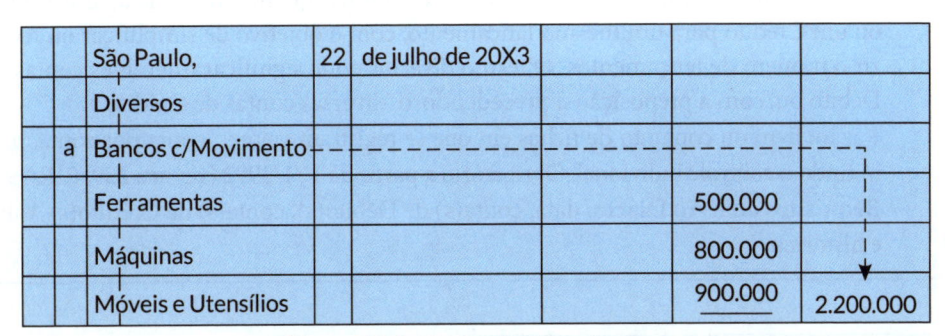

		São Paulo,	22	de julho de 20X3				
		Diversos						
	a	Bancos c/Movimento						
		Ferramentas				500.000		
		Máquinas				800.000		
		Móveis e Utensílios				900.000	2.200.000	

Figura 13.6 Diário de três colunas

Também, nesse lançamento, além de simplificá-lo (não há necessidade de fazer três lançamentos isolados), não se fugiu aos requisitos do livro Diário.

Os lançamentos de 2ª e 3ª fórmulas são ainda utilizados nas *partidas de encerramentos,* em que são encerradas as contas de despesas e receitas.

Quadro 13.5 Partidas de encerramento

Encerramentos das Despesas (2ª fórmula)		Encerramentos das Receitas (3ª fórmula)	
São Paulo, 31 de dezembro de 20X3		**São Paulo, 31 de dezembro de 20X3**	
Apuração do Resultado do Exercício (ARE)		Diversos	
a *Diversos*	$$$$	a *Apuração do Resultado do Exercício (ARE)*	$$$$
a Despesa de Salários	$$$$	Receita Bruta	
a Despesa de Material de Escritório	$$$$	Receita de Juros	$$$$
a Despesa de Juros	$$$$	Receitas Diversas	$$$$
a Despesa de Manutenção	$$$$		$$$$
a Depreciação	$$$$		$$$$
_____	$$$$	_____	$$$$
_____	$$$$	_____	$$$$

Palavras-chave

Diário: livro ou conjunto de fichas, obrigatório por lei, em que se faz uma descrição sucinta (histórico) de cada operação, evidenciando a data, a conta de Débito e de Crédito e seu valor em ordem cronológica.

Diário bicolunado: Diário composto de duas colunas (Débito e Crédito) utilizado para contabilização por meio de equipamentos.

Diário de três colunas: Diário composto de três colunas, utilizado para contabilização manuscrita.

Diversos: termo utilizado no Diário de três colunas quando há mais de um Débito ou um Crédito para um mesmo lançamento, com o objetivo de simplificar ou reduzir o número de lançamentos. O termo *diversos* pode significar diferentes contas de Débito ou, com a preposição *a* precedendo-o, diversas contas de Crédito.

Razão: livro ou conjunto de fichas em que se registram valores, conta por conta, permitindo o controle individual. Obrigatório a partir de 1º/1/1992 (ver art. 259, RIR/99).

Requisitos do livro Diário: data, conta(s) de Débito(s), conta(s) de Crédito(s), valor e histórico.

Perguntas e Respostas

1. Como a Receita Federal e outras legislações abordam o Diário?

Para a Receita Federal, conforme o regulamento do Imposto de Renda – **RIR/99 em seus arts. 255 e 258**, é obrigatório o uso do livro Diário, devendo ser "encadernado com folhas numeradas seguidamente, em que serão lançados, dia a dia, diretamente ou por reprodução, os atos ou operações das atividades, ou que modifiquem ou possam vir a modificar a situação patrimonial" da empresa, e deverá conter termos de abertura e de encerramento, e ser submetido à autenticação no órgão de registro público competente.

Para o Conselho Federal de Contabilidade, a obrigatoriedade do livro Diário está contida no **Decreto-lei nº 9.295/46, art. 25, alínea "b", que considera trabalhos técnicos do profissional contábil** a "*escrituração dos livros de contabilidade obrigatórios, bem como de todos os necessários no conjunto da organização contábil e levantamento dos respectivos balanços e demonstrações*".

O Código Tributário Nacional – **Lei nº 5.172/66, art. 195** – diz que "*os livros obrigatórios de escrituração comercial e fiscal e os comprovantes dos lançamentos neles efetuados serão conservados até que ocorra a prescrição dos créditos tributários decorrentes das operações a que se refiram*".

O Código Penal Brasileiro, no art. 297, configura como crime a falta do livro Diário devidamente registrado no órgão competente, bem como a falta do Balanço Patrimonial sem a base fidedigna da Contabilidade.

O Código Civil fala sobre o livro Diário, balancetes diários, Balanço Patrimonial, Balanço de Resultado Econômico (DRE) e Inventário.

2. O que exatamente o Código Civil fala sobre Escrituração?

"Art. 1.179. O empresário e a sociedade empresária são obrigados a seguir um sistema de contabilidade, mecanizado ou não, com base na escrituração uniforme de seus livros, em correspondência com a documentação respectiva, e a levantar anualmente o balanço patrimonial e o de resultado econômico.

§ 1º Salvo o disposto no art. 1.180, o número e a espécie de livros ficam a critério dos interessados.

§ 2º É dispensado das exigências deste artigo o pequeno empresário a que se refere o art. 970.

Art. 1.180. Além dos demais livros exigidos por lei, é indispensável o Diário, que pode ser substituído por fichas no caso de escrituração mecanizada ou eletrônica.

Parágrafo único. A adoção de fichas não dispensa o uso de livro apropriado para o lançamento do balanço patrimonial e do de resultado econômico.

Art. 1.181. Salvo disposição especial de lei, os livros obrigatórios e, se for o caso, as fichas, antes de postos em uso, devem ser autenticados no Registro Público de Empresas Mercantis.

Parágrafo único. A autenticação não se fará sem que esteja inscrito o empresário, ou a sociedade empresária, que poderá fazer autenticar livros não obrigatórios.

Art. 1.182. Sem prejuízo do disposto no art. 1.174, a escrituração ficará sob a responsabilidade de contabilista[2] legalmente habilitado, salvo se nenhum houver na localidade.

Art. 1.183. A escrituração será feita em idioma e moeda corrente nacionais e em forma contábil, por ordem cronológica de dia, mês e ano, sem intervalos em branco, nem entrelinhas, borrões, rasuras, emendas ou transportes para as margens.

Parágrafo único. É permitido o uso de código de números ou de abreviaturas, que constem de livro próprio, regularmente autenticado.

Art. 1.184. No Diário serão lançadas, com individuação, clareza e caracterização do documento respectivo, dia a dia, por escrita direta ou reprodução, todas as operações relativas ao exercício da empresa.

§ 1º Admite-se a escrituração resumida do Diário, com totais que não excedam o período de trinta dias, relativamente a contas cujas operações sejam numerosas ou realizadas fora da sede do estabelecimento, desde que utilizados livros auxiliares regularmente autenticados, para registro individualizado, e conservados os documentos que permitam a sua perfeita verificação.

§ 2º Serão lançados no Diário o balanço patrimonial e o de resultado econômico, devendo ambos ser assinados por técnico em Ciências Contábeis legalmente habilitado e pelo empresário ou sociedade empresária.

Art. 1.185. O empresário ou sociedade empresária que adotar o sistema de fichas de lançamentos poderá substituir o livro Diário pelo livro Balancetes Diários e Balanços, observadas as mesmas formalidades extrínsecas exigidas para aquele.

---

[2] Profissional contábil.

Art. 1.186. O livro Balancetes Diários e Balanços será escriturado de modo que registre:

I – a posição diária de cada uma das contas ou títulos contábeis, pelo respectivo saldo, em forma de balancetes diários;

II – o balanço patrimonial e o de resultado econômico, no encerramento do exercício."

3. Em termos legais, o que o Código Civil fala sobre os relatórios contábeis e livros contábeis?

"Art. 1.189. O balanço de resultado econômico, ou demonstração da conta de lucros e perdas, acompanhará o balanço patrimonial e dele constarão crédito e débito, na forma da lei especial.

Art. 1.190. Ressalvados os casos previstos em lei, nenhuma autoridade, juiz ou tribunal, sob qualquer pretexto, poderá fazer ou ordenar diligência para verificar se o empresário ou a sociedade empresária observam, ou não, em seus livros e fichas, as formalidades prescritas em lei.

Art. 1.191. O juiz só poderá autorizar a exibição integral dos livros e papéis de escrituração quando necessária para resolver questões relativas a sucessão, comunhão ou sociedade, administração ou gestão à conta de outrem, ou em caso de falência.

§ 1º O juiz ou tribunal que conhecer de medida cautelar ou de ação pode, a requerimento ou de ofício, ordenar que os livros de qualquer das partes, ou de ambas, sejam examinados na presença do empresário ou da sociedade empresária a que pertencerem, ou de pessoas por estes nomeadas, para deles se extrair o que interessar à questão.

§ 2º Achando-se os livros em outra jurisdição, nela se fará o exame, perante o respectivo juiz.

Art. 1.192. Recusada a apresentação dos livros nos casos do artigo antecedente, serão apreendidos judicialmente e, no seu § 1º, ter-se-á como verdadeiro o alegado pela parte contrária para se provar pelos livros.

Parágrafo único. A confissão resultante da recusa pode ser elidida por prova documental em contrário.

Art. 1.193. As restrições estabelecidas neste Capítulo ao exame da escrituração, em parte ou por inteiro, não se aplicam às autoridades fazendárias, no exercício da fiscalização do pagamento de impostos, nos termos estritos das respectivas leis especiais.

Art. 1.194. O empresário e a sociedade empresária são obrigados a conservar em boa guarda toda a escrituração, correspondência e mais papéis concernentes à sua atividade, enquanto não ocorrer prescrição ou decadência no tocante aos atos neles consignados.

Art. 1.195. As disposições deste Capítulo aplicam-se às sucursais, filiais ou agências, no Brasil, do empresário ou sociedade com sede em país estrangeiro."

Atividades Sugeridas

Tarefa 13.1 Arquive em sua pasta uma *ficha Razão* que pode ser adquirida em papelaria especializada, por meio de escritório de Contabilidade ou na Internet. Atribua uma conta com código a essa ficha e faça algum lançamento hipotético.

Tarefa 13.2 Tente obter uma folha (ou ficha) de livro *Diário* com duas e três colunas. Os dados utilizados na Tarefa 13.1 podem ser aproveitados aqui.

Tarefa 13.3 Além dos livros contábeis (Razão e Diário) estudados neste capítulo, existem os *livros fiscais e sociais*. Pesquise em livros didáticos, na Internet ou na legislação brasileira quais são esses livros fiscais e sociais e arquive em sua pasta.

Exercícios

1 Associe os números da coluna da esquerda com a coluna da direita:

1.	Livro obrigatório, mas já foi facultativo	( ) Razão auxiliar
2.	Razão Sintético	( ) Contas de resultado
3.	Razão Analítico	( ) 1 débito; 2 ou mais créditos
4.	Contas Patrimoniais	( ) Diário
5.	Contas Integrais	( ) Contas receitas/desp. encerradas
6.	Diário de 3 colunas – 2ª fórmula	( ) Computador/*Software* Contábil
7.	Livro sempre exigido pela legislação	( ) Até 180 dias
8.	Escrituração eletrônica	( ) Diversos débitos – 1 crédito
9.	Diário de 3 colunas – 3ª fórmula	( ) 1 débito; 1 crédito
10.	Partidas de encerramento	( ) Razão
11.	Diário de 3 colunas – 1ª fórmula	( ) Contas de balanço
12.	Atraso permitido no Diário	( ) Razão Geral

2 O que é Razão?

3 Dê a diferença entre o Razão Sintético e o Analítico.

4 Explique o que é livro Diário.

5 Dê os tipos de livro Diário e em que sistemas são usados.

14

Sistemas Contábeis e Disposições sobre Escrituração Mercantil

studiolaut | iStockphoto

"Ora, parece que a discussão passou para a ética contábil, e devo confessar que isso está fora do meu departamento."

"Na realidade, nos Sistemas Integrados ou ERP,[1] como são mais conhecidos, os lançamentos acontecem no momento em que são gerados, ou seja, quando na emissão ou recebimento de uma Nota Fiscal, no momento em que efetuamos uma baixa de pagamento e recebimento ou quando informamos uma aplicação, ou seja, sempre que precisamos contabilizar o movimento, e de maneira automática, rápida e *on line* sem a necessidade de qualquer intervenção, mostrando ou não para o usuário o lançamento que está sendo realizado naquele momento" (livro: *Contabilidade inside ERP*, Cap. 9).

SISTEMAS CONTÁBEIS

Entende-se por sistema de Contabilidade o conjunto de atividades contábeis que engloba a compreensão da atividade empresarial (necessária para elaborar um plano de contas adequado), a análise e interpretação de cada fato contábil isoladamente, a contabilização e a elaboração das Demonstrações Financeiras, sua análise, interpretação e recomendações para aperfeiçoar o desempenho da empresa.

Muitas alternativas podem surgir na escolha de um sistema contábil:

---

[1]   Veja Conceito de ERP em "Perguntas e Respostas", neste capítulo.

- Sua procedência: norte-americano (USGAAP), europeu (IFRS) etc.
- Sua abordagem principal: sistema estruturalista, custo por absorção, custeio direto, custo-padrão etc.
- Forma de processamento: eletrônico integrado, eletrônico com interfaces sistêmicas, híbrido ou terceirizado.

Diante das inúmeras alternativas que encontramos, procuraremos combinar as variáveis que melhor se adaptam às características da empresa, compondo, assim, um sistema apropriado à entidade.

É preciso, porém, em primeiro lugar considerar as necessidades administrativas; em segundo lugar, os outros usuários da Contabilidade: governo, instituições financeiras, funcionários, fornecedores etc. Além disso, é muito importante ter presentes os recursos disponíveis, sejam eles humanos, técnicos ou monetários.

Em relação ao equipamento, deve-se levar em conta a possibilidade de ele apresentar as informações necessárias e de processá-las quantitativamente sem períodos de ociosidade nem de estrangulamento. É evidente que, para compor o sistema, exige-se um trabalho de análise dos serviços a serem realizados.

Salienta-se que é desaconselhável a "importação" de sistemas de outras empresas, mesmo que haja semelhança em seu tamanho e atividade operacional, pois dificilmente os interesses dos usuários da Contabilidade coincidiriam.

A seguir apresenta-se uma breve descrição dos sistemas de Contabilidade manual, maquinizado, mecanizado e eletrônico, ilustrados na Figura 14.1.

Figura 14.1 Sistemas de Contabilidade

Os exemplos a seguir de sistemas (manual, maquinizado e mecanizado) são ilustrativos, históricos, apenas para constar num sentido didático e num sentido histórico.

SISTEMA MANUAL (APENAS PARA FINS HISTÓRICOS)

Todos os sistemas contábeis dependem de acionamento manual. Aqui, no entanto, entende-se por sistema manual o que se utiliza de instrumentos simples, de valor reduzido, tais como canetas, livros ou fichas a serem escrituradas etc.

Os livros Diário e Razão, nesse processo, eram adquiridos em lojas especializadas ou em papelarias.

O Diário, antes de ser usado, era registrado na Junta Comercial, e tanto o termo de abertura como o de encerramento (Quadro 14.1) deveriam ser assinados pelo titular da firma e pelo profissional contábil registrado no CRC.

Quadro 14.1 Exemplos de termo de abertura e termo de encerramento

TERMO DE ABERTURA	TERMO DE ENCERRAMENTO
Contém este livro . . . folhas, tipograficamente numeradas de um a . . . , e vai servir de Livro DIÁRIO nº . . . . da firma . . . ., estabelecida em . . . . – . . . . . ., na Rua . . . . nº . . . . ., com CNPJ nº . . . . e Inscrição Estadual nº . . . ., com contrato social arquivado na Junta Comercial do Estado em . . . . . de . . . . de 20 . . , sob nº . . . . (ou com declaração de firma registrada na Junta Comercial do Estado em . . . . . de . . . . de 20 . . . sob nº . . . .).	Contém este livro . . . folhas, tipograficamente numeradas de um a . . . . , e serviu de Livro DIÁRIO nº . . . . da firma . . . ., estabelecida em . . . . – . . . . . ., na Rua . . . . nº . . . . ., com CNPJ nº . . . . e Inscrição Estadual nº . . . ., com contrato social arquivado na Junta Comercial do Estado em . . . . . de . . . . de 20 . . , sob nº . . . . (ou com declaração de firma registrada na Junta Comercial do Estado em . . . . . de . . . . de 20 . . . sob nº . . . .)

Se o Diário era destinado ao uso de escrituração direta, deveria ser pautado e possuir três colunas para valores. Esse sistema era utilizado em pequenas entidades sem fins lucrativos e microempresas, cujo volume de operações era pequeno e que não precisavam frequentemente dos dados contábeis para a tomada de decisões. Uma pequena mercearia, um bar, uma igreja, um pequeno clube etc. não necessitam, nem condições têm, de despender volumes razoáveis de recursos com equipamentos contábeis, sabendo-se que a Contabilidade não é um instrumento decisivo para a continuidade da atividade.

> O sistema manual foi o principal método contábil por muitos anos. Os contadores necessitavam ter boa caligrafia para a escrituração. Esse sistema hoje está em desuso.

SISTEMA MAQUINIZADO (APENAS PARA ILUSTRAÇÃO)

Por algum tempo, foi considerado um processo moderno onde se utilizava a máquina de datilografar comum, a máquina de calcular e um formulário denominado Ficha Tríplice. Esse processo era conhecido como maquinizado (e não mecanizado).

A Ficha Tríplice era constituída de três vias (daí a origem de seu nome). Possuía uma impressão tipográfica diferenciada (em cores) para cada via e a datilografia era realizada com o uso de carbono. A finalidade de cada uma delas era:

- *Primeira via*: impressa e datilografada com tinta copiativa, destinava-se a ser copiada no Livro Diário.
- *Segunda via*: destinava-se a compor o Razão da *conta debitada,* uma vez que o campo (espaço) destinado à conta de Crédito estava cancelado.
- *Terceira via*: tendo cancelado o campo da conta debitada, destinava-se a compor o Razão da conta creditada.

Para esse caso recomendava-se a aquisição do livro Diário com folhas em branco, adaptando-se a qualidade do papel de acordo com o equipamento de copiagem: equipamento de gelatina → papel acetinado; prensa → papel chinês etc.

Da mesma forma que no sistema manual, o livro Diário devia ser preenchido de acordo com os requisitos legais.

Na década de 1980, gigantescas empresas produziam máquinas de datilografar: Olivetti, Burroughs, Remington etc. Com o advento do microcomputador, essas empresas praticamente desapareceram.

MODELO DE FICHA TRÍPLICE

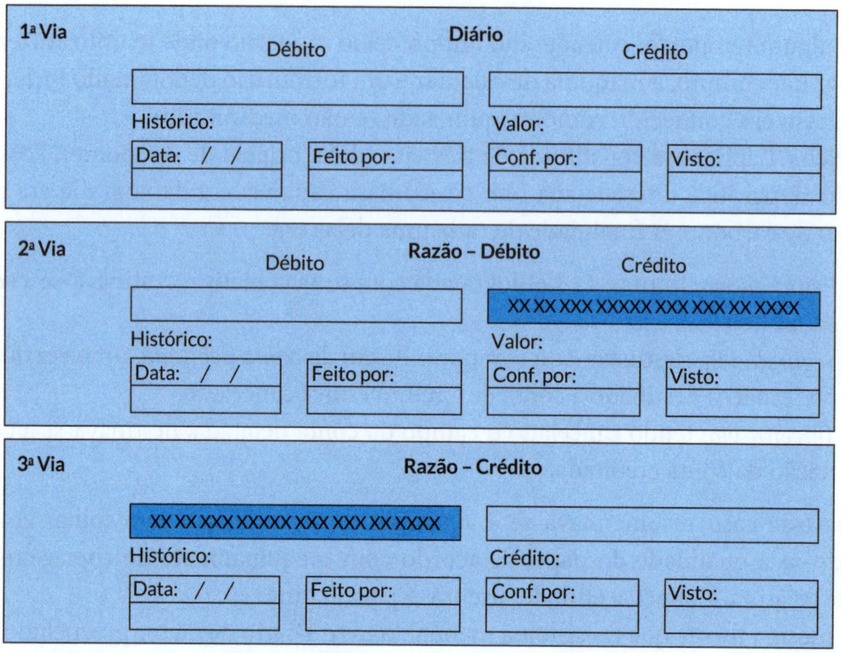

Figura 14.2 Modelo de Ficha Tríplice

Esse sistema foi muito utilizado por pequenas empresas e escritórios de Contabilidade, em virtude do seu custo baixo e de sua razoável eficiência.

Portanto, as fichas datilografadas serviam como *Razão,* desde que fossem ordenadamente arquivadas. Podiam também servir como *Diário* se, por meio de gelatina e outros processos, fossem copiadas em livro próprio, em sequência cronológica, uma a uma, ficando assim reproduzidas no Diário.

SISTEMA MECANIZADO (APENAS PARA ILUSTRAÇÃO)

O sistema mecanizado era caracterizado por um equipamento contábil, ou seja, por uma máquina específica para se fazer Contabilidade.

Nesse sistema, fazia-se a inserção frontal que possibilitava a elaboração simultânea do Diário com a Ficha Razão. O equipamento podia ser dotado também de somadores e saldadores que forneciam as somas das colunas do Diário, tanto de Débito como de Crédito, e também o saldo da Ficha Razão. Dependendo das necessidades do serviço, existiam equipamentos com três, cinco, oito ou mais somadores que podiam fornecer acúmulos e saldos para fichas sintéticas e analíticas, saldo do ano, movimento do mês etc. As máquinas contábeis mais utilizadas foram: Ruf, National, Olivetti, Burroughs, Zornita, Front Feed (estas duas últimas foram adaptadas de máquinas de escrever comuns).

Nesse processo, colocava-se, portanto, a folha de Diário na máquina, sobre ela ajustava-se uma folha de carbono que se sobrepunha às fichas de Razão e aplicava-se o decalque nestas; escrituravam-se assim, simultaneamente, o Diário e o Razão – *DiárioRazão*.

Utilizavam-se aqui as fichas *voucher* (ou *slips*), semelhantes à Ficha Tríplice; elas facilitavam a seleção dos vários lançamentos na mesma ficha, poupavam trabalho e melhoravam a produtividade da operação da máquina, pois se reduzia a inserção de fichas de Razão no equipamento.

Outras utilidades podiam ser atribuídas às fichas *voucher*, seja na padronização dos controles, conferências, fluxo das informações e arquivamento, seja na ordem estabelecida através de numeração consecutiva (muito apreciada por alguns especialistas).

> Com o advento da era digital, também o sistema mecanizado está em seu crepúsculo.

SISTEMA ELETRÔNICO

O sistema eletrônico pressupõe o uso do computador, que, hoje, deixou de ser algo misterioso e aterrorizador para ser entendido como uma calculadora muito rápida que, entre outras coisas, elabora, compara, analisa e transforma em relatórios a Contabilidade de uma empresa.

Como se isso não fosse suficiente, encontram-se ainda empresas de processamento de dados que, em algumas horas, preparam, calculam, analisam e fornecem relatórios para as empresas clientes. Os serviços prestados não se restringem à Contabilidade, pois também são úteis à Folha de Pagamentos, Cobrança, Controle de Estoque etc. Basta preencher uma planilha e, diariamente, a empresa terá dados processados referentes à Contabilidade, Contas a Receber, Contas a Pagar etc.

A princípio, pode-se dizer que o computador pressupõe a existência de grandes quantidades de lançamentos a serem feitos e grande volume de negócios. Todavia, com o advento do microcomputador, a realidade é outra. Basta haver necessidade de rapidez na tomada de decisões para motivar a existência de um micro, cujo custo é relativamente barato; seu benefício, no entanto, é visivelmente elevado. Suponha uma farmácia com um teclado de microcomputador no balcão; seus funcionários podem teclar o código de cada remédio vendido e no final do dia o proprietário tem as seguintes informações: custo dos remédios vendidos, lucro bruto do dia, remédios mais vendidos, posição do seu estoque, estoques baixos, remédios que não são vendidos, enfim, um elenco de dados consideráveis para a tomada de decisão (além de fornecer dados para a Contabilidade).

> As grandes novidades nesta área são os *softwares* contábeis, integrados com custos, orçamentos, folha de pagamento, setor financeiro... são eficientes e de simples operacionalização.

DISPOSIÇÕES SOBRE A ESCRITURAÇÃO MERCANTIL

Entendem-se por escrituração mercantil os registros contábeis realizados no *Diário*. Tais registros são obrigatórios e determinados pela legislação comercial brasileira.

De maneira geral, o pequeno empresário está dispensado da escrituração, isto é, a microempresa e as empresas que trabalham à base de lucro presumido não precisam apresentar escrituração mercantil para fins de Imposto de Renda. (Considera-se pequeno empresário, para efeito de aplicação do disposto no art. 970 do Código Civil, o empresário individual caracterizado como Microempreendedor Individual (MEI), art. 68 da Lei Complementar nº 123/06.)

Conforme a legislação comercial, todavia, essas empresas não estão dispensadas da escrituração mercantil.

Para as empresas que fazem a escrituração mercantil, ressaltam-se alguns aspectos, conforme o Decreto nº 64.567, de 22/5/1969, que regulamenta dispositivos sobre esse assunto. Atualmente, o Código Civil estabelece regras de escrituração.

ESCRITURAÇÃO RESUMIDA DO DIÁRIO

Admite-se a escrituração resumida do Diário, por totais, desde que tal período não exceda um mês, e que para as contas cujas operações sejam numerosas ou realizadas fora da sede do estabelecimento sejam utilizados *livros auxiliares* para registro individualizado e se conservem os documentos que permitem sua perfeita verificação.

Essa é a razão do Diário Geral e de seus livros auxiliares. Observa-se que o Razão também tem seus livros auxiliares (Razão Analítico). Os auxiliares do Diário são livros oficiais que permitem uma Contabilidade mais minuciosa e informativa. Como exemplos de diários auxiliares, podem-se citar:

- Se o volume de pagamentos e recebimento no Caixa é muito grande, pode ser instituído um livro *Diário Auxiliar de Caixa*.
- Se o volume é maior ainda, pode-se instituir um *Diário Auxiliar de Recebimentos e outro de Pagamentos*.
- Se ocorre muita movimentação bancária, pode-se ter um *Diário Auxiliar de Bancos*.
- Se a quantidade de fornecedores é muito numerosa e os fornecimentos constantes, pode-se ter um *Diário Auxiliar de Fornecedores*.
- Se isso ocorre com clientes, então é conveniente que seja usado um *Diário Auxiliar de Clientes*, que também pode ser desdobrado em *Diário Auxiliar de Vendas* e *Diário Auxiliar de Recebimentos* (este livro já foi mencionado no segundo item como um possível desdobramento do Diário Auxiliar de Caixa).

ERROS NO DIÁRIO (APENAS PARA ILUSTRAÇÃO)

A escrituração deve ser completa, realizada em moeda e idioma correntes nacionais, com individualização e clareza, por ordem cronológica de dia, mês e ano, sem intervalos em branco, nem entrelinhas, borraduras, rasuras, emendas e transportes para as margens.

Observação: permite-se o uso de código de números ou abreviaturas, desde que constem de livro próprio, regularmente registrado.

Os erros cometidos serão corrigidos por meio de lançamentos de *estorno*, que retificam sem apresentar rasuras no Diário.

Figura 14.3 O livro Diário não pode ser rasurado

Suponha que uma empresa tenha adquirido um equipamento, à vista, por $ 8.000. O contador, todavia, por engano, lançou $ 80.000 (Figura 14.4).

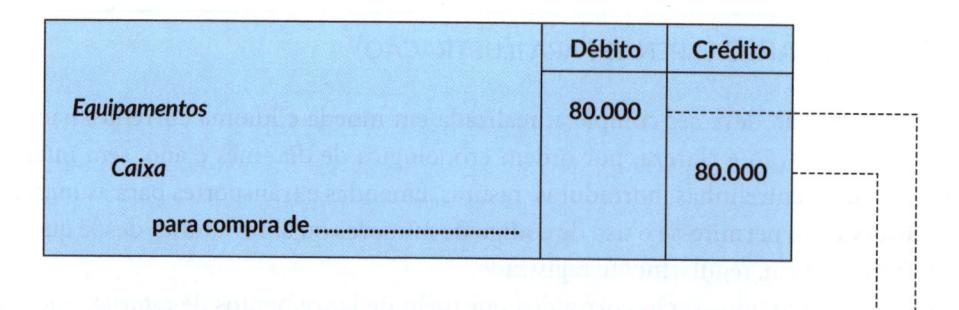

	Débito	Crédito
Equipamentos	80.000	
Caixa		80.000
para compra de		

A retificação seria um novo lançamento com a inversão das contas e a atribuição do valor indevidamente lançado.

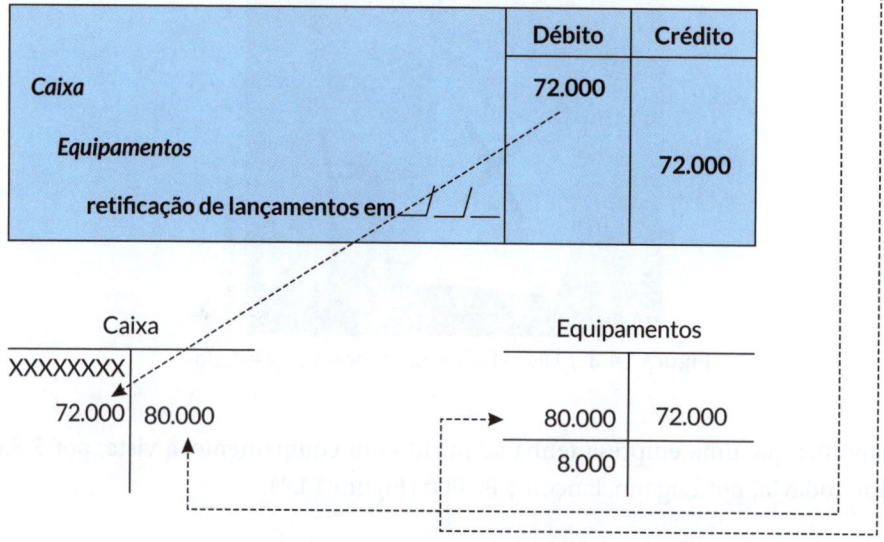

	Débito	Crédito
Caixa	72.000	
Equipamentos		72.000
retificação de lançamentos em __/__/__		

Caixa		Equipamentos	
XXXXXXXX		80.000	72.000
72.000	80.000	8.000	

Figura 14.4 Exemplo de erro e retificação

Outro ajuste que poderá existir é a complementação, quando o valor for registrado a menor. Assim, repete-se o lançamento com o valor complementar. Admita, agora, que o valor lançado pelo contador foi $ 800 em vez de $ 8.000. Observe a Figura 14.5.

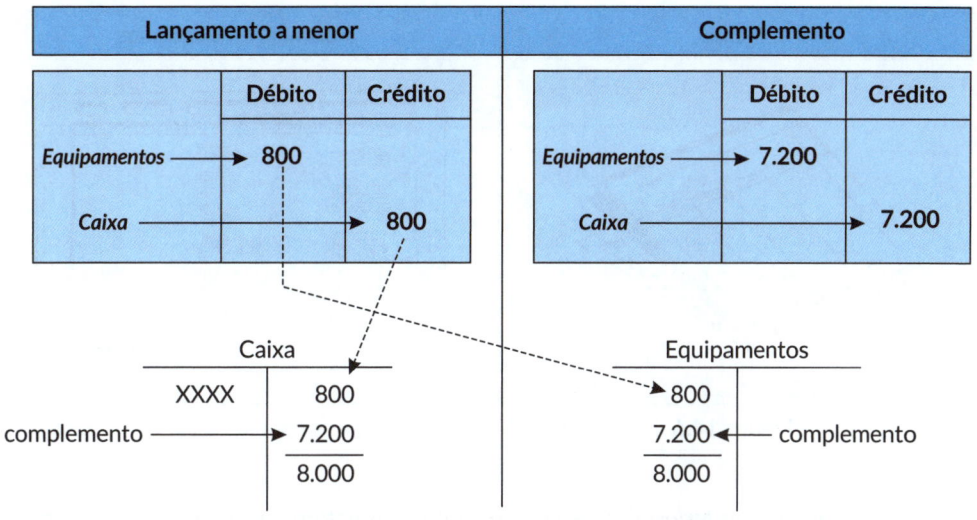

Figura 14.5 Exemplo de complementação

FICHAS E FORMULÁRIOS CONTÍNUOS

O livro Diário e seus auxiliares devem ser autenticados por órgãos públicos competentes (JUCESP, cartórios etc.), com termos de abertura e de encerramento, lançados, respectivamente, na primeira e na última páginas úteis.

O livro Diário pode ser substituído por *fichas* quando a escrituração for mecanizada (nesse caso, é possível escriturar o Diário e o Razão simultaneamente). *As fichas podem ser soltas ou contínuas.*

As fichas soltas (ou avulsas) devem ser numeradas tipograficamente e os termos lançados na primeira e na última ficha de cada conjunto.

As fichas contínuas podem ser em forma de sanfona, em blocos, com subdivisão, numeradas mecânica ou tipograficamente por dobras; é vedado, porém, o destaque das mesmas. Os termos são apostos no anverso da primeira página e no verso da última dobra de cada bloco que receberá número de ordem.

O *formulário contínuo* foi introduzido com o advento do computador. Apesar de equiparado às fichas contínuas, não é autenticado previamente em virtude de sua grande extensão. Assim, após processado eletronicamente, será destacado e encadernado em forma de livro e submetido à autenticação. Ilustramos as fichas e os formulários contínuos na Figura 14.6.

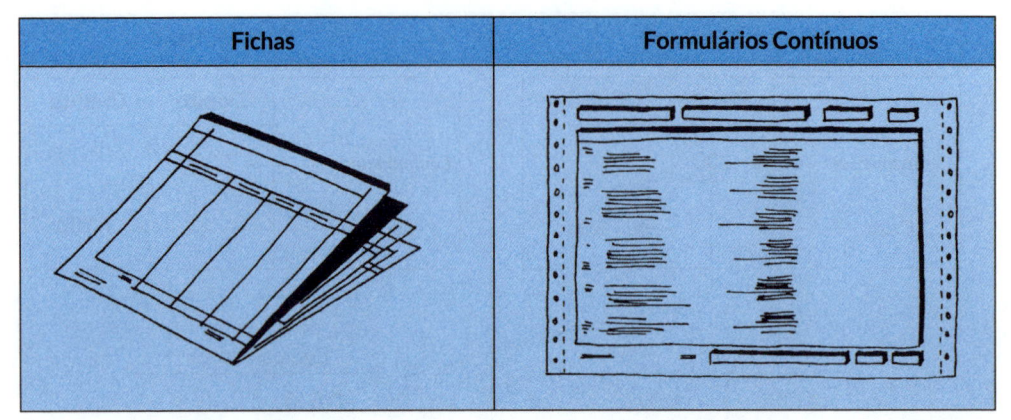

Fichas	Formulários Contínuos

Figura 14.6 Ilustração de fichas e formulários contínuos

A autenticação *a posteriori* é possível, portanto, somente para os formulários contínuos processados eletronicamente. Os livros e as fichas devem ser autenticados antes da escrituração.

Normalmente, nas capitais essa autenticação é feita na Junta Comercial; no interior, tal função é delegada aos cartórios distribuidores da Comarca; para a sociedade civil ou empresa sem fins lucrativos, as autenticações são realizadas no Cartório de Registro Civil.

Quando a escrituração é realizada por meio de fichas, a empresa deve adotar livro próprio para inscrição do Balanço Patrimonial (balancetes e Demonstração do Resultado do Exercício) e mandar autenticá-lo por órgão competente.

SOFTWARE CONTÁBIL

Ao longo do tempo, o contador contou com diversas ferramentas de apoio para auxiliá-lo em suas tarefas contábeis. Como já vimos, tais ferramentas vão desde a calculadora, passando pelas máquinas contábeis mecanizadas, até mais recentemente o computador.

O aumento de complexidade, variedade e volume das operações realizadas nas organizações tem sido significativo ao longo da história. Parte disso foi provocada pelas mudanças ambientais, políticas e sociais que afetaram as instituições e, por extensão, o contador e sua forma de trabalhar.

Nesse contexto, o *software* contábil, adicionado ao computador, tornou-se ferramenta indispensável para manipulação, classificação, ordenação, cálculo e impressão de documentos, no volume e complexidade hoje requeridos.

Softwares-aplicativos são programas de computador desenvolvidos por programadores de sistemas em informática. Esses técnicos, após analisarem as tarefas do cotidiano de determinado setor (Contabilidade, por exemplo), escrevem um *software* (programa) para automatizar, simplificar e racionalizar a execução daquelas tarefas. Um dos resultados mais visíveis do uso de *software* na execução de tarefas contábeis é que o profissional contábil fica livre de tarefas manuais e tem mais tempo para aplicar em tarefas intelectuais.

Levando-se em conta que as instituições modernas estão exigindo novos papéis a serem desempenhados pelo profissional contábil, fica difícil imaginar o funcionamento de uma Contabilidade, seja no setor público ou privado, sem o apoio dos programas de computador.

Os investimentos necessários para ter um *software* de Contabilidade profissional de qualidade, instalado e funcionando corretamente em um computador, são relativamente altos. Apesar do fato de os preços de *software* (programas) e *hardware* (máquinas) estarem caindo a cada ano, eles são ainda pouco acessíveis a estudantes e iniciantes em Contabilidade.

Felizmente, algumas empresas de *software* oferecem facilidades para que estudantes e instituições de ensino tenham acesso a *software* de qualidade profissional para fins de ensino e aprendizado. Uma delas é a Alterdata, que oferece um *software on-line* de serviços de gerenciamento contábil e escrituração fiscal a um preço acessível.

A licença acadêmica do *software* profissional também é oferecida por vários fornecedores no mercado de *software*, normalmente em opções: (a) pessoa física (pessoal), estudantes e professores; (b) pessoa jurídica (institucional) para escolas. A licença pessoal permite a alunos ou professores instalar o *software* em seus microcomputadores pessoais. A licença institucional permite que escolas instalem o *software* em seus laboratórios de informática.

Esses *softwares*, na qualidade de *sistemas* profissionais, oferecem uma série de facilidades para os usuários acadêmicos, como a interatividade em rede entre alunos e professores, para a formulação de problemas e avaliação de exercícios.

Alguns desses *softwares* têm seu *design* totalmente compatível e integrado com outras ferramentas líderes e padrões do mercado. Editores de texto, planilhas eletrônicas, formatos dos documentos compatíveis com os processadores de texto, a troca e o compartilhamento de trabalhos realizados, exploração de recursos da Internet etc. são vantagens que esses *softwares* apresentam.

CONTABILIDADE DIGITAL

Como já vimos, o livro Diário e os demais livros comerciais poderão ser escriturados por sistema de processamento eletrônico de dados, formulários contínuos.

O advento dos sistemas de processamento eletrônico de dados permite efetuar a escrituração contábil automaticamente por esses centros de processamento à medida que as operações vão acontecendo.

A Contabilidade digital é um passo à frente no sentido de padronizar os registros de escrituração contábil e digital. Na verdade, é um esforço do governo em implantar esse sistema para combater a sonegação e ter maior controle.

Com isso, se criaram a Nota Fiscal Eletrônica, certificados digitais (assinaturas digitais, transações eletrônicas seguras e, o mais importante, o SPED – Sistema Público de Escrituração Digital), que unifica a recepção, validação, armazenamento e autenticação de livros e documentos que integram a escrituração comercial e fiscal utilizando um fluxo único, via computador.

Assim, os livros e documentos são emitidos de forma eletrônica.

Com a criação do SPED, a Contabilidade digital está dividida em Escrita Contábil Digital (ECD), que representa a Contabilidade societária das empresas, e a Escrita Fiscal Digital (ECF), que consiste em ajustes necessários para apuração do Lucro Real (Fiscal). As exigências para a elaboração da Escrita Contábil Digital estão dispostas no Comunicado Técnico Geral 2001 do Conselho Federal de Contabilidade que, entre outras regras, estabelece que os livros Diário e Razão são constituídos de um conjunto único de informações. Ainda que o SPED tenha natureza fiscal, certamente será de grande contribuição à Contabilidade moderna.

A ITG 2000 – Escrituração Contábil destaca no seu item 17 que, no caso de escrituração contábil em forma digital, não há necessidade de impressão e encadernação em forma de livro, porém deve ser mantido pelas empresas o arquivo magnético autenticado pelo registro público competente.

Palavras-chave

Escrituração mercantil: escrituração contábil realizada no Diário. Essa expressão é usada pela legislação comercial brasileira que dispõe sobre a forma adequada da escrituração.

Ficha tríplice: conjunto de fichas em três vias, com cores diferenciadas, destinadas à datilografia (processo maquinizado); as 2ª e 3ª vias são utilizadas como Razão; a 1ª via, como Diário.

Livros auxiliares: livros que detalham a escrituração mercantil. São constituídos de acordo com a quantidade de lançamentos: quanto maior for a repetição de determinados registros, mais interessante é adequá-los a um único livro, o que facilita o controle e a anotação de dados esclarecedores. Os livros auxiliares podem ser do Diário (livro oficial – autenticado) e do Razão (considerado extraoficial – sem autenticação).

Lucro presumido: lucro estimado, aproximado; o Imposto de Renda determina, em média, que o lucro presumido seja calculado multiplicando um percentual sobre a Receita Bruta.

Sistemas contábeis: entre os diversos enfoques, podem ser entendidos como formas de escrituração: *manual* (manuscrito), *maquinizado* (datilografado), por *copiagem*, *mecanizado* (equipamentos contábeis adaptados), por *decalque a máquina* e *eletrônico* (computador).

Sociedade civil: normalmente, empresa prestadora de serviços ou empresa sem fins lucrativos. Difere das *sociedades comerciais,* que operam com mercadorias ou produtos.

Vouchers **ou** *slips:* fichas de lançamentos; espécies de rascunhos em que são feitos lançamentos antes do registro definitivo no Razão e no Diário. Substituem com vantagens o antigo *borrador* (livro para rascunho).

Perguntas e Respostas

1. O que é ERP?

Enterprise Resource Planning (ERP), ou Planejamento dos Recursos Corporativos, é um sistema que contempla praticamente todos os processos administrativos comuns da empresa, que estão "enlatados" no sistema na forma de regras de negócio baseadas nas "melhores práticas de mercado". Tem como objetivo a consolidação e consistência dos dados no nível corporativo e não departamental; não tem como objetivo a otimização máxima dos processos de um ou outro departamento, e sim da empresa em sua totalidade.

2. O que é um *software* de gestão contábil?

Normalmente, por meio de uma única entrada de dados em sistema *on-line*, abastece-se toda a rede de informações dos departamentos contábeis, fiscal, pessoal e financeiro. Possui todas as informações fisco-legais, gerando automaticamente todas as obrigações principais e acessórias.

A partir da implantação do *software* contábil a empresa passa a obter benefícios e resultados, tais como:

- maior agilidade no fechamento contábil;

- visão total da situação econômica da empresa, por meio de seus balanços;

- informações precisas sobre as despesas por centro de custo;

- controle orçamentário;

- aspectos legais, fiscais etc.

O sistema contábil é constituído para efetuar gestão central e/ou descentralizada, tendo como funções básicas: plano de contas, Diário, Razão, balancetes, demonstrações contábeis, orçamento, bancos, livros fiscais etc.

Além disso, esses tipos de *software* são integrados à gestão empresarial, apoiando todos os tipos de decisões que envolvem faturamento, compras, vendas, produção, setor financeiro etc.

3. Com o advento do computador e dos *softwares* de gestão contábil, o contador não ficará desempregado?

Não. Ninguém faz o curso superior de Contabilidade para exercer a atividade de escriturador contábil como na época da Contabilidade manual ou maquinizada.

Hoje, o perfil do profissional contábil é o de gerente da gestão contábil, gerente do sistema de informação da empresa.

Cada vez mais o contador está envolvido com o sistema decisorial da empresa, desde o planejamento estratégico (já se fala em Contabilidade Estratégica), orçamento, até os relatórios contábeis, com auditoria, análise financeira, análise das variações (envolvendo a Contabilidade de Custos, índices padrões etc.), controladoria etc. Os ajustes e a formatação de novos relatórios, principalmente para atender às necessidades dos administradores (Contabilidade Gerencial), cada dia é mais premente.

4. O SPED é tratado apenas como uma ferramenta fiscal?
Não. Podemos pensar no SPED (Sistema Público de Escrituração Digital) como SPED contábil, como a substituição dos livros da escrituração mercantil pelos seus equivalentes digitais. Na verdade, o SPED (escrituração digital) substitui os livros Diário e Razão em papel.

Atividades Sugeridas

Tarefa 14.1 Pesquise na área de Direito Empresarial todos os artigos do atual Código Civil que falem de escrituração e sistemas de escrituração. Arquive em sua pasta.

Tarefa 14.2 Pesquise sobre *softwares* contábeis. Arquive anúncios, folhetos ou informações sobre esse assunto.

Tarefa 14.3 Um dos livros contábeis facultativos para a empresa, mas de real importância, é o livro Caixa, utilizado para registrar todas as entradas e saídas de dinheiro da empresa. Utilizando esse livro, é possível a qualquer momento a empresa saber o saldo de seu caixa, bem como controlar melhor essa importante conta.
Arquive uma folha do livro Caixa, também denominado "Movimento do Caixa".

Exercícios

1 Associe os números da coluna da esquerda com a coluna da direita:

1. Sistema manual   ( )   Ficha tríplice
2. Escrituração mercantil   ( )   Rapidez nas decisões
3. Dispensado da escrituração mercantil   ( )   Microempresário
4. Lucro presumido   ( )   *Slips*

5.	Sistema maquinizado	( ) Sistema Público e Escrituração Digital
6.	Escrituração resumida do Diário	( ) Diário auxiliar de caixa
7.	Livro auxiliar do Diário	( ) Mensal
8.	SPED	( ) Registros Contábeis no Diário
9.	Estorno	( ) Elaboração simultânea: Diário/Razão
10.	Sistema mecanizado	( ) % × a Receita Bruta
11.	Sistema eletrônico	( ) Instrumentos simples: canetas, livros
12.	*Voucher*	( ) Correção de erros no Diário

2 SISTEMAS CONTÁBEIS – faça uma comparação entre os sistemas manual, maquinizado, mecanizado e eletrônico, indicando vantagens e desvantagens.

SISTEMAS CONTÁBEIS	MANUAL	MAQUINIZADO	MECANIZADO	ELETRÔNICO
Vantagens	....	....	....	....
Desvantagens	....	....	....	....

3 RETIFICAÇÃO DE ERRO – explique como será retificado um erro efetuado no Diário Geral da empresa Crescente S.A., sendo que o valor de Vendas lançado foi de $ 1.000, e não $ 10.000, que seria o correto. Houve o crédito de Vendas e o débito de Duplicatas a Receber.

Retificação: complementar

Duplicatas a receber		Vendas	
1.000			1.000

4 O SPED Contábil visa à substituição da emissão dos livros Diário e Razão em papel pela escrituração digital. Qual a vantagem disso?

5 O que é ECD?

15

Ativo Não Circulante, *Leasing* e Depreciação

Piada de mau gosto?

Um balonista, perdido na neblina, desce num grande campo onde vê um homem caminhando.
"Por favor, onde eu estou?", ele grita.
"Na cesta de um balão no meio de um campo gramado", vem a resposta.
O balonista então diz: "Você deve ser um contador formado." "Sou, mas como você sabe?" "Porque o que você respondeu está impecavelmente correto, mas é, às vezes, inútil!" Injusto e indelicado, possivelmente, mas com uma ponta de verdade (?)

mangsaab | iStockphoto

> O McDonald's é hoje o maior proprietário individual de imóveis do mundo, superando até a Igreja Católica. Os melhores pontos comerciais do mundo são desta rede de franquias de hambúrguer. A marca McDonald's está entre as dez mais importantes do mundo. Os imóveis, a localização (ponto comercial), a marca, a clientela são atributos que, quando contabilizados, aparecerão no Ativo Não Circulante.

O Ativo Não Circulante divide-se em quatro grupos: Realizável a Longo Prazo, Investimentos, Imobilizado e Intangível. Analisaremos mais cuidadosamente o Imobilizado por ser o grupo mais relevante e representativo do Ativo Não Circulante.

IMOBILIZADO

NATUREZA DO ATIVO IMOBILIZADO

Entende-se por Ativo Imobilizado todo ativo tangível de natureza relativamente permanente, que se utiliza na operação dos negócios de uma empresa e que não se destina à venda. Podemos diferenciar, no conceito dado, três afirmações importantes que devem coexistir para que possamos classificar um Ativo Imobilizado. Isso quer dizer que não basta que tenhamos apenas uma ou duas características: são necessárias três características, concomitantemente:

> a) natureza relativamente permanente (vida útil longa, acima de um ano);
> b) ser utilizado na operação dos negócios (atividade principal da empresa);
> c) não se destinar à venda (mas para uso, trazendo benefícios econômicos).

Dizemos que é de natureza *relativamente* permanente, porque praticamente nenhum bem (exceto Terrenos) possui vida ilimitada dentro da empresa, sofrendo desgaste com o uso e, com o passar do tempo, obsolescência. Isso tanto é verdade que a própria lei reconhece e autoriza as empresas a contabilizarem tais desgastes, como teremos oportunidade de estudar quando discutirmos Depreciação.

Assim, o edifício da fábrica, por exemplo, constitui um ativo imobilizado, pois possui, concomitantemente, as três características mencionadas: é uma propriedade relativamente permanente, é utilizada na operação dos negócios e não se destina à venda.

Um bem pode ser considerado Ativo Imobilizado em uma empresa e não ser assim considerado em outra, cujas características de negócios sejam diferentes. Por exemplo:

> a) Edifícios são considerados Ativo Imobilizado para uma indústria que os utiliza como sede, fábrica, escritório. Porém, os de propriedade de uma companhia imobiliária ou de uma incorporadora *não* são considerados Ativos Imobilizados, pois se destinam à venda.

b) Veículos, em uma companhia de transportes, são considerados Ativos Imobilizados, enquanto na empresa automobilística os veículos destinados à venda são considerados Ativos Circulantes.

c) Da mesma forma, as máquinas e as grandes prensas utilizadas nas companhias automobilísticas, de estamparia e outras são consideradas Imobilizado, não o sendo, entretanto, para as indústrias que as produzem.

De maneira geral, os bens podem ser classificados como veremos a seguir.

Bens tangíveis (corpóreos)

São os que têm uma substância concreta e que podem ser tocados, palpados. Exemplos:

a) *Sujeitos à Depreciação*: edifícios e equipamentos.
b) *Não sujeitos à Depreciação*: terrenos e obras de arte.
c) *Sujeitos à Exaustão*: reservas minerais e florestais.

Observação: conceitos de Depreciação, Amortização e Exaustão serão vistos à frente.

Bens intangíveis (incorpóreos)

Os bens intangíveis, não corpóreos, de acordo com a Lei nº 11.638/07, foram excluídos do Imobilizado; passam agora para o novo grupo chamado Intangível.

Como a palavra sugere, são os ativos que não têm substância física e que, sem serem abstratos, não podem ser tocados, palpados, mas podem ser comprovados. Os exemplos principais são:

1   *Marca de Indústria e Comércio.*
2   *Fundo de Comércio* (Goodwill). Consiste na reputação da empresa e no ambiente em que ela atua. A determinação do valor do Fundo de Comércio e sua associação com as futuras receitas e os futuros períodos que serão beneficiados são alguns dos problemas que têm merecido as mais diversas soluções, como todos sabemos. Em alguns empreendimentos, o valor do Fundo de Comércio é determinado como o valor pago a maior pelo Ativo de uma empresa adquirida.
3   *Outros Intangíveis*: Ponto Comercial, Direitos Autorais, Isenções ou Licenças de Exploração, Patentes relativas a Invenções, Direitos Legais ou Contratuais.

Atualmente, alguns autores têm tratado o Intangível da empresa como capital intelectual, parte invisível, difícil de ser avaliado. No entanto, para convergir com as normas internacionais de contabilidade (IAS 38), o Comitê de Pronunciamentos Contábeis (CPC) definiu o tratamento contábil dos ativos intangíveis no CPC 04(R1).

ITENS QUE COMPÕEM O ATIVO IMOBILIZADO (TANGÍVEL)

- terrenos (realmente utilizados pela empresa);
- edifícios (da mesma forma que terrenos);
- instalações (integradas aos edifícios: hidráulicas, contra incêndios, elétricas, sanitárias etc.);
- máquinas e equipamentos (para realizar a atividade da empresa);
- móveis e utensílios (mesas, cadeiras, computadores, arquivos etc.);
- veículos (de utilização para cargas, para vendas, para administração etc.);
- ferramentas (com vida útil superior a um ano);
- benfeitorias em propriedades arrendadas (construções, instalações etc. em prédios de terceiros).

LEASING

Há duas formas de *Leasing* (ou Arrendamento Mercantil): Financeiro e Operacional. Ambos são semelhantes ao aluguel. O arrendador (ou locador) transfere o bem para o arrendatário (ou locatário). O arrendatário/locatário paga o aluguel ao arrendador/locador pelo uso do bem por determinado tempo.

No caso do *Leasing* Financeiro (aluguel de máquinas, veículos, aviões etc., onde o arrendatário tem intenção de ficar com o bem ao término do contrato), até 2007 era contabilizado como Despesa na DRE. A partir de 2008, o arrendatário passa a contabilizar o bem como Ativo e a dívida como Passivo (Pronunciamento Técnico CPC 06), como um Financiamento.

No caso do *Leasing* Operacional (o caso mais comum são aluguéis de imóveis e veículos), até 2019 era contabilizado como Despesa pelo locatário. Para as empresas de grande porte, a partir de 2020, os bens alugados passam a ser contabilizados como Ativo à contrapartida como Passivo. Em ambos os casos, *Leasing* Financeiro e Operacional, para fins fiscais, os aluguéis e as prestações continuam sendo lançados como Despesa.

MANUTENÇÃO E REPAROS NO ATIVO IMOBILIZADO

A princípio, observamos que uma característica do Ativo Imobilizado é vida relativamente longa. Pode-se entender como longa uma vida útil superior, pelo menos, a um ano. Assim, se adquirirmos uma ferramenta (normalmente Imobilizado), cuja vida útil seja inferior a um ano (por exemplo, quatro meses), contabilizaremos como *despesa do período* (DRE), pois só beneficiará a empresa por um exercício, não sendo, portanto, classificada no Imobilizado.

A Lei nº 11.638/07, que alterou a Lei nº 6.404/76, de acordo com o seu art. 179, item IV, conceitua o Ativo Imobilizado como: "os direitos que tenham por objeto <u>bens corpóreos</u> destinados à manutenção das atividades da companhia ou da empresa ou exercidos com essa finalidade, inclusive os decorrentes de operações que transfiram à companhia os benefícios, riscos e controle desses bens".

Quanto aos bens classificados no Imobilizado (vida útil superior a um ano), temos que incorrer com certos gastos para mantê-los ou recolocá-los em condições normais de uso. Esses gastos são denominados Manutenção e Reparos.

Gastos de Manutenção e Reparos normalmente não aumentam a vida útil do bem ou a capacidade de produção. Por isso, é comum contabilizar tais gastos como despesas ou custos.

MELHORIAS NO ATIVO IMOBILIZADO

Por meio de uma reforma ou substituição de partes do bem que contribua para o aumento da vida útil ou da capacidade produtiva, há a ocorrência de Melhoria no Ativo Imobilizado.

Nesse caso, adicionaremos o custo da melhoria ao valor do bem.

IMOBILIZAÇÕES EM ANDAMENTO

Deverão constar do Imobilizado certas imobilizações que se encontram em formação (andamento) e no futuro entrarão em uso para a empresa: construções de prédios em andamento; construções de máquinas (para uso da empresa) em andamento; importações em andamento de bens imobilizados; adiantamento a fornecedores de bens imobilizados etc.

SUBTRAÇÕES DO IMOBILIZADO

DEPRECIAÇÃO

A maior parte dos Ativos Imobilizados (exceção feita praticamente a Terrenos e Obras de Arte) têm vida útil limitada, ou seja, serão úteis à empresa por um conjunto de períodos finitos, também chamados Períodos Contábeis. À medida que esses períodos forem decorrendo, dar-se-á o desgaste dos bens, que representam o custo a ser registrado.

O uso do Ativo Imobilizado é destacado como uma Despesa[1] nos períodos contábeis em que o Ativo é utilizado pela empresa. O processo contábil para essa conversão gradativa do Ativo imobilizado em Despesa chama-se *Depreciação*. A Depreciação é uma Despesa, porque todos os bens e serviços consumidos por uma empresa são Despesas.

---

[1] Despesa no sentido amplo. Porém, no sentido restrito, podemos chamar de Custos, por exemplo, os bens de produção de uma Indústria.

Poderá ser computada como Despesas, em cada exercício, a importância correspondente à diminuição do valor dos bens do Ativo Imobilizado resultante dos desgastes por uso, ação da natureza e obsolescência.[2]

Depreciação perante o imposto de renda[3]

Para efeito de Imposto de Renda, a Depreciação não é obrigatória; todavia, é interessante que a empresa a faça para apuração do Lucro Real do exercício (pagando menos Imposto de Renda), apresentando um lucro mais próximo da realidade. Contudo, se o contribuinte deixar de depreciar num exercício, não poderá, no exercício seguinte, fazê-lo acumuladamente, em virtude do "princípio legal da independência dos exercícios (ou competência de exercícios)". A Depreciação efetuada fora do exercício em que ocorreu a utilização dos bens do ativo, bem como a Depreciação calculada a maior que as taxas permitidas, não é dedutível como custos, ou encargos, para fins do Imposto de Renda.

TAXA ANUAL DA DEPRECIAÇÃO

Para cálculo da taxa anual de Depreciação é necessário estimar a vida útil do bem, isto é, quanto ele vai durar, levando em consideração as *causas físicas* (o uso, o desgaste natural e a ação dos elementos da natureza) e as *causas funcionais* (a inadequação e o obsoletismo, considerando o aparecimento de substitutos mais aperfeiçoados).

Então, a taxa de Depreciação Anual é estabelecida em função do prazo de vida útil do bem a depreciar. Assim, se um bem pode ter a duração de cinco anos, admite-se uma taxa anual de 20%, isso porque a taxa anual corresponde à divisão de 100% pelo número de anos do prazo de vida útil do bem. Veja o Quadro 15.1.

Quadro 15.1 Taxas de Depreciação Anual fixadas pela Legislação do Imposto de Renda

Grupos de Bens do Imobilizado	% a.a.
Bens Móveis em geral	10
Edifícios e Construções	4
Biblioteca	10
Ferramentas	20
Máquinas e Instalações Industriais	10
Veículos em geral	20
Tratores	25
Computadores e periféricos	20

---

[2] *Obsolescência*: determinado equipamento fica obsoleto quando perde a competitividade, pois está superado por outro equipamento que produz o mesmo produto ou similar, com tantas vantagens ou com custos inferiores; tais vantagens tornam inviável a operação do equipamento obsoleto.

[3] Despesa no sentido amplo. Porém, no sentido restrito, podemos chamar de Custos, por exemplo, os bens de produção de uma Indústria.

DEPRECIAÇÃO ACELERADA

As taxas de Depreciação fixadas pela Legislação do Imposto de Renda são para uma jornada normal de trabalho (turno de 8 horas). Portanto, quando ocorre a adoção de dois ou três turnos de 8 horas, quanto aos bens móveis comprovadamente utilizados, poderão ser adotados os coeficientes de aceleração de 1,5, quando são dois turnos, e de 2,0, quando são três turnos. Isso porque é admissível que o uso intensivo do bem reduzirá sua vida útil.

Assim, se a empresa estiver trabalhando em dois turnos, a taxa de Depreciação será:

	Taxa Normal	×	Coeficiente	Taxa Acelerada
Para dois turnos:				
Máquinas:	10%	×	1,5	15%
Ferramentas:	20%	×	1,5	30%
.....	...	×	1,5	...
.....	...	×	1,5	...
Para três turnos:				
Máquinas:	10%	×	2,0	20%
.....	...	×	2,0	...
.....	...	×	2,0	...

Depreciação[4]

Os encargos de Depreciação, Amortização e Exaustão podem ser computados mensalmente, observado o seguinte critério:

Registro de 1/12 do encargo anual, em cada mês-calendário, se a empresa permanecer no regime mensal ou trimensal de apuração do lucro real.

Se a empresa optar por pagar o Imposto de Renda à base de estimativa (lucro presumido), poderá fazer o registro do encargo anual, em cada ano-calendário. Ressalte-se que, nesse caso, a Depreciação e outras despesas não entram no cálculo para Imposto de Renda, já que o lucro presumido é um percentual da Receita.

---

[4] No caso de Depreciação, não há desembolso (saída de Caixa), por isso tratamos como uma despesa econômica, e não financeira.

Nessa abordagem de Depreciação, estamos considerando, para fins didáticos, as Regras do Imposto de Renda (fins fiscais).

Porém, na prática, devemos depreciar os bens nos moldes do CPC 27, que entende como Depreciação "a alocação sistemática do valor depreciável de um Ativo ao longo de sua vida útil". Esse CPC trata dos conceitos de:

- Valor Depreciável: custo de um Ativo menos o Valor Residual.
- Valor Residual: valor estimado do bem no final dessa vida útil.
- Vida Útil: período de tempo que a empresa espera utilizar o seu Ativo.

Efeitos da Depreciação (DRE e BP)

O item Despesas de Depreciação é uma conta que deve figurar na Demonstração do Resultado do Exercício (DRE).

No Balanço Patrimonial (BP), a Depreciação aparece deduzindo o Imobilizado (conta retificativa).

Assim, como podemos observar na Figura 15.1, a "Cia. Moeda Estável" faz a *primeira Depreciação* de um veículo que lhe custou $ 200.000. Dessa forma, após a Depreciação (20%), teremos uma despesa (DRE) de $ 40.000 (o lucro será reduzido em $ 40.000) e uma diminuição no valor do veículo (BP) de $ 40.000, que passa a $ 160.000 ($ 200.000 (–) $ 40.000).

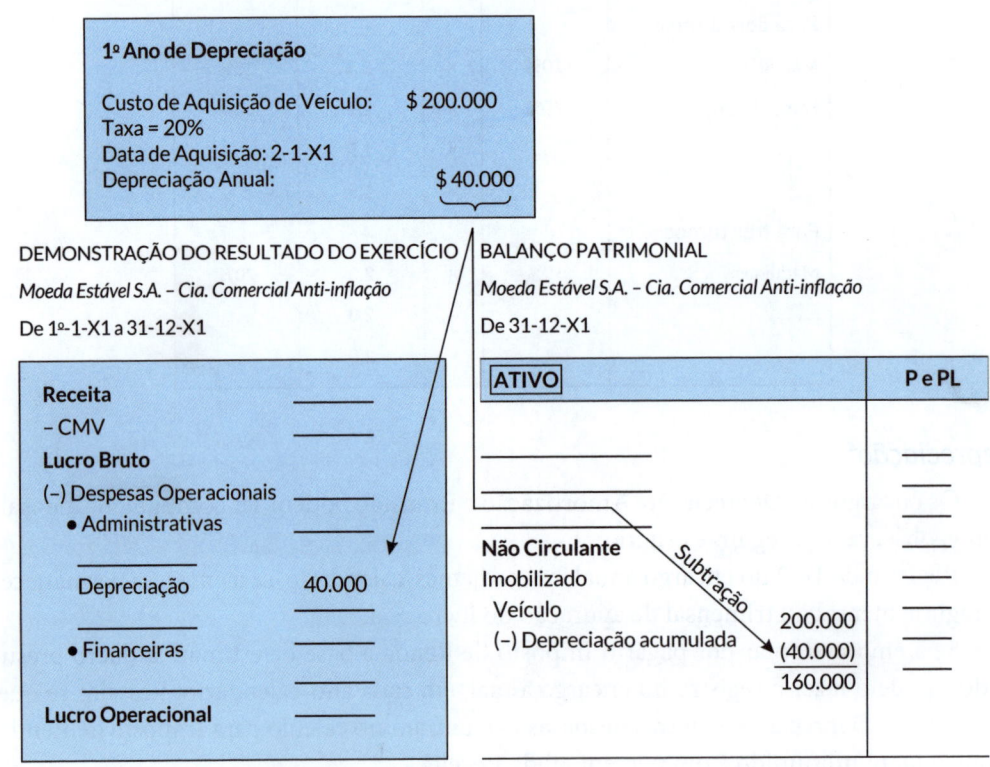

Figura 15.1 Moeda Estável S.A. – Cia. Comercial Anti-inflação (1ª Depreciação)

No segundo ano, faremos nova Depreciação no item Veículo. Teremos, então, uma nova despesa de $ 40.000 ($ 200.000 × 20%) na DRE, diminuindo o lucro do exercício. Assim como no primeiro ano, os $ 40.000 de Depreciação também irão reduzir o item Veículo no Imobilizado (BP). Só que, agora, não são apenas os $ 40.000 do segundo ano que reduzirão a conta de balanço, mas estes serão adicionados (acumulados) aos $ 40.000 do primeiro ano. Portanto, teremos uma Depreciação Acumulada de $ 80.000, reduzindo o Imobilizado, como vemos na Figura 15.2.

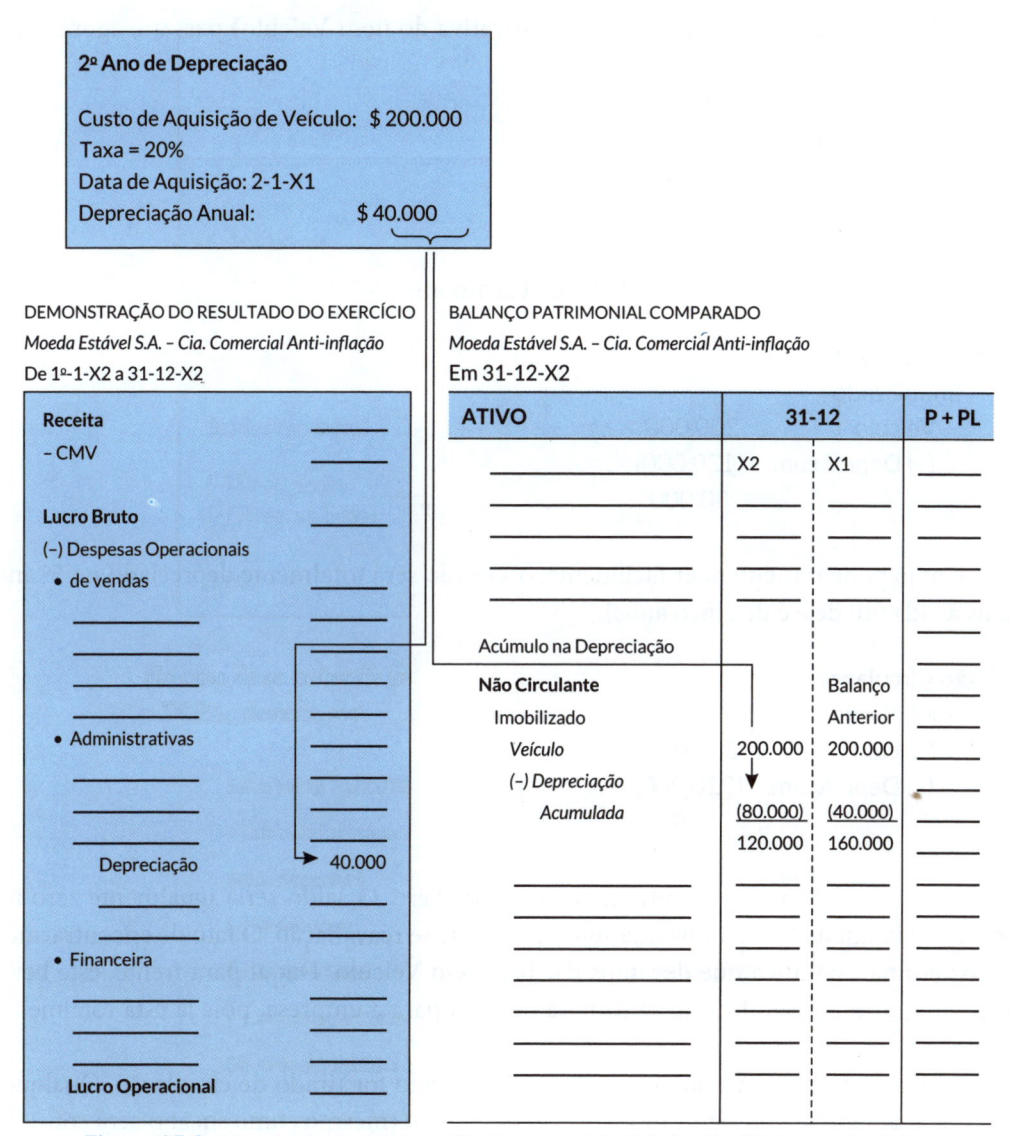

Figura 15.2 Moeda Estável S.A. – Cia Comercial Anti-inflação (2ª Depreciação)

Nesse exercício, estamos alocando a despesa de Depreciação para o grupo Despesas Operacionais. Se a Depreciação, entretanto, decorrer de bens da fábrica de uma indústria, ela será alocada no item Custo do Produto Vendido (primeiramente no Estoque).

No terceiro ano, faremos nova Depreciação no item Veículo. Teremos, então, uma nova despesa de $ 40.000 ($ 200.000 × 20%), que irá reduzir o lucro na DRE.

A Depreciação Acumulada (conta retificativa do item Veículo) passará, agora, para $ 120.000:

1º ano	40.000
2º ano	40.000
3º ano	40.000
	120.000

Por conseguinte, teremos, no Balanço Patrimonial:

Não Circulante
Imobilizado
    Veículo   200.000
    (–) Depr. Acum. (120.000)
                80.000

Como podemos entender facilmente, o Veículo será totalmente depreciado no 5º ano (pois a vida útil dele é de cinco anos):

Não Circulante
Imobilizado
    Veículo   200.000
    (–) Depr. Acum. (220.000)
                   0

No final do 5º ano, portanto, teríamos saldo zero. O saldo seria igualmente zero no final da vida útil do bem, ainda que sobre ele incidisse reavaliação. O fato de encontrarmos saldo zero não significa que devamos dar baixa em Veículo. Daqui para frente, este bem, se continuar funcionando, não se tornará despesa para a empresa, pois já está totalmente depreciado.

Só daremos baixa no momento em que o veículo for tirado de circulação. Qualquer preço que a empresa conseguir na alienação desse bem (mesmo como sucata) será considerado lucro, uma vez que seu custo é zero.

Baixa do Ativo Imobilizado

É o momento em que o Ativo é tirado do Balanço Patrimonial.

Normalmente, ocorre na oportunidade de sua venda ou quando o Ativo não tem mais perspectiva de trazer benefícios futuros.

Nesse momento, apura-se se a empresa teve ganho ou perda. Esse ganho ou perda é contabilizado na Demonstração do Resultado do Exercício.

Métodos de cálculo de Depreciação

Encontram-se, na literatura contábil, muitos métodos de Depreciação, dos quais podemos mencionar os seguintes:

a) Método da Linha Reta (quotas constantes).
b) Método das Taxas Fixas.
c) Método das Taxas Variáveis.
d) Método de Cole.
e) Método de Horas Trabalhadas.
f) Método de Unidades Produzidas.
g) Método da Depreciação Decrescente.
h) Métodos Especiais.

O Método da Linha Reta, um dos mais simples, oferece a vantagem da aceitação fiscal. Ele consiste no cálculo exemplificado na Figura 15.3.

Exemplo: *Veículo adquirido ao custo de $ 600.000, com vida útil estimada de 5 anos.*

Fórmula do Método da Linha Reta:

Depreciação do Período = Custo do Bem ÷ Vida Útil Provável

Demonstração: $\dfrac{600.000}{5 \text{ anos}} = 120.000$

Anos	Despesa de Depreciação	Depreciação Acumulada	Saldo Contábil
1	120.000	120.000	480.000
2	120.000	240.000	360.000
3	120.000	360.000	240.000
4	120.000	480.000	120.000
5	120.000	600.000	–0–
Total	600.000		

Figura 15.3 Método da Linha Reta

Deixaremos de abordar outros métodos, dado que a utilização prática, no momento, é muito reduzida em relação a tais métodos. Na verdade, a maioria esmagadora utiliza-se do Método da Linha Reta, considerando sua aceitação pelo Imposto de Renda.

Saldo contábil

No exemplo anterior, o valor residual foi igual a zero; no entanto, algumas empresas estimam um valor residual representando a quantia que será recebida pela venda do bem, quando ele não for mais útil. Esse saldo é conhecido como "valor residual contábil".

Admitindo a existência de um valor residual estimado de $ 20.000, no exemplo dado, teremos as seguintes modificações:

1. Na fórmula:

$$\text{Depreciação do Período} = \frac{\text{Custo do Bem} - \text{Valor Residual}}{\text{Vida Útil Provável}}$$

2. No cálculo da Depreciação do Período:

$$\frac{600.000 - 20.000}{5} = 116.000 \text{ por ano}$$

Conclusão: a utilização do Valor Residual diminui a despesa de Depreciação; portanto, aumenta o lucro do período. Sua prática é aceita pela legislação tributária.

Há certas situações em que o valor residual é imprescindível. O touro, para uma fazenda, é Imobilizado até o momento em que deixar de ser eficiente como reprodutor. O fato de ele não ser mais utilizado como reprodutor não significa que não valha mais nada, pois poderá ser vendido a um frigorífico, para abate. O valor residual será a estimativa de seu valor para abate no final de sua vida útil como reprodutor.

AMORTIZAÇÃO

Conceito

A Amortização corresponde à perda do valor do capital aplicado em Ativos Intangíveis. Assim, são amortizáveis os Ativos Intangíveis de duração limitada, ou seja: o Fundo de Comércio,[5] o Ponto Comercial, os Direitos Autorais, as Patentes e o Direito de Exploração.

---

[5] A Amortização de Fundo de Comércio (*Goodwill*) tem sido feita de modo mais consistente quando apoiada em estudos mercadológicos. Em alguns casos, a Amortização desse valor é bastante arbitrária.

Cálculo da Amortização

A Amortização do período é calculada de acordo com a seguinte fórmula:

$$\text{Amortização do Período} = \frac{\text{Valor do Direito}}{\text{n}^{\text{o}} \text{ de Período de Duração}}$$

Efeitos da Amortização

Os efeitos são semelhantes aos da Depreciação, porém, usam-se contas próprias. Exemplo:

> "Despesa de Amortização" e "Amortização Acumulada". Cabem, aqui, as mesmas considerações que foram feitas a respeito da Depreciação Acumulada referente a uma conta retificativa do Ativo, diminuindo o saldo do valor original até seu limite.

Não confundir Amortização de Intangível (a perda do valor do Ativo Intangível, contabilizada como despesa) com Amortização de Financiamento (pagamentos de parcelas de dívidas).

EXAUSTÃO

Conceito

A Exaustão corresponde à perda do valor decorrente da exploração de direitos cujo objeto sejam recursos minerais ou florestais, ou bens aplicados nessa exploração.

Aplicação do conceito

Ao contrário das propriedades que se deterioram física ou economicamente, os Recursos Naturais se esgotam. O esgotamento é a extinção dos recursos naturais e a Exaustão é a extinção do custo ou do valor desses recursos naturais (mina, floresta, poço petrolífero etc.).

Assim, à medida que se extingue o recurso natural, registra-se a Exaustão do valor desse recurso.

Cálculo da Exaustão

A Exaustão do período é calculada de modo semelhante à Amortização, assim como seus efeitos e demais considerações também aqui se aplicam. Se for previsto algum valor residual, deve-se considerar esse fato, como já foi explicado no caso da Depreciação. O cálculo do montante deve levar em conta:

a) os princípios de Depreciação, com base no custo de aquisição ou na proporção dos recursos minerais;
b) o volume da produção no ano;
c) a razão entre o potencial conhecido da mina e o volume de produção do período;
d) o prazo de duração do contrato, se preferida pela empresa essa base.

Ressalte-se que valor residual é bastante comum para o cálculo de Exaustão quando se adquire o terreno onde se encontram os recursos naturais a serem explorados. Assim, por exemplo, se a Cia. W adquire uma pedreira, o terreno onde está localizada a pedreira deverá, no cálculo da Exaustão, ser destacado, dado que, no final da exploração da pedreira, continuará como propriedade da Cia. W.

Preço pago pela Cia. W pela pedreira, com o terreno:	$ 12.900.000
Valor estimado do terreno por ocasião da compra:	$ 2.500.000
Prazo estimado para esgotamento total da pedreira:	7 anos

$$\text{Exaustão anual} = \frac{12.900.000 - 2.500.000}{7 \text{ anos}} = \$ 1.485.714$$

Recuperação de Ativos Permanentes (Impairment Test)[6]

A Lei nº 11.638/07 determina que a companhia deverá efetuar, periodicamente, análise sobre a recuperação dos valores registrados no Imobilizado e no Intangível, a fim de que sejam:

- registradas as perdas de valor do capital aplicado quando houver decisão de descontinuar os empreendimentos ou atividades a que se destinavam ou quando comprovado que não poderão produzir resultados suficientes para recuperação desse valor; ou
- revisados e ajustados os critérios utilizados para determinação da vida útil econômica estimada e para cálculo de Depreciação, Exaustão e Amortização.

O CPC emitiu o Pronunciamento Técnico CPC 01(R1) – Redução ao Valor Recuperável de Ativos, estabelecendo procedimentos que a entidade deve aplicar para assegurar que seus ativos estejam registrados contabilmente por valor que não exceda seus valores de recuperação, ou seja, que o seu valor contábil deva exceder o montante a ser recuperado pelo uso ou pela venda do Ativo. Especifica também que, estando o valor abaixo do recuperável, deverá reconhecer ajuste para perdas por desvalorização.

---

[6] Teste de *Impairment*, também conhecido como Avaliação de Recuperabilidade de Ativo.

Palavras-chave

Amortização: corresponde à perda de valor do capital aplicado em Ativos Intangíveis (marcas, patentes, fundo de comércio, direitos autorais) e em benfeitorias em propriedade de terceiros.

Depreciação: diminuição do valor dos bens do Ativo Imobilizado resultante dos desgastes por uso, ação da natureza ou obsolescência (tornou-se antiquado, perdeu a competitividade).

Exaustão: corresponde à perda de valor decorrente da exploração de direitos cujo objeto sejam recursos materiais ou florestais, ou bens aplicados nessa exploração.

Intangível: bens incorpóreos, sem corpo.

Tangível: bens corpóreos, físicos.

Perguntas e Respostas

1. Além da Depreciação, quais outras contas relevantes subtraem o Ativo?

   As duas contas subtrativas relevantes estão no Ativo Circulante, especificamente Duplicatas a Receber: provisão para devedores duvidosos e (duplicatas descontadas).

   Admita que a "empresa exemplo" vende $ 500.000 a prazo no mês. Conforme levantamento estatístico nos últimos 3 anos, a empresa não consegue receber toda venda a prazo, mas, em média, perde 5% referentes a maus clientes (*Devedores Duvidosos*).

   Ainda que tal provisão não seja dedutível para fins de Imposto de Renda, os princípios contábeis norteiam que o procedimento correto é fazer tal provisão (estimativa) com base estatística em períodos anteriores.

Balanço Patrimonial	
Ativo Circulante	
● Disponível	xxxxx
● Duplicatas a Receber	500.000
(–) Prov. Dev. Duvidosos	(25.000)
(–) Ajustes a Valor Presente[7]	(xxxxx)
● Estoques	xxxxx
● (–) Provisão de Valor de Mercado	―――
● ―――――	―――
Não Circulante	
● Realizável a Longo Prazo	―――
● (–) Ajustes a Valor Presente*	―――
● ―――――	―――
● ―――――	―――
● ―――――	―――
● ―――――	―――

Demonstração do Resultado do Exercício	
Receita	500.000
(–) Deduções	(xxxxx)
Receitas Líquidas	xxxxx
(–) CMV	(xxxxx)
Lucro Bruto	xxxxx
(–) Despesas Operacionais	
De vendas	(25.000)
Administrativas	(xxxxx)
Financeiras	(xxxxx)
Lucro Operacional	xxxxx

* Observação: Antigamente, aparecia subtraindo de Duplicatas a Receber, Desconto de Duplicatas.

Em termos de *Duplicatas Descontadas*, é comum empresas com necessidade de capital de giro negociarem "Duplicatas a Receber" com os bancos, antecipando o recebimento, porém descontando as despesas bancárias (juros, comissão bancária...): daí denominar-se desconto de duplicatas.

Atualmente, abre-se uma conta "Duplicatas Descontadas" no Passivo Circulante, para controle, pois se o cliente não honrar o compromisso com o banco, a empresa que descontou as duplicatas terá que liquidar junto ao banco o valor das Duplicatas a Receber.

---

[7] As Normas Brasileiras de Contabilidade orientam que tanto o Ativo quanto o Passivo, decorrentes de operações de Longo Prazo, devem ser ajustados a Valor Presente. Veja o Pronunciamento Técnico CPC 12 (exemplo no item 4 a seguir).

Também as Contas a Receber e a Pagar que vencerem a Curto Prazo serão avaliadas a Valor Presente se o <u>Efeito for relevante</u>.

Valor Presente é o Valor Futuro trazido para o momento atual. Considera o Valor do Dinheiro no tempo:

$$VP = VF (1 - i)^n$$

Em que:

VP = Valor Presente;

VF = Valor Futuro;

i = taxa de juros ou de desconto;

n = número de períodos.

2. Como se contabiliza a Provisão para Devedores Duvidosos?

Normalmente, a Provisão para Devedores Duvidosos se faz, nos ajustes, ao final do período X1. No período seguinte, X2, poderão acontecer três situações:

a) a perda com recebimento é menor que a prevista (ex.: 18.000);

b) a perda com recebimento é maior que a prevista (ex.: 30.000);

c) a perda com recebimento é igual ao que foi previsto (ex.: 25.000).

Constituição no Final do Período X1

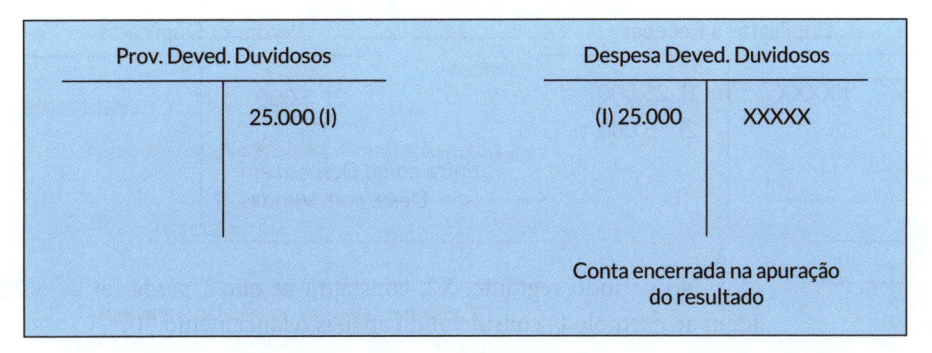

a) No período seguinte, X2, constatou-se que a perda foi de $ 18.000.

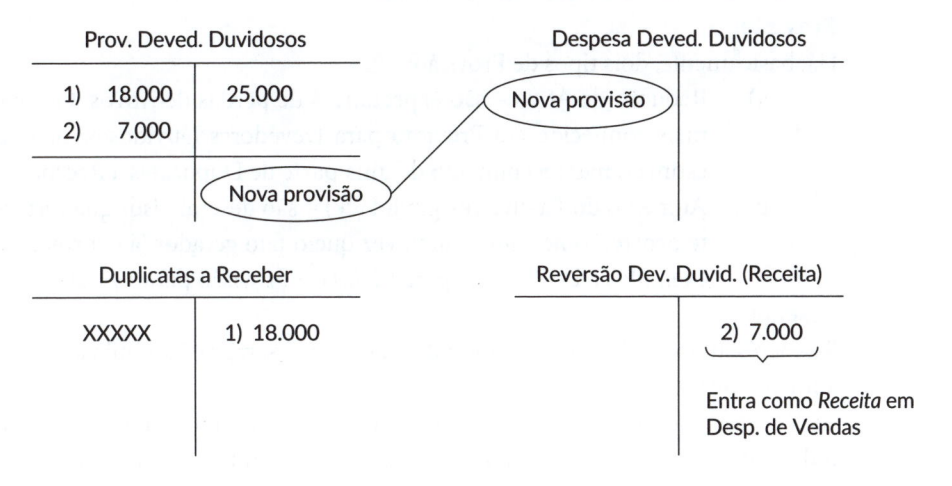

b)   No período seguinte, X2, constatou-se que a perda foi de $ 30.000.

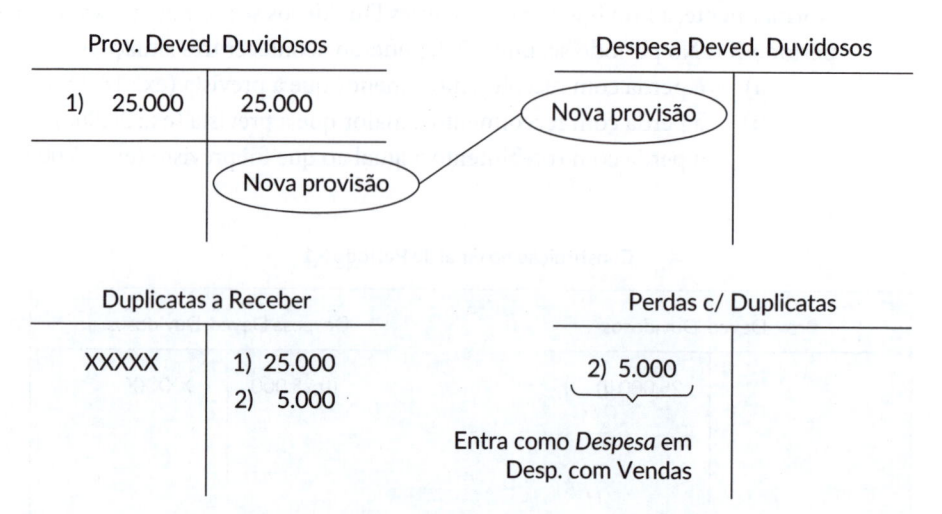

Prov. Deved. Duvidosos

| 1) 25.000 | 25.000 |

Nova provisão

Despesa Deved. Duvidosos

Nova provisão

Duplicatas a Receber

| XXXXX | 1) 25.000 |
| | 2) 5.000 |

Perdas c/ Duplicatas

2) 5.000

Entra como *Despesa* em
Desp. com Vendas

c)   No período seguinte, X2, constatou-se que a perda foi de $ 25.000. Idem ao exemplo *b*, considerando apenas o lançamento "1".

3. Qual a diferença entre Reservas e Provisão?

Provisão

Há, basicamente, dois tipos de Provisão:

a)   Redução de Ativo – são expectativas de perdas de Ativos. O exemplo mais conhecido é a Provisão para Devedores Duvidosos, na qual se estima o não recebimento de uma parte de Duplicatas a Receber.

b)   Aumento do Passivo (exigibilidade) – são desembolsos que certamente ocorrerão no futuro, uma vez que o fato gerador já ocorreu. Como exemplos há a Provisão para Férias e a Provisão para 13º salário.

Reservas

São acréscimos ao Patrimônio Líquido que, quase sempre, são utilizados para o aumento de Capital.

As Reservas não têm qualquer característica de Passivo, ou seja, não há nenhum indício de que se tornem exigibilidades, pois, se assim fosse, deveríamos classificá-las como Passivo. Normalmente, as Reservas originam-se de contribuições dos acionistas, de doações, de lucros não distribuídos aos proprietários etc.

4. Neste tema de redução de Ativo ou Passivo, houve alguma mudança relevante na Lei nº 11.638/07?

Sim. Os elementos do Ativo decorrentes de operações de longo prazo serão ajustados <u>a valor presente</u> (valor atual, em moeda de hoje). As obrigações, encargos e riscos classificados no Passivo Exigível a Longo Prazo serão ajustados ao seu valor presente.

Essa mesma regra vale para Ativos e Passivos, embora não seja de longo prazo, devendo ser ajustados a valor presente, quando houver efeito relevante.

O valor presente ou método valor atual é a fórmula matemático-financeira de se determinar o valor presente de pagamentos futuros descontados a uma taxa de juros apropriada.

Vamos admitir que uma empresa faça uma venda a prazo, ainda que seja por um mês (mas com efeito relevante), em 15/12 por $ 100. Se fosse o preço à vista, seria $ 90:

No ato da Venda

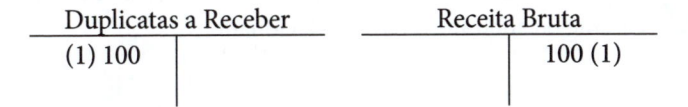

Duplicatas a Receber	Receita Bruta
(1) 100	100 (1)

Despesa p/ Ajuste a Valor Presente	Provisão p/ Ajuste a Valor Presente
(2) 10	10 (2)

31/12/X1

Balanço Patrimonial		Demonstração Resultado Exercício	
Ativo Circulante			
_____	___	Receita Bruta	100
_____	___	(–) Desp. Ajuste V.P.	(10)
Duplicatas a Receber	100		90
(–) Provisão Ajuste V.P.	(10)		
	90		

No ato do Recebimento

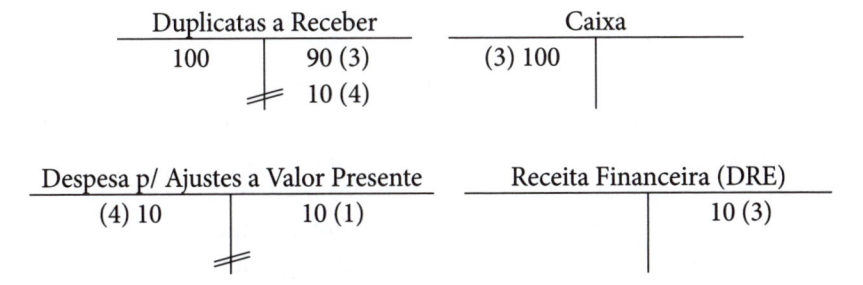

Duplicatas a Receber		Caixa	
100	90 (3)	(3) 100	
	10 (4)		

Despesa p/ Ajustes a Valor Presente		Receita Financeira (DRE)
(4) 10	10 (1)	10 (3)

Se fosse Passivo, conta Fornecedor, teríamos Despesa Financeira em vez de Receita Financeira.

Atividades Sugeridas

Tarefa 15.1 Selecione uma Demonstração Financeira de uma empresa em que apareça qualquer Intangível. Mesmo que aparecer em Nota Explicativa, será válido (pode ser *Goodwill*, Capital Intelectual, Fundo de Comércio etc.). Circule ou sublinhe o Intangível selecionado.

Tarefa 15.2 Copie qualquer Relatório Contábil que fale sobre Amortização ou Exaustão. Circule ou sublinhe o termo selecionado.

Tarefa 15.3 Existem bens que não estão sujeitos à Depreciação:
- terrenos, exceto se neles ocorrerem melhoramentos, construções e benfeitorias;
- bens que aumentam de valor com o tempo, como obras de arte ou antiguidades.

Arquive uma *tabela de bens sujeitos à Depreciação e não sujeitos à Depreciação* com as taxas usualmente adotadas e aceitas pela fiscalização do Imposto de Renda.

Exercícios

1 Associe os números da coluna da esquerda com a coluna da direita:

1.	Amortização	( )	Multiplica-se por 1,5
2.	Depreciação	( )	Extinção de recursos naturais
3.	Terrenos e obras de arte	( )	Custo do produto vendido
4.	Depreciação acumulada	( )	DRE
5.	Bens tangíveis	( )	Calculada sobre Ativos Intangíveis
6.	Depreciação de bens da fábrica	( )	Esgotamento de recursos naturais
7.	Minas e florestas	( )	Linha reta
8.	Despesas de Depreciação	( )	Não sofrem Depreciação
9.	Método mais aceito de Depreciação	( )	Conta retificativa
10.	Depreciação acelerada	( )	Ativos amortizáveis
11.	Exaustão	( )	É optativa segundo o fisco
12.	Fundo de comércio e patentes	( )	Sujeitos a Depreciação ou Exaustão

2   Você é contador da Cia. ABC, que atua no ramo de exploração de minas. Calcule e contabilize o valor da Exaustão anual, sabendo que:

    Valor pago pela Cia. ABC pela mina: $ 50.000.000

    Valor residual: $ 8.000.000

Prazo estimado para esgotamento total: 10 anos

3   A Empresa W adquiriu uma máquina em janeiro de X1, colocando-a em funcionamento no mesmo mês. Sabendo-se que:

- a taxa de Depreciação adotada foi de 20% ao ano;
- o valor de aquisição da máquina foi de R$ 240.000,00;
- a Depreciação foi contabilizada ao final de cada mês;
- a máquina foi vendida por R$ 220.000,00, em junho de X4.

Qual é o valor residual da máquina em 31/12/X3?

4   A amortização é um termo usado tanto para redução dos Intangíveis quanto para pagamento de Financiamentos. Comente a diferença.

5   Terrenos não sofrem depreciação. Pesquise como seria feita caso houvesse erosão de terra.

16

Ciclo Contábil e Levantamentos das Demonstrações Financeiras

Assembleia Geral da "ENRON*"

Srs. acionistas, pelos Princípios Contábeis, 2 + 2 = 4.

Quando comprei ações da Enron, disseram-me que 2 + 2 são 5.

$$\frac{\begin{array}{r}2\\+2\end{array}}{4}$$

Good_Studio | iStockphoto

*Enron, uma das maiores potências empresariais (Estados Unidos) do mundo, com uma dívida de US$ 25 bilhões, em dezembro de 2001, teve sua falência iniciada. Ela era a sétima maior empresa dos Estados Unidos e foi caracterizada como uma das maiores fraudes da história, arrastando consigo a Arthur Anderson, que fazia a sua auditoria. A Enron conseguiu esconder uma dívida de US$ 25 bilhões por dois anos consecutivos, tendo inflado, como um toque de mágica, os seus lucros.

Por ocasião do XV Congresso Mundial de Contabilidade, o Sr. James Woltensohn, presidente do Banco Mundial, disse que nos últimos 15 anos temos visto grandes transformações políticas e econômicas, e corrupção crescente, em todo o mundo; ele pergunta: "O que isso tem a ver com Auditores e Contadores?" E responde: "O simples elemento que une esses fatos é **transparência**." A falta desta, segundo ele, gera a corrupção, generalizada em nossos dias, principalmente nos governos de países em desenvolvimento. Dirigindo-se aos Contadores, afirmou:

"Mas vocês têm também importante papel a desempenhar. **Vocês são os vigilantes da probidade**. São vocês que assinam as contas públicas e têm a responsabilidade moral e ética de servir o interesse público. É o título deste Congresso. Em muitos casos vocês estão presentes. Mas tomemos o caso da lavagem de dinheiro. Onde está a profissão contábil? Se não atuarem voluntariamente, serão obrigados a fazê-lo por lei. Não seria melhor tomarem a iniciativa, vocês mesmos, e iniciarem a construção de um mecanismo de normas éticas? Os governos também precisam atuar" (FRANCO, Hilário. *A contabilidade na era da globalização*. São Paulo: Atlas, 1999. Capítulo 1).

INTRODUÇÃO

Em primeiro lugar, este capítulo visa apresentar uma visão conjunta de todo o processo contábil ou ciclo contábil, englobando *desde a escrituração até o levantamento das Demonstrações Financeiras* e sua análise (omite-se a parte de análise, pois será vista mais adiante pelo estudante).

Dessa maneira, apresenta-se ao estudante todo o caminho que deverá percorrer na atividade contábil até chegar a seu produto final: as Demonstrações Financeiras.

Em segundo lugar, objetiva-se aqui abordar alguns ajustes que ocorrem em final de período.

Será desenvolvido um exemplo em que se parte da hipótese de que já havia um Plano de Contas e um Sistema Contábil, ou seja, supõe-se que a Contabilidade tenha sido planejada quanto às contas que serão movimentadas (Plano de Contas – Capítulo 8) e ao tipo de equipamento, livros e fichas (Sistemas Contábeis – Capítulo 14) que serão utilizados.

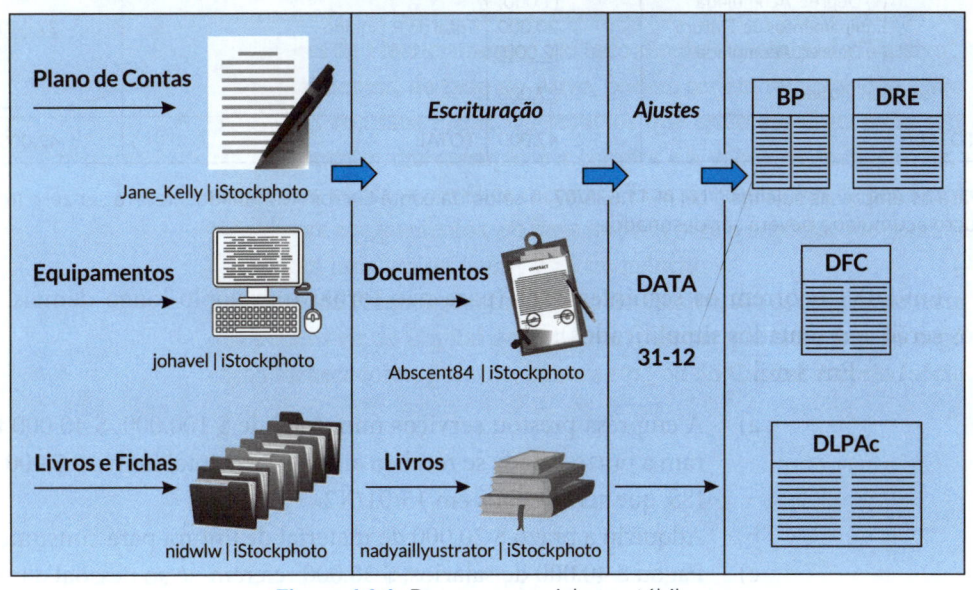

Figura 16.1 Processo ou ciclo contábil

DADOS PARA ESCRITURAÇÃO

Os dados para escrituração constam no Quadro 16.1.

Quadro 16.1 Dados da Cia. Cobaia – Tinturaria em Geral
31/12/20X0

CIA. COBAIA – TINTURARIA EM GERAL			
BALANÇO PATRIMONIAL			Em $ mil
ATIVO		**PASSIVO E PL**	
Circulante		Circulante	
Caixa/Bancos	20.000	Títulos a Pagar	10.000
Não Circulante		P. Líquido	
Imobilizado		Capital	20.000
		Res Capital	10.000
Móveis e Utensílios	10.000	Lucros Acumulados*	7.000
(–) Deprec. Acumulada	(1.000)		
Equipamentos de Tintura	20.000	Total do P. Líquido	37.000
(–) Deprec. Acumulada	(2.000)		
Total Imobilizado	27.000		
TOTAL	47.000	**TOTAL**	47.000

* Para as empresas sujeitas à Lei nº 11.638/07, o saldo da conta Lucros Acumulados deverá ser zero (todo lucro acumulado deverá ser destinado).

Em 20X1 ocorrem os seguintes fatos (para não tornar o exemplo longo demais, os fatos serão apresentados simplificados):

Em $ mil

a) A empresa prestou serviços num total de $ 100.000; $ 40.000 foram a prazo e nada se recebeu ainda. Desse total houve $ 5.000 de ISS, que serão pagos em 15/01/X2.

b) Adquiriu a prazo $ 20.000 de material de tintura para consumo.

c) Pagou $ 40.000 de salários; $ 30.000 referem-se ao pessoal da tinturaria, e o restante ao pessoal de escritório.

d) Liquidou os títulos a pagar, mas contraiu em 30/6, por um ano, um empréstimo bancário de $ 14.000. No final do empréstimo pagará juros de $ 16.000.

e) A empresa fez seguro contra incêndio, para o prédio da tinturaria, em 1º/10, por 12 meses, pagando à vista $ 6.000.

f) A empresa foi autuada e pagou uma multa de $ 2.000 por não recolher adequadamente seus encargos.

g) O salário do pessoal de escritório referente a dezembro, no valor de $ 2.000, será pago em 10/1/X2.

h) A taxa de depreciação é de 10%.

i) Constatou-se, no final do ano, que havia em estoque $ 5.000 de material para tintura.

Para evitar excesso de detalhes (o que prejudicaria a compreensão do raciocínio), não serão contabilizados itens como despesa de aluguel, imposto predial, material de escritório, encargos sociais, energia elétrica etc.

LEVANTAMENTO DAS DEMONSTRAÇÕES FINANCEIRAS

PRIMEIRO PASSO: Escrituração

Com base nos documentos que suportam os registros contábeis (nota fiscal, faturas, escrituras etc.), faz-se a escrituração.

Recomenda-se, em primeiro lugar, efetuar os lançamentos nos razonetes para, a seguir, passar ao Diário e ao Razão. Assim, antes de efetivar os lançamentos, o esquema estará montado. Aconselha-se, ainda, separar os razonetes (as contas) que se referem ao balanço das contas de resultado. Serão feitos os lançamentos referentes às operações normais do ano e, em seguida, os ajustes que correspondem ao final de período (Figura 16.2).

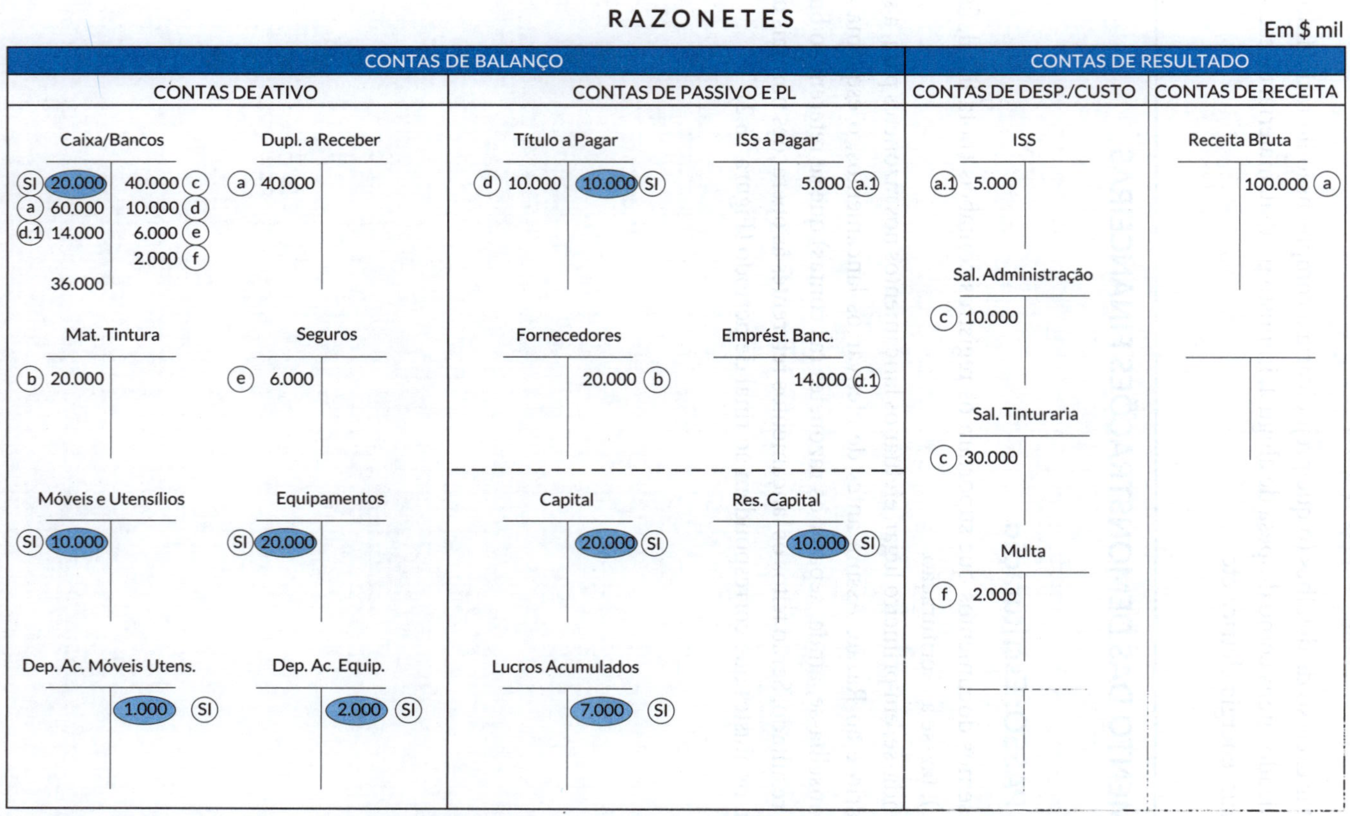

R A Z O N E T E S

Em $ mil

CONTAS DE BALANÇO				CONTAS DE RESULTADO	
CONTAS DE ATIVO		CONTAS DE PASSIVO E PL		CONTAS DE DESP./CUSTO	CONTAS DE RECEITA

Caixa/Bancos
(SI) 20.000 | 40.000 (c)
(a) 60.000 | 10.000 (d)
(d.1) 14.000 | 6.000 (e)
| 2.000 (f)
36.000 |

Dupl. a Receber
(a) 40.000 |

Título a Pagar
(d) 10.000 | 10.000 (SI)

ISS a Pagar
| 5.000 (a.1)

ISS
(a.1) 5.000 |

Receita Bruta
| 100.000 (a)

Mat. Tintura
(b) 20.000 |

Seguros
(e) 6.000 |

Fornecedores
| 20.000 (b)

Emprést. Banc.
| 14.000 (d.1)

Sal. Administração
(c) 10.000 |

Sal. Tinturaria
(c) 30.000 |

Móveis e Utensílios
(SI) 10.000 |

Equipamentos
(SI) 20.000 |

Capital
| 20.000 (SI)

Res. Capital
| 10.000 (SI)

Multa
(f) 2.000 |

Dep. Ac. Móveis Utens.
| 1.000 (SI)

Dep. Ac. Equip.
| 2.000 (SI)

Lucros Acumulados
| 7.000 (SI)

Observação: Os lançamentos nos livros Razão e Diário não são realizados por serem simples e dispensáveis para a finalidade proposta neste capítulo

Figura 16.2 Primeiro passo para levantamento das Demonstrações Financeiras

SEGUNDO PASSO: Primeiro Balancete de Verificação

Para dar continuidade ao trabalho, o objetivo agora é verificar a exatidão dos lançamentos contábeis. E, visando a uma ilustração melhor, será feito um balancete de seis colunas: as duas primeiras referem-se aos saldos existentes no último balancete; a terceira e quarta colunas referem-se às operações no período; as duas últimas referem-se aos saldos finais (bastariam apenas estas duas últimas). As contas de balanço e as de resultado serão separadas para que permitam melhor visão do elenco das contas. Entre as contas de balanço também serão feitas distinções (Quadro 16.2).

Quadro 16.2 Segundo passo para levantamento das Demonstrações Financeiras

PRIMEIRO BALANCETE DE VERIFICAÇÃO					Em $ mil	
Contas	Saldo 31/12/X0		Operações do Período		Saldo Final (1º Balancete)	
	Devedor	Credor	Débito	Crédito	Devedor	Credor
Ativo						
Caixa	20.000	–	74.000	58.000	36.000	–
Dupl. a Receber	–	–	40.000	–	40.000	–
Material de Tintura	–	–	20.000	–	20.000	–
Seguros	–	–	6.000	–	6.000	–
Móveis e Utensílios	10.000	–	–	–	10.000	–
Equipamentos	20.000	–	–	–	20.000	–
(–) Depr. Móv. Utens.	(1.000)	–	–	–	(1.000)	–
(–) Depr. Equip.	(2.000)	–	–	–	(2.000)	–
Passivo						
Títulos a Pagar	–	10.000	10.000	–	–	–
ISS a Pagar	–	–	–	5.000	–	5.000
Fornecedores	–	–	–	20.000	–	20.000
Empréstimo Bancário	–	–	–	14.000	–	14.000
P. Líquido						
Capital	–	20.000	–	–	–	20.000
Res. Capital	–	10.000	–	–	–	10.000
Lucros Acumulados	–	7.000	–	–	–	7.000
Despesa/Custo						
ISS	–	–	5.000	–	5.000	–
Sal. Administração	–	–	10.000	–	10.000	–
Sal. Tinturaria	–	–	30.000	–	30.000	–
Multa	–	–	2.000	–	2.000	–
Receita						
Receita de Serviços	–	–	–	100.000	–	100.000
TOTAL	47.000	47.000	197.000	197.000	176.000	176.000

TERCEIRO PASSO: Ajustes (no final do período) em 31/12/X1

Esta fase é dividida em três etapas. A *primeira* refere-se aos ajustes normais em decorrência do regime de competência: Seguros, Materiais, Juros, Provisão para Devedores Duvidosos etc.; a *segunda* refere-se à Depreciação; a *terceira,* após acerto de todas as despesas e receita, refere-se a Imposto de Renda a Pagar.

1. *Ajustes em decorrência do Regime de Competência*

Em $ mil

- ■ **Material de Tinturaria.** A aquisição desse material é contabilizada como Ativo, pois seu consumo acontece durante o ano. No item (i) dos dados do exercício observa-se que havia $ 5.000 em estoque (não consumido), o que significa que o restante fora consumido.

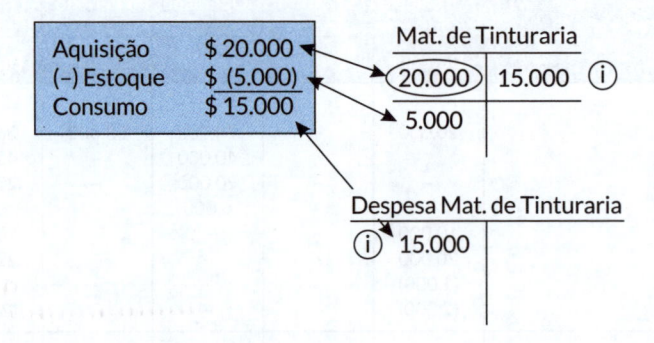

Observação: Dessa mesma maneira, os ajustes são feitos para material de escritório e outros materiais de consumo.

- ■ **Seguros.** A aquisição do seguro é contabilizada como Ativo, pois ainda não houve sua utilização. Em 31/12/X1, todavia, constata-se a utilização (período percorrido) de três meses (1º/10 a 31/12) de seguros e isso significa despesas do ano 20X1, pois já foram consumidos (incorridos). Os nove meses seguintes serão despesas de 20X2.

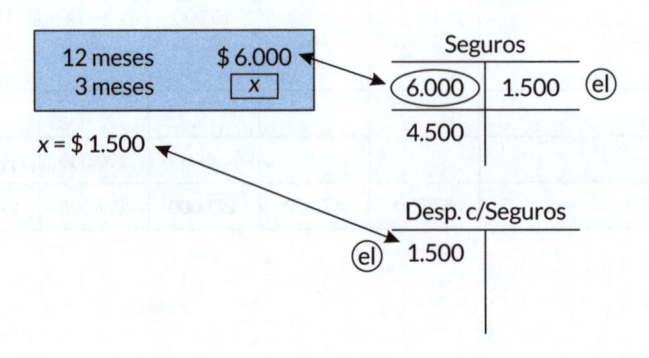

- **Provisão para Devedores Duvidosos.** Da Receita de $ 100.000 constata-se que $ 40.000 ainda não foram recebidos e que dificilmente o total o será: existem os "caloteiros", aqui denominados devedores duvidosos.

Embora apenas em 20X2 se terá conhecimento do montante da perda, conclui-se facilmente que pertence (*compete*) à receita gerada em 20X1. A apuração do lucro do período, portanto, deve ser feita associando-se à receita as despesas que a ela competem, mesmo que para isso seja necessário estimar tais despesas; essa operação denomina-se *Provisão para Devedores Duvidosos.*

Para estimar a perda com devedores duvidosos, o ideal é dispor de dados estatísticos referentes às perdas com duplicatas nos últimos três anos; assim, pode-se trabalhar com um índice médio. A título de exemplo, vamos considerar que a perda média dos últimos três anos foi de 3%. Ressalte-se, todavia, que essa provisão não é considerada dedutível para fins do Imposto de Renda (IR).

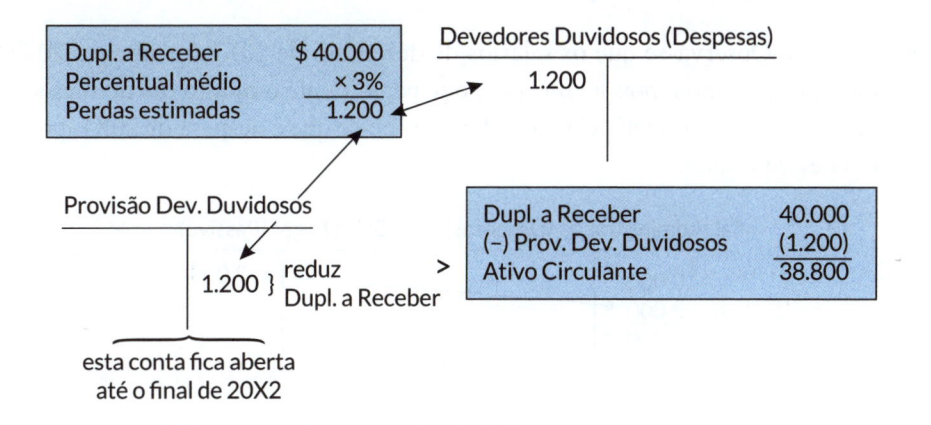

No final de 20X2, pode-se estar diante de três situações:

- **Se a empresa perdeu exatamente $ 1.200 com Duplicatas a Receber:** dá-se baixa nas duplicatas realmente perdidas e na conta Provisão para Devedores Duvidosos.
- **Se a empresa perdeu mais que $ 1.200 com Duplicatas a Receber:** dá-se baixa em todas as duplicatas realmente perdidas e na conta Provisão para Devedores Duvidosos, e o excesso da perda em relação à provisão é lançado como perda de 20X2.
- **Se a empresa perdeu menos de $ 1.200 com Duplicatas a Receber:** dá-se baixa nas duplicatas perdidas e baixa parcial na conta Provisão para Devedores Duvidosos do valor da perda. A sobra de Provisão para Devedores Duvidosos será contabilizada em 20X2 como ganho (reversão de Provisão para Devedores Duvidosos), pois não foi utilizada.

• **Juros Incorridos.** A empresa contraiu um empréstimo bancário que será devolvido com juros em 30/6/X2. No final de 20X1 esse empréstimo foi utilizado por seis meses; há, portanto, juros devidos (incorridos) referentes a um semestre, embora não tenham sido pagos ainda:

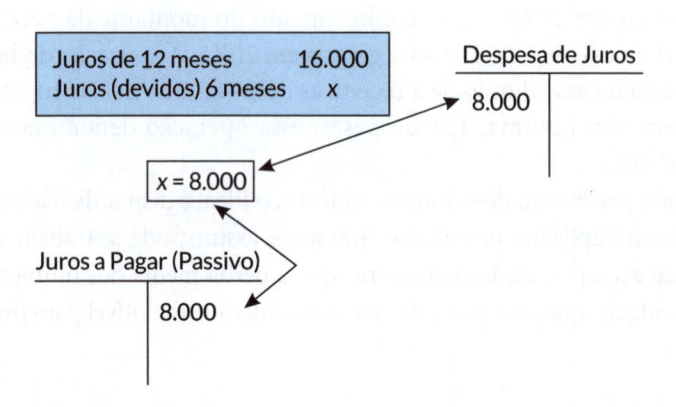

• **Salários.** Observa-se que os salários de dezembro de 20X1 (compete a 20X1) não foram pagos ainda, pois a empresa pode pagá-los até o quinto dia do mês seguinte. Pelo regime de competência, no entanto, sabe-se que é despesa de 20X1, pois incorreu nesse período.

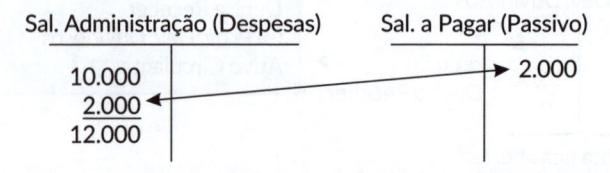

1. A rigor, é necessário fazer os lançamentos dos encargos sociais, provisão para férias etc., sendo que o raciocínio no regime de competência é semelhante ao de salários a pagar. Tais lançamentos não são feitos aqui, todavia, para evitar excesso de pormenores.

Se a empresa fizesse uma Contabilidade Mensal, teria que ser feito, mês a mês, a Provisão de 13º Salário, que seria pago no final do ano.

2. Depreciação

Neste exemplo, estamos partindo da hipótese de que a Depreciação de *Móveis e Utensílios* e *Equipamentos* tenha uma taxa de 10% (conforme o Imposto de Renda):

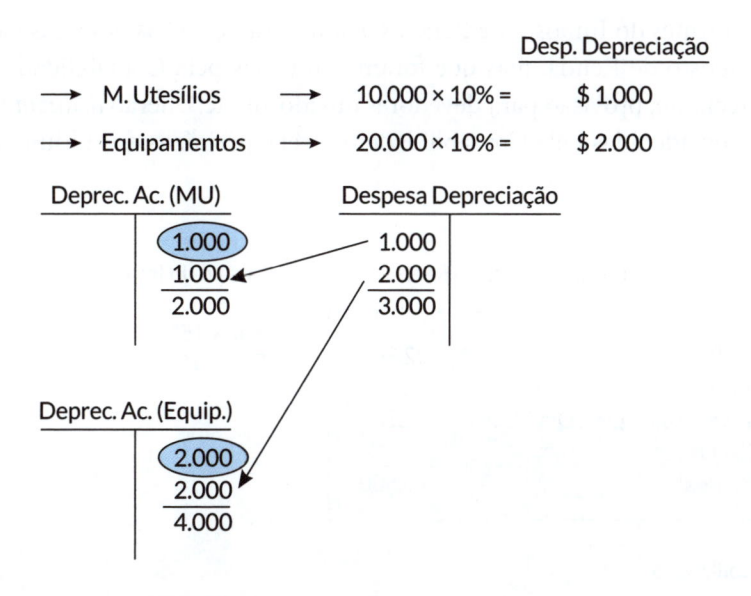

Desp. Depreciação

⟶ M. Utesílios ⟶ 10.000 × 10% = $ 1.000

⟶ Equipamentos ⟶ 20.000 × 10% = $ 2.000

Deprec. Ac. (MU)

| 1.000 |
| 1.000 |
| 2.000 |

Despesa Depreciação

| 1.000 |
| 2.000 |
| 3.000 |

Deprec. Ac. (Equip.)

| 2.000 |
| 2.000 |
| 4.000 |

3. *Provisão para Imposto de Renda*

Para calcular a Provisão para Imposto de Renda de 20X1 (período-base) a ser pago em 20X2 (exercício financeiro), é necessário conhecer o Lucro antes do Imposto de Renda. Por isso, serão relacionadas a receita e toda a despesa de 20X1.

Receita	100.000
(–) ISS	(5.000)
(–) Salários da Administração	(12.000)
(–) Salários da Tinturaria	(30.000)
(–) Multa	(2.000)
(–) Juros	(8.000)
(–) Devedores Duvidosos	(1.200)
(–) Material da Tinturaria	(15.000)
(–) Despesa de Seguros	(1.500)
(–) Depreciação	(3.000)
Lucro antes do Imposto de Renda	22.300

Esse lucro contábil deve ser transferido para o *Livro de Apuração do Lucro Real* para se apurar o Lucro Tributável ou Real, que serve de base para cálculo do Imposto de Renda.

Ao Lucro Antes do Imposto de Renda *somam-se* (adições) as despesas não dedutíveis segundo o Imposto de Renda, mas que foram deduzidas pela Contabilidade (multas, excesso de depreciação, provisão para devedores duvidosos etc.). Serão *deduzidas* (exclusões) parcelas não consideradas pela Contabilidade (ou seja, prejuízos dos últimos anos, incentivos etc.).

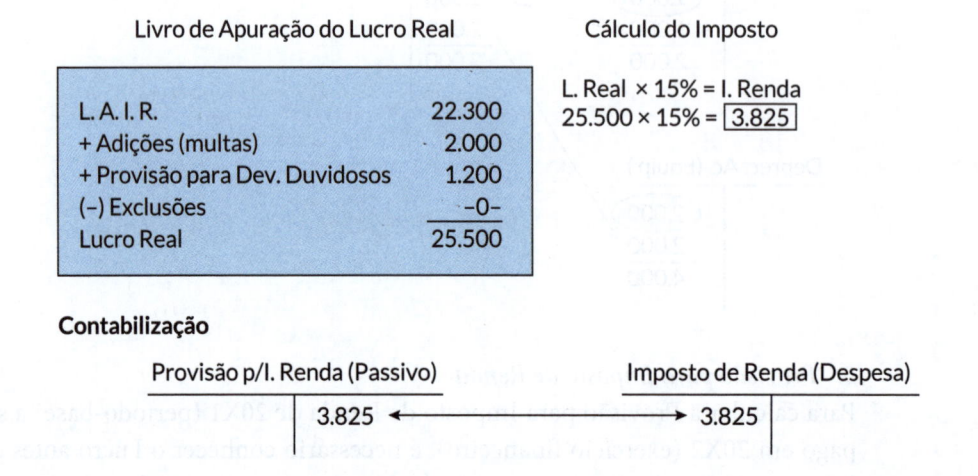

Livro de Apuração do Lucro Real

L. A. I. R.	22.300
+ Adições (multas)	2.000
+ Provisão para Dev. Duvidosos	1.200
(–) Exclusões	–0–
Lucro Real	25.500

Cálculo do Imposto

L. Real × 15% = I. Renda
25.500 × 15% = 3.825

Contabilização

Provisão p/I. Renda (Passivo)		Imposto de Renda (Despesa)	
	3.825 ←	→ 3.825	

Observação

Pelos motivos já expostos, não são transcritos aqui os ajustes nos livros Razão e Diário.

QUARTO PASSO: Segundo Balancete de Verificação (Coluna para os Ajustes)

Em $ mil

Contas	1º Balancete de Verificação		Ajustes		2º Balancete de Verificação	
	Saldo Devedor	Saldo Credor	Débito	Crédito	Saldo Devedor	Saldo Credor
Ativo						
Caixa	36.000	–	–	–	36.000	–
Dupl. a Receber	40.000	–	–	–	40.000	–
(–) Prov. Dev. Duvid.	–	–	–	1.200*	–	1.200*
Material de Tinturaria	20.000	–	–	15.000	5.000	–
Seguros	6.000	–	–	1.500	4.500	–
Móveis e Utensílios	10.000	–	–	–	10.000	–
Equipamentos	0.000	–	–	–	20.000	–
(–) Depr. Ac. Móv. Uten.	–	1.000*	–	1.000	–	2.000
(–) Depr. Ac. Equip.	–	2.000*	–	2.000	–	4.000
Passivo						
ISS a Pagar	–	5.000	–	–	–	5.000
Fornecedores	–	20.000	–	–	–	20.000
Empréstimo Bancário	–	14.000	–	–	–	14.000
Juros a Pagar	–	–	–	8.000	–	8.000
Sal. a Pagar	–	–	–	2.000	–	2.000
Prov. I. Renda	–	–	–	3.825	–	3.825
P. Líquido						
Capital	–	20.000	–	–	–	20.000
Res. Capital	–	10.000	–	–	–	10.000
Lucros Acumulados	–	7.000	–	–	–	7.000
Desp. Custo						
ISS	5.000	–	–	–	5.000	–
Sal. Administração	10.000	–	2.000	–	12.000	–
Sal. Tinturaria	30.000	–	–	–	30.000	–
Multa	2.000	–	–	–	2.000	–
Juros	–	–	8.000	–	8.000	–
Devedores Duvidosos	–	–	1.200	–	1.200	–
Material de Tinturaria	–	–	15000	–	15.000	–
Despesa de Seguros	–	–	1.500	–	1.500	–
			3.825			
Depreciação	–	–	1.000	–	3.000	–
			2.000			
Imposto de Renda	–	–	3.825	–	3.825	–
Receita						
Receita de Serviços	–	100.000	–	–	–	100.000
TOTAL	179.000	179.000	34.525	34.525	197.025	197.025

* Poderia estar a débito com o sinal negativo.

QUINTO PASSO: Apuração de Resultados (Em $ mil)

Para apurar o resultado será feito o encerramento (partidas ou lançamentos de encerramento) de todas as Contas de Resultados (Despesa/Receita).

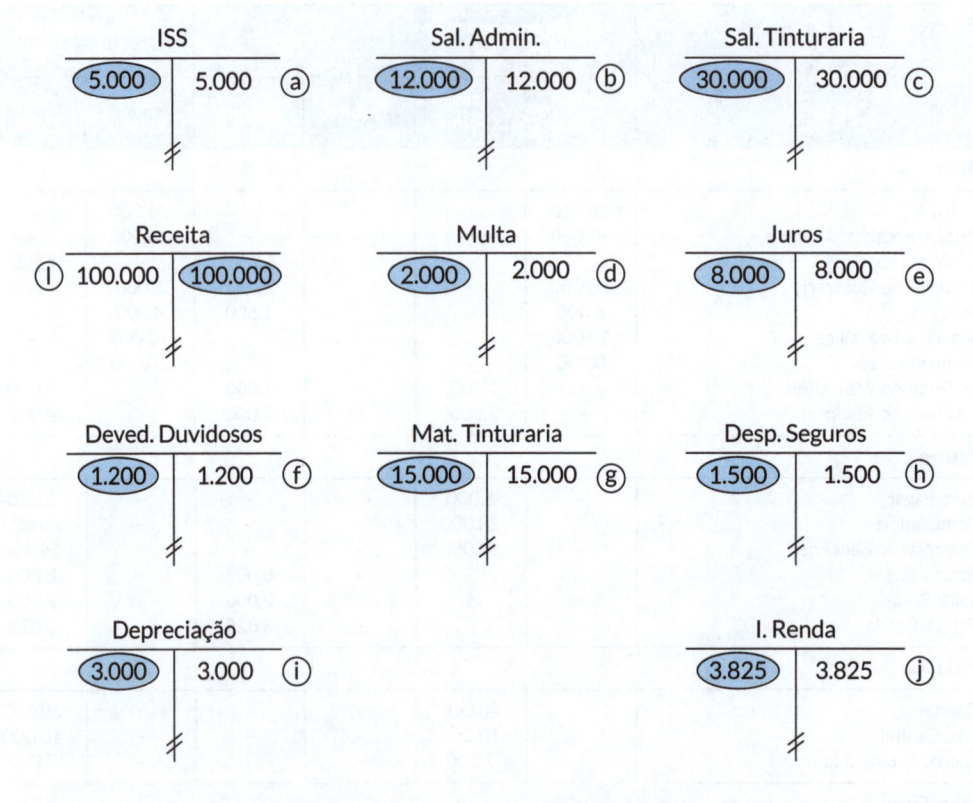

Veja a conta Apuração do Resultado do Exercício na página seguinte.

Lembramos que a conta ARE é transitória, apenas para apurar o Lucro (Receita > Despesa) ou o Prejuízo (Receita < Despesa).

Nesse exemplo, a Receita de $ 100.000 é maior que as Despesas de $ 81.525, havendo um lucro contábil de $ 18.475 e havendo um saldo no crédito que será transferido para a conta Lucros Acumulados, zerando-se, assim a conta ARE.

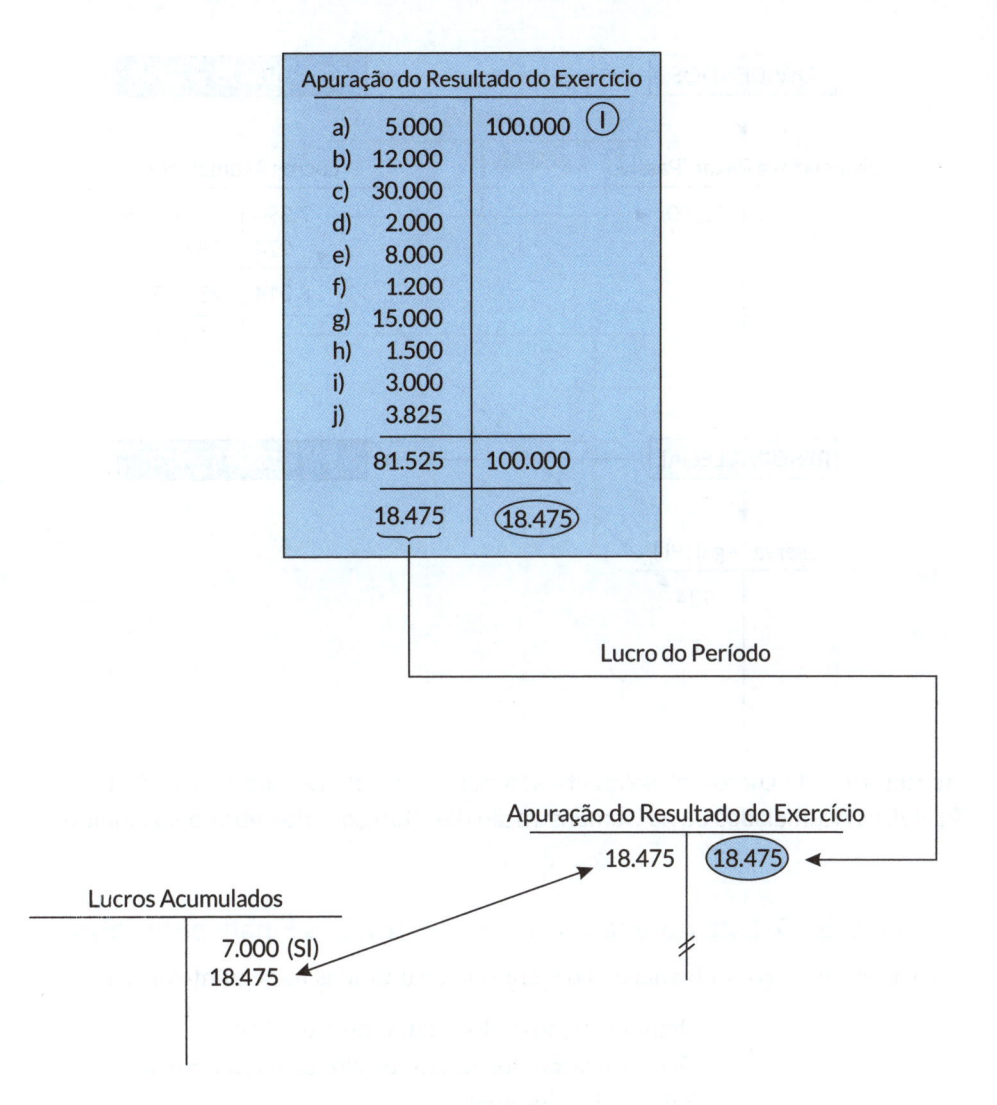

SEXTO PASSO: Contabilização do Lucro

Observe que a conta ARE também é encerrada ao se transferir seu saldo para Lucros Acumulados.

SÉTIMO PASSO: Distribuição do Lucro (Em $ mil)

Suponha que, segundo os estatutos (no caso, S.A.) da empresa, haverá distribuição de dividendos à base de 40% sobre o Lucro Líquido a ser pago até 30/4/X2.

Admita ainda que a empresa seja uma sociedade anônima e esteja obrigada a fazer uma Reserva Legal para reforço de Capital. Segundo a lei, tal reserva deve ser calculada à base de 5% sobre o Lucro Líquido:

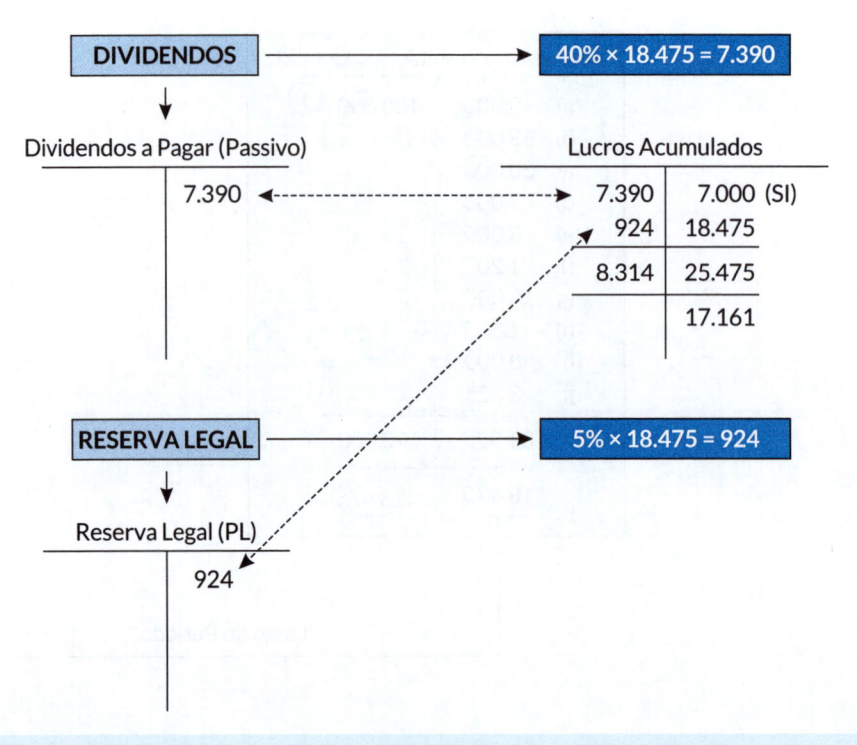

As Reservas de Lucro normalmente são destacadas na Demonstração de Lucros ou Prejuízos Acumulados ou na Demonstração das Mutações do Patrimônio Líquido.

OITAVO PASSO: Estruturação das Demonstrações Financeiras (obrigatória)

As Demonstrações Financeiras devem ser estruturadas na seguinte ordem:

1 Demonstração do Resultado do Exercício.
2 Demonstração dos Lucros ou Prejuízos Acumulados.[1]
3 Balanço Patrimonial.
4 Demonstração dos Fluxos de Caixa.
5 Notas Explicativas.

---

[1] Substituída pela DMPL.

1. Demonstração do Resultado do Exercício

CIA. COBAIA – TINTURARIA EM GERAL		Em $ mil
DRE	De 30/1/X1 a 31/12/X1	– –
Receita Bruta	100.000	–
(–) Deduções		
ISS	(5.000)	–
Receita Líquida	95.000	–
(–) Custo do Serviço Prestado (mão de obra + material + depreciação de equipamentos da tinturaria)	(47.000)	–
Lucro Bruto	48.000	–
(–) Despesas Operacionais		
de Vendas	(1.200)	–
Administrativas (Depr. MU)	(14.500)	–
Financeiras	(8.000)	–
Lucro Operacional	24.300	–
(–) Despesas não Operacionais Multas	(2.000)	–
Lucro antes do Imposto de Renda	22.300	–
(–) Provisão para Imposto de Renda	(3.825)	–
Lucro Líquido	18.475	–

1.1 *DRE conforme os CPCs (26 e 30) e Normas Internacionais de Contabilidade Explicação da DRE*

DRE	– –
Receita Bruta	100.000
(–) Deduções	(5.000)
Receita Líquida	95.000
(–) Custo das Vendas	(47.000)
Lucro Bruto	48.000
(–) Despesas com Vendas	(1.200)
(–) Despesas Gerais e Administrativas	(14.500)
(+/–) Outras Despesas e Receitas	(8.000)
(+/–) Resultado da Equivalência Patrimonial	–0–
Resultado antes das Receitas e Despesas Financeiras	30.300
(+) Receitas Financeiras	–0–
(–) Despesas Financeiras	(8.000)
Resultado antes dos Tributos sobre o Lucro	22.300
(–) Tributos sobre o Lucro	(3.825)
Resultado Líquido (Lucro Líquido)	18.475

Explicação da DRE

■ No item Custo do Serviço Prestado, incluem-se todos os gastos referentes ao serviço de tinturaria prestado, bem como a depreciação dos equipamentos da tinturaria e despesas com seguros:

Salários da Tinturaria	30.000
Material da Tinturaria	15.000
Depreciação – Equipamentos – Tinturaria	2.000
	47.000

■ No item Despesa com Vendas, incluem-se devedores duvidosos, pois se trata de uma despesa que decorre de vendas.
■ Despesas Administrativas:

Seguros	1.500
Salários da Administração	12.000
Depreciação – Móveis e Utensílios (escritório)	1.000
	14.500

2. Demonstração dos Lucros ou Prejuízos Acumulados

A base para estruturação dessa demonstração são exatamente as movimentações da conta Reservas de Lucros:

Lucros Acumulados		
		7.000 (Saldo em 31-12-X0)
		18.475 (Lucro do Exercício de 20X1)
Dividendos ref. 20X1	7.390	25.475
Reserva Legal	(924)	
		17.161 (Saldo em 31-12-X1)

DEMONSTRAÇÃO DOS LUCROS OU PREJUÍZOS ACUMULADOS CIA. COBAIA – TINTURARIA EM GERAL – EM $ MIL		
	31-12-X1	31-12-X0
Saldo Inicial	7.000	-0-
+ Ajustes	-0-	-0-
Saldo	7.000	-0-
+ Lucro do Exercício	18.475	-0-
Saldo disponível ------▶	25.475	-0-
(–) Dividendos	(7.390)	-0-
(–) Reserva Legal	(924)	-0-
Saldo final	17.161	7.000

No caso de se tratar de uma empresa de grande porte, conforme a Lei nº 11.638/07, a DLPAc deveria ser:

Saldo inicial 31/12/X0	7.000
+ Lucro do Exercício	18.475
Saldo disponível	25.475
(–) Dividendos	(7.390)
(–) Reserva Legal	(924)
(–) Reservas de Lucro*	(17.161)
Saldo final 31/12/X1	---0---

* Destinar para Reservas, Aumento de Capital etc.

O objetivo dessa demonstração é evidenciar o fluxo do lucro, o que foi feito com o lucro do exercício, inclusive com o(s) saldo(s) remanescente(s) de ano(s) anterior(es).

3. Balanço Patrimonial

Todas as contas abertas (as que não foram encerradas para apuração do resultado) são contas de balanço.

CIA. COBAIA – TINTURARIA EM GERAL						
CNPJ:						Em $ mil
ATIVO			PASSIVO E PL			
	31/12/X1	31/12/X0			31/12/X1	31/12/X0
Circulante			**Circulante**			
Caixa/Bancos	36.000	20.000	Títulos a Pagar		–	10.000
Dupl. a Receber	40.000	–	Fornecedores		20.000	–
(–) Prov. Dev. Duvidosos	(1.200)	–	ISS a Pagar		5.000	–
Estoque Consumo	5.000	–	Emprést. Bancários		14.000	–
Desp. Exerc. Seguin.			Juros a Pagar		8.000	–
– Seguros	4.500	–	Salários a Pagar		2.000	–
			Imposto de Renda a Pagar		3.825	–
			Dividendos a Pagar		7.390	–
Total do Circulante	84.300	20.000	Total do Circulante		60.215	10.000
Não Circulante			**Patrimônio Líquido**			
Imobilizado	24.000	27.000	Capital		20.000	20.000
			Reserva de Capital		10.000	10.000
			Reserva Legal		924	–0–
			Lucros Acumulados		17.161	7.000
			Total do PL		48.085	37.000
TOTAL	108.300	47.000	TOTAL		108.300	47.000

4. Demonstração dos Fluxos de Caixa

Explicar por que o Caixa variou de $ 20.000 para $ 36.000. Ou seja, houve um acréscimo no resultado financeiro de $ 16.000, sendo que o Lucro Líquido na DRE foi de $ 18.845. Por que o Lucro Econômico é maior que o Financeiro?

A Demonstração dos Fluxos de Caixa explica as razões pelas quais o saldo de Caixa (disponível) alterou entre dois BP consecutivos.

Demonstração dos Fluxos de Caixa (DFC)

a) Planilha de Cálculo

Com posse do Balanço Patrimonial (BP), Demonstração de Resultado do Exercício (DRE), Demonstração de Lucros e Prejuízos Acumulados (DLPAc) e Notas Explicativas (NE), montaremos a DFC, partindo da DRE, analisando cada conta e sua contrapartida no BP e DLPAc.

Também utilizaremos outras siglas: Duplicatas a Receber (DR), Passivo Circulante (PC), Depreciação (Deprec.), Receita Bruta (RB), Equipamentos (Equip.) etc. Os números na frente representam a sequência dos cálculos:

Entrada (Recebimento no Caixa)			
1. Receita Recebida [RB 100.000 + DRx0 -0- (–) DR x1 40.000]		60.000	
14. "Novos Empréstimos" destacado no PC na conta Empréstimos a Pagar		14.000	
15. Aumento de Capital em Dinheiro [a Conta Capital no P. Líquido não variou]		0	74.000
Saída (Pagamentos que reduzem o Caixa)			
2. (–) Deduções [ISS na DRE 5.000 – ISS a Pagar o PC 5.000]		(–0–)	
3. (–) Custo dos Serviços [47.000 na DRE – Deprec. Equip. 2.000 – Fornec. 20.000]		(25.000)	
4. (–) Despesas de Vendas [1.200 na DRE – Prov. Devedores Duvidosos (BP) 1.200]		(–0–)	
5. (–) Desp. Administrativas [14.500 DRE – Deprec. 1.000 – Sal. a Pg. (PC) 2.000]		(11.500)	
6. (–) Desp. Financeiras [8.000 DRE – Juros a Pagar (PC) 8.000]		(–0–)	
7. (–) Desp. Não Operacionais [2.000 DR – Dívida no PC -0-]		(2.000)	
8. (–) Prov. Imposto de Renda [3.825 DRE – Imposto de Renda Pg. (PC) 3.825]		-0-	
9. (–) Dividendos [7.390 DLPAc – Dividendos Pg. (PC) 7.390]		-0-	
10. (–) Estoque de Consumo [5.000 BP – Dívida (PC) – Fornec. já considerado: custo]		(5.000)	
11. (–) Seguros [4.500 BP – Dívida (PC) -0-]		(4.500)	
12. (–) Imobilizado [Conf. NE, não houve novas aquisições]		–0–	
13. (–) Títulos pagos (referentes ao saldo de 31/12/X0)		10.000	(58.000)
16. Resultado do Fluxo de Caixa			16.000

A seguir, vamos estruturar a DFC em três operações:

- **Atividade Operacional:** as atividades comuns de compra e venda, incluindo as receitas e despesas.
- **Atividade de Financiamento:** as obtenções de empréstimos e financiamentos, aumento de capital em dinheiro. Os dividendos são subtraídos neste item.
- **Atividade de Investimentos:** as aquisições do ativo permanente são exemplos de saída de Caixa. As vendas do Ativo Não Circulante podem ser lançadas como entradas neste item.

> b) Estruturação do Modelo Direto (ver Capítulo 8)
> DFC (Período X1)

Atividade Operacional			
Receita Bruta Recebida		60.000	
(–) Custos dos serviços pagos	(25.000)		
(–) Estoque de consumo pago	(5.000)	(30.000)	30.000
(–) Despesas operacionais pagas			
Despesas administrativas	(11.500)		
Seguros pagos	(4.500)	(16.000)	
(–) Despesas não operacionais pagas		(2.000)	18.000

Caixa gerado no negócio (fluxo de caixa operacional)			12.000
Atividade de Financiamento Empréstimos obtidos (–) Títulos pagos		14.000 (10.000)	4.000
Atividade de Investimentos Não houve novas aquisições de Ativo N.C.			-0-
Resultado Financeiro			16.000

c) Estruturação do Modelo Indireto (ver Capítulo 8)
DFC (Período X1)

Atividade Operacional *Lucro obtido no período (DRE)* Ajustes: Depreciação (por se tratar de subtração econômica) *Variações nos Circulantes* *Ativo Circulante*		18.475 3.000	21.475
Duplic. a receber líquida (aumenta, posterga rcbto.)	(38.800)		
Estoque de consumo (aumento, mais dívida, mais saídas)	(5.000)		
Seguros (aumento desta conta, mais saída do caixa)	(4.500)	(48.300)	
Passivo Circulante			
Fornecedor (aumento, posterga pagto. bom caixa)	20.000		
ISS a pagar (idem)	5.000		
Juros a pagar (idem)	8.000		
Salários a pagar (idem)	2.000		
Imposto de Renda a pagar (idem)	3.825	38.825	(9.475)
Caixa gerado no negócio (fluxo de caixa operacional)			12.000
Atividade de Financiamento Aumentou empréstimo a pagar Diminuiu tít. a pagar		14.000 (10.000)	4.000
Resultado Financeiro			16.000

Observações

1. *Dividendo a pagar*: não foi considerado na variação do Passivo Circulante. Para considerá-lo, teríamos que subtrair a redução do lucro obtido no período.
2. *Títulos a pagar*: consideramos amortização de dívida, e não um passivo originado dos negócios operacionais.

Modelo para Publicação das Demonstrações Financeiras de Sociedade Anônima[2]

Denominação da Empresa
CNPJ – Tipo de Sociedade
Em $ mil

Relatório da Administração (Informações adicionais: dados estatísticos, produtividade, políticos, expansão etc.)

Demonstrações Financeiras

BALANÇO PATRIMONIAL	
ATIVO	PASSIVO E PL
Data	Data

DEMONSTRAÇÃO DO RESULTADO DO EXERCÍCIO	
Receita Bruta	Data

DEMONSTRAÇÃO DAS MUTAÇÕES* DO PATRIMÔNIO LÍQUIDO	
	Data

DEMONSTRAÇÃO DOS FLUXOS DE CAIXA	
	Data

Notas Explicativas
(e outras evidenciações)

Parecer de Auditoria

PARA AS EMPRESAS DE GRANDE PORTE

Administradores
_____

_____
(assinatura)

Contador
CRC nº........................

_____
(assinatura)

5. Notas Explicativas

Também conhecidas como *notas de rodapé*, são destacadas após as Demonstrações Financeiras, evidenciando:

- os principais critérios de avaliação dos elementos patrimoniais (estoques, depreciação, provisão para devedores duvidosos etc.);
- investimentos em outras sociedades quando relevantes;
- taxas de juros, datas de vencimento e garantias das obrigações a longo prazo;
- etc.

---

[2]   Se fosse a DLPAc, teria que ser saldo inicial e final igual a zero.

Notas Explicativas: CIA. COBAIA – Tinturaria em Geral

a) As receitas e despesas são apropriadas ao resultado pelo regime de competência.

b) Os ativos realizáveis e os passivos exigíveis em prazos inferiores a 365 dias estão classificados como circulantes.

c) O imobilizado está demonstrado pelo custo de compra, menos a Depreciação Acumulada.

d) A depreciação é computada pelo método linear (linha reta).

e) A provisão para devedores duvidosos é constituída na média das perdas dos últimos três anos, sendo suficiente para cobrir as perdas julgadas prováveis.

f) A provisão para Imposto de Renda é constituída segundo o regime de competência.

g) Imobilizado (quadros suplementares).

Em $ mil

Itens	Custo		Deprec. Acumulada		Líquido	
	31-12-X0	31-12-X1	31-12-X0	31-12-X1	31-12-X0	31-12-X1
Móveis e Uten.	10.000	10.000	(2.000)	(1.000)	8.000	9.000
Equipamentos	20.000	20.000	(4.000)	(2.000)	16.000	18.000
Total	30.000	30.000	(6.000)	(3.000)	24.000	27.000

h) Empréstimo Bancário (em moeda nacional) – Passivo Circulante de Giro; vencimento em 30-06-X2; Taxa de Juros...

Palavras-chave

DFC: Demonstração dos Fluxos de Caixa, exigida para as Cias. Abertas e Grandes Sociedades, mostra o Resultado do Fluxo Financeiro.

Notas Explicativas: também conhecidas como "Notas de Rodapé", são complementos às Demonstrações Financeiras, incluindo os critérios na avaliação (estoques, depreciação...), desdobramento de contas ou grupos (imobilizado, dívidas, ações...), eventos subsequentes à data do encerramento do exercício social etc.

Equivalentes de Caixa: são aplicações financeiras realizáveis num prazo curtíssimo, feitas por meio de fundos de liquidez imediata ou títulos com remuneração imediata. Podem ser tratados como Caixa.

Parecer de Auditoria: opinião dos auditores externos (independentes) que examinam as Demonstrações Financeiras. Normalmente, essa opinião é destacada na parte inferior, após os destaques das demonstrações.

Perguntas e Respostas

1. Como eu poderia fazer uma Contabilidade de Pessoa Física para saber minha riqueza real?

Um método simples é, em primeiro lugar, você fazer um balanço de seu patrimônio (note que o formato apresentado não obedece à Lei nº 11.638/07*):

Ativo (o que você tem, bens, títulos...)		Passivo Exigível (dívidas, obrigações)	
Realizável a Curto Prazo		**Exigível a Curto Prazo (até 1 ano)**	
(dinheiro e aquilo que será $ em até 1 ano)		• Luz, água, tel. a pagar no mês	_____
• Saldo bancário c/c	_____	• Cheque especial	_____
• Poupança	_____	• Cheques pré-datados	_____
• Fundos de renda fixa	_____	• Cartão de crédito	_____
• Salários a receber (no mês)	_____	• Financiamento de carro	_____
• Outros valores a receber	_____	• Prestações de imóveis (até 1 ano)	_____
		• Plano de aposentadoria (prev. privada)	_____
Realizável a Longo Prazo		• Dívidas com a família	_____
(aquilo que será recebido em prazo > 1 ano)		• Aluguel mensal	_____
FGTS		• Emprést. bancos a pagar	_____
• Fundos previdência privada	_____	**Exigível a Longo Prazo (acima de 1 ano)**	
• Prestações de imóveis	_____	• Prestações de imóveis (acima de 1 ano)	_____
• Empréstimos a receber família	_____	• Prestações de carro (acima de 1 ano)	_____
• Outros valores a receber LP	_____	• Financiamento bancário	_____
		• Dívidas com a família (acima de 1 ano)	_____
Permanente		• Subtotal	_____
(os bens de uso; não estão à venda)			
• Imóvel residencial	_____	**Riqueza Líquida**	
• Imóvel alugado a terceiros	_____		
• Casa de praia (campo)	_____	**Ativo (–) Passivo Exigível**	_____
• Sítio	_____		
• Veículos (carros)	_____	(se você trocasse todo seu ativo por dinheiro	
• Eletrodomésticos	_____	e pagasse todas as dívidas, quanto sobraria	
• Outros Ativos Permanentes	_____	líquido nesta data: tudo o que você tem (–)	
		tudo o que você deve)	
Total	_____	**Total**	_____

* Nada impede que o BP fosse feito nos moldes atuais. Porém, as expressões como Realizável, Exigível, Permanente e Riqueza Líquida são de mais fácil compreensão pelos leigos.

2. Ainda em termos de Pessoa Física, como poderia calcular mensalmente se minha riqueza está aumentando ou diminuindo?

O ideal seria fazer uma demonstração semelhante à DRE:

Demonstração de Resultado Mensal		
Receitas		
Salários (a receber no mês)	_____	
Juros (idem)	_____	
Aluguéis (idem)	_____	
Dividendos (idem)	_____	
Outras receitas	_____	_____
(–) Despesas cotidianas		
Alimentação	_____	
Condomínio	_____	
Aluguel	_____	
Escola	_____	
Saúde	_____	
Impostos	_____	
Juros (a pagar no mês)	_____	
Pensão alimentícia	_____	
Telefone, água, luz	_____	(_____)
(–) Despesas extras		
Academia	_____	
Cabeleireiro	_____	
Restaurante	_____	
Farmácia	_____	
Viagens	_____	
Outras despesas extras	_____	(_____)
(–) Despesas não desembolsáveis		
Depreciação do carro (20% ao ano x 1/12)		
Depreciação do imóvel (4% ao ano x 1/12)	_____	
Outras depreciações	_____	(_____)
Superávit (quando Receita > Despesa)		

3. Como eu poderia controlar melhor meus gastos para melhorar meu superávit?

O ideal seria projetar um Fluxo de Caixa, com base na Demonstração do Resultado. É uma espécie de orçamento financeiro.

O primeiro passo seria estimar quanto você vai receber no mês seguinte em salário, aluguel, juros, receita extra etc. Se for necessário, pode fazer considerando a família: esposa e filhos que tenham ganho.

O segundo passo seria estimar todas as despesas e investimentos a serem feitos no mês seguinte. É interessante dividir em grupos para facilitar a análise:

Fluxo de Caixa projetado para o mês _____	
Entradas de dinheiro	
Receitas a receber	
_____	_____
_____	_____
_____	_____
Subtotal	_____
Saídas de dinheiro	
Despesas cotidianas (moradia, alimentação, escola...)	
_____	(_____)
_____	(_____)
_____	(_____)
Despesas extras (seguros, vestuário, farmácia...)	
_____	(_____)
_____	(_____)
_____	(_____)
Prestações a pagar (imóveis, empréstimos...)	
_____	(_____)
_____	(_____)
_____	(_____)
Investimentos (aplicações, poupança, previdência...)	
_____	(_____)
_____	(_____)
_____	(_____)
Subtotal	(_____)
Superávit ou Déficit	_____

Com essa projeção e um pouco de criatividade, busque cortar gastos. Inicialmente, corte a chamada "gordura no orçamento": presentes, festas, academia, faxineira, passadeira, restaurante, lazer.

Evite comprar a prazo com juros elevados, financiar cartão de crédito, trabalhar com cheque especial. Liquide essas dívidas o mais cedo possível.

Organize investimentos, lembrando que todas as aplicações no Ativo são boas quando geram ganho. Repare que certos Ativos, como casa e carro financiados, são Ativos que geram Passivos (financiamentos, juros, impostos, seguros etc.). Nesse caso, não se consideram bons investimentos.

Atividades Sugeridas

Tarefa 16.1 Arquive uma cópia do artigo da Lei das Sociedades por Ações (Lei nº 6.404/76, alterada pela Lei nº 11.638/07), e pela Lei nº 11.941/09, que dispõe sobre notas explicativas.

Tarefa 16.2 Arquive cópia de uma página do Livro de Apuração do Lucro Real (LALUR). Preencha o livro com alguns valores hipotéticos.

Tarefa 16.3* Selecione e arquive uma Demonstração Financeira que contenha:
- CNPJ da empresa;
- Relatório da Diretoria;
- Balanço Patrimonial;
- Demonstração do Resultado do Exercício;
- Demonstração de Lucros ou Prejuízos Acumulados ou Demonstração das Mutações do Patrimônio Líquido;
- Demonstração dos Fluxos de Caixa;
- Notas Explicativas;
- Parecer dos auditores;
- Assinatura do profissional contábil (nome);
- Assinatura da diretoria (nomes).

* Com a Atividade 16.3, você conclui as Atividades Sugeridas. Com isso, você tem um roteiro prático do exercício profissional da Contabilidade que poderá ser consultado para o seu melhor desempenho nessa fascinante profissão. Parabéns!

Exercícios

1 Associe os números da coluna da esquerda com a coluna da direita:

1. Ajustes	( ) Juros devidos – Competência
2. Provisão p/Devedores Duvidosos	( ) Livro de Apuração do Lucro Real
3. Juros incorridos	( ) 5% sobre o Lucro Líquido
4. Lucro Real	( ) Notas de Rodapé
5. Livro Fiscal	( ) Distribuição do Lucro em Dinheiro
6. Dividendos	( ) Dem. de Lucros ou Prejuízos Acumulados
7. Reserva Legal	( ) 15% sobre o Lucro Real
8. Notas Explicativas	( ) Lucro Tributável
9. Três Demonstrações Financeiras	( ) Acertos no final do período
10. Conta Lucros Acumulados	( ) Despesa Administrativa
11. Taxa de Imposto de Renda	( ) Média das perdas c/dupl. incobráveis nos últimos anos
12. Depreciação de Móveis e Utensílios	( ) BP, DRE e DLPAc

2 Agora que você já chegou ao final do livro, vamos relembrar alguns aspectos importantes:

a) Enumere os passos para o levantamento das Demonstrações Financeiras:

( ) Ajustes.

( ) Apuração do Resultado.

( ) Contabilização do Lucro.

( ) Escrituração.

( ) Segundo Balancete de Verificação.

( ) Levantamento do primeiro Balancete de Verificação.

( ) Estruturação das demonstrações financeiras não obrigatórias.

( ) Distribuição do lucro.

( ) Estruturação das demonstrações financeiras obrigatórias.

b) Quais rubricas constituem o primeiro grupo do Ativo Circulante, no Balanço Patrimonial?

c) De acordo com a Lei nº 11.638/07, como é composto o segundo grupo do Ativo?

d) Como é formado o Passivo?

e) Quais rubricas compõem o Grupo Circulante e o Não Circulante do Passivo?

3   Esquematize o Balanço Patrimonial segundo as alterações da Lei nº 11.638/07 das Sociedades por Ações.

ATIVO	PASSIVO
Circulante	Circulante
Não Circulante	Não Circulante
	Patrimônio Líquido
Total	Total

Gabarito

Capítulo 1

Exercícios

1

1.	Contabilidade é...	(4)	Contabilidade Geral aplicada às Empresas Públicas
2.	Contabilidade Geral	(6)	Indivíduo
3.	Contabilidade Hospitalar	(8)	Para quem a Contabilidade é mantida
4.	Contabilidade Pública	(11)	Pressupõe empresa em funcionamento
5.	Usuários da Contabilidade	(2)	Contabilidade Financeira
6.	Pessoa Física (CPF)	(9)	Profissional formado em curso superior
7.	Pessoa Jurídica (CNPJ)	(5)	Governo, funcionários, sócios...
8.	Entidade Contábil	(3)	Contabilidade Geral aplicada aos hospitais
9.	Contador	(1)	Instrumento para tomada de decisões
10.	Auditor	(7)	Empresas
11.	Continuidade	(12)	Investigação contábil determinada por juiz
12.	Perícia Contábil	(10)	Contador que verifica os procedimentos contábeis

2 Tomar decisões é uma prática do dia a dia. É um processo de erros e acertos. Para tomar uma decisão assertiva, é necessário identificar o problema e analisar e escolher dentre as alternativas de soluções disponíveis.

Após a tomada de decisão, as consequências virão positivas ou negativas.

Não existe decisão perfeita, pois não possuímos o controle sobre todas as variáveis envolvidas no processo.

3

3.1 A entidade contábil é uma pessoa para quem é mantida a Contabilidade. O Principio da Entidade diz que a Contabilidade é mantida para a entidade como pessoa distinta dos sócios. A Contabilidade é realizada para a entidade, devendo o contador fazer um esforço para não misturar as movimentações da entidade com as dos proprietários. Pessoas físicas e jurídicas não devem ser confundidas, ou sócios não devem ser confundidos com empresas.

No caso do Sr. Messias e sua empresa de *hot dogs*, o contador deve separar os gastos pessoais da família dos gastos da empresa. As contas de água, energia e aluguel da casa devem ser separadas proporcionalmente conforme o uso da família e o uso da empresa. Como a casa tem dois andares, a princípio podem-se separar essas contas em 50% como gastos da família, já que ela mora no andar de cima, e 50% como gastos da empresa de *hot dogs*, já que é utilizado o andar de baixo para preparação e venda dos sanduíches.

3.2 Sim, o Sr. Messias deveria constituir uma pessoa jurídica para explorar sua atividade comercial.

3.3 Sim, a contabilidade do *hot dog* deveria ser feita, assim o Sr. Messias teria informações detalhadas de seu custo de produção e de sua lucratividade.

Capítulo 2

Exercícios

1

1.	Bens, Direitos e Obrigações	(4)	Bens imóveis
2.	Coisas úteis que satisfazem	(6)	Direitos
3.	Tem forma física	(7)	Fornecedores
4.	Bens vinculados ao solo	(12)	Lado esquerdo
5.	Estoques (bens removíveis)	(5)	Bens móveis
6.	Títulos a receber	(10)	Patrimônio Líquido negativo
7.	Compra de mercadoria a prazo	(9)	Riqueza líquida favorável
8.	Diversas pequenas contas a pagar	(11)	Patrimônio Líquido
9.	Bens + Direitos > Obrigações	(1)	Patrimônio
10.	Bens + Direitos < Obrigações	(3)	Bem tangível
11.	Bens + Direitos (–) Obrigações	(8)	Contas a Pagar
12.	Lado dos Bens e Direitos	(2)	Bens

2

Bens		Obrigações	
Automóvel	80.000	Dívida SFH	320.000
Apartamento	400.000	Empréstimo bancário	6.000
Casa de Campo	350.000	Contas a Pagar	14.000
Dinheiro	500	Financiamento	250.000
Direitos			
Depósito Bancário	5100	Riqueza Líquida = Bens + Direitos (–) Obrigações	
		RL = 830.500 + 5.100 (–) 590.000	
		RL = 245.600	

3

Marcas e patentes, ponto comercial, clientela, *software*, lealdade dos clientes, capital intelectual, licença de uso, direitos e imagem de transmissão, franquias, direitos autorais e fórmulas.

Capítulo 3

1

1. Relatórios contábeis obrigatórios
2. Sociedade anônima
3. Ltda.
4. Informações adicionais
5. Dois tipos principais de sociedade
6. Publicações das Dem. Financeiras
7. Período contábil
8. Para fins internos
9. Eliminação de três dígitos
10. Duas colunas
11. Capital aberto
12. Requisitos para publicação das Dem. Financeiras

(3) Normalmente, poucos proprietários
(8) Relatórios em períodos mais curtos
(12) Duas colunas e eliminação de dígitos
(6) Diário Oficial e outro jornal
(9) Em $ milhares
(7) Exercício Social
(1) Demonstrações Financeiras
(4) Notas Explicativas
(10) Exercício atual e anterior
(11) Ações negociadas na bolsa
(2) Normalmente, muitos proprietários
(5) S.A. e Ltda.

2 Realmente, o exercício social é de 12 meses. Todavia, a Lei obriga a publicação semestral para melhor informar os usuários das Demonstrações Financeiras.

3

   3.1 Notas Explicativas.
   3.2 Obrigações.
   3.3 Financiamentos.

Capítulo 4

1

1.	Lado Esquerdo do Balanço	(2)	Passivo
2.	Lado Direito do Balanço	(4)	Capital de Terceiros
3.	Bens Arrendados (*Leasing*)	(11)	Bens, Direitos e Obrigações
4.	Passivo Exigível	(3)	Pela Lei nº 11.638/07, é Ativo
5.	Aplicações dos proprietários	(1)	Ativo
6.	Patrimônio Líquido	(6)	Capital Próprio
7.	Equação Contábil	(10)	Lucro
8.	Capital a Integralizar	(7)	PL = Ativo – Passivo Exigível
9.	Ativo	(12)	Zero
10.	Principal Origem de Recursos	(8)	Capital a Realizar
11.	Patrimônio	(9)	Aplicações de Recursos
12.	Origem – Aplicações	(5)	Capital Social + Lucros Retidos

2

(A)	Caixa	(A)	Obras de Arte
(A)	Depósitos em Bancos	(PL)	Capital Próprio
(P)	Empréstimos Bancários	(P)	Capital de Terceiros
(A)	Estoques	(P)	Duplicatas a Pagar
(PL)	Capital	(A)	Duplicatas a Receber
(A)	Empréstimos Concedidos às Associada	(A)	Equipamentos
(P)	FGTS a Pagar	(A)	Ações
(A)	Contas a Receber	(P)	Contas a Pagar
(A)	Instalaçõe	(P)	Financiamentos a Pagar
(A)	Investimentos em Outras Empresas	(P)	Fornecedores de Mercadorias
(PL)	Lucros Acumulados	(A)	Máquinas
(P)	Salários a Pagar	(A)	Veículos
(A)	Prédios	(P)	Imposto a Pagar
(A)	Terrenos		
(A)	Ferramentas		

3

3.1 Todos os recursos que entram numa empresa passam pelo *Passivo* e *Patrimônio Líquido*. Os recursos (financeiros ou materiais) são originados dos proprietários (PL), fornecedores, governo, bancos, financeiras etc., que representam origens de recursos. Por meio do Passivo e do Patrimônio Líquido, portanto, identificam-se as origens de recursos.

O Ativo, por sua vez, evidencia todas as *aplicações* de recursos: aplicação no caixa, em estoque, em máquinas, em imóveis etc.

A empresa, na verdade, só pode aplicar (Ativo) aquilo que tem origem (Passivo e PL). Evidentemente, havendo origem de $ 2,96 milhões, a aplicação deve ser de $ 2,96 milhões. Dessa forma, fica bastante simples entender por que o Ativo será *sempre igual* ao Passivo + PL.

3.2 São relatórios contábeis ou demonstrações contábeis obrigatórias, de acordo com a legislação brasileira.

3.3 No Balanço Patrimonial, estão relacionadas as aplicações de recursos (Investimentos), do lado esquerdo denominado "Ativo", e as origens de recursos (Fontes de Financiamento), do lado direito denominado "Passivo".

Os Investimentos, do lado do Ativo, podem ser em recursos que estão em Giro e em recursos Fixos. Os recursos que estão em Giro estão sempre em movimento; um exemplo é a compra e a venda de mercadorias, que acontecem várias vezes. Já os recursos Fixos são aquisições de bens móveis, máquinas e equipamentos, ou bens imóveis para o negócio, que geralmente acontecem uma vez ou com pouca frequência.

As Fontes de Financiamento, do lado do Passivo, são as origens de recursos que podem vir do Capital de Terceiros (pessoas que estão fora do negócio, como fornecedores, governo, bancos etc.) ou do Capital Próprio (sócios).

Capítulo 5

1

(4) Exigível a Longo Prazo

(1) Disponibilidades

(2) Realizável a Longo Prazo

(2) Intangível

(5) Capital

(3) Fornecedores

(3) Funcionários a Pagar

(1) Estoques

(2) Máquinas

(2) Investimentos

(5) Lucros Retidos

2

Ativo	Passivo e PL
Ativo Circulante	**Passivo Circulante**
Disponibilidades	Fornecedores
Estoques	Funcionários a Pagar
Ativo Não Circulante	**Passivo Não Circulante**
Realizável a L. Prazo	Exigível a L. Prazo
Investimentos	**Patrimônio Líquido**
Imobilizado (Máquinas)	Capital
Intangível	Lucros Retidos
Total	**Total**

3

3.1 O Best Global Brands analisa como as marcas crescem em um mundo em transformação, mostrando que o uso da tecnologia para a entrega de experiências mais humanas ajuda na geração de valor econômico. Essa metodologia de valoração de marca, desenvolvida pela Interbrand, foi a primeira a receber a certificação ISO.

O *ranking* é construído com base em três atributos principais, que contribuem para o valor acumulado de uma marca:

- a *performance* financeira dos produtos e serviços sob a chancela da marca;
- o papel da marca na decisão de compra do consumidor;
- a força da marca para garantir um preço *premium* ou ganhos futuros para a empresa.

Assim como nos anos anteriores, as marcas brasileiras ainda não atendem aos critérios para entrar no rol das marcas globais mais valiosas. Algumas possuem valor financeiro, porém não têm presença global. A Interbrand acredita que o momento em que nossas marcas estarão entre as mais valiosas do mundo está mais próximo.

Capítulo 6

1

1.	Receita > Despesa	(3)	Receita
2.	Receita < Despesa	(6)	Aceito pelo Fisco e Normas Contábeis
3.	Venda de Mercadorias	(8)	Material de escritório
4.	Receita a Prazo	(5)	Aumenta o Passivo
5.	Despesa a Prazo	(7)	Entidades sem Fins Lucrativos
6.	Regime de Competência	(12)	Perdas
7.	Regime de Caixa	(4)	Aumenta Duplicata a Receber
8.	Clipes, grampeador, lápis etc.	(9)	Depreciação
9.	Despesa pelo uso do Imobilizado	(11)	Custo
10.	Gastos no escritório	(10)	Despesa
11.	Gastos na fábrica	(1)	Lucro
12.	Gastos anormais	(2)	Prejuízo

2 Na Instituição de Ensino, custos são todos os gastos relacionados ao serviço que a Instituição proporciona, que é a educação. Então, o professor, os móveis da sala de aula (carteiras, cadeiras, lousa etc.) e sua manutenção, e a energia elétrica da sala de aula são exemplos de custos. Já os demais funcionários (da secretaria, da limpeza e da biblioteca) e os outros móveis e sua manutenção são exemplos de despesas.

Pode-se citar como exemplo a seguinte situação: se, em determinado dia da semana, há a ausência de um professor, o serviço prestado pela Instituição é prejudicado, pois não haverá aula. Assim, o professor é um custo. Agora, se em determinado dia há a ausência de um funcionário da secretaria, o serviço principal da Instituição não é totalmente prejudicado, pois, com a presença ou não desse funcionário, haverá aula normalmente. Então, o funcionário da secretaria é uma despesa para a Instituição.

3

3.1 Pelo Regime de Caixa, constatou-se que a empresa tem R$ 3.000 no caixa no final do mês.

3.2 Pelo Regime de Competência, constatou-se que a empresa terá um lucro de R$ 6.000 no período.

3.3

DRE	REGIME DE COMPETÊNCIA	REGIME DE CAIXA
Receita	18.000.000	6.000.000
(–) Despesa	(12.000.000)	(3.000.000)
= Lucro	6.000.000	3.000.000

Capítulo 7

1

1. ICMS, ISS
2. CMV
3. CPV
4. CSP
5. Receita Bruta (–) Deduções
6. Desp. Vendas, Administrativas e Gerais
7. Juros, Descontos Obtidos
8. Lucro Bruto (–) Desp. Operacionais
9. Complemento às remunerações
10. Destino do lucro
11. Distribuição do lucro em dinheiro
12. Lucro Real

(3) Custo do Produto Vendido
(5) Receita Líquida
(9) Participações empregado e Admin.
(7) Desp./Rec. Financeira
(12) Dem. de Lucros ou Prejuízos Acumulados
(8) Lucro Operacional
(11) Dividendos
(6) Despesas Operacionais
(1) Deduções
(12) Lucro-base para o Imposto de Renda
(2) Custo das vendas para o comércio
(4) Custo dos Serviços Prestados

2 DRE

Vendas *49.500*

(–) Custo das Vendas . . . . *(25.000)*

Lucro Bruto *24.500*

(–) Despesas Operacionais

Vendas . . . . *(10.300)*

Administrativas . . . . *(6.100)*

Lucro Operacional *8.100*

(+) Rec. Financeiras. *1.500*

(–) Desp. Financeiras. . . . . *(1.300)*

Lucro Antes Imp. Renda *8.300*

(–) Imp. Renda e CSLL. . . . . *(1.245)*

Lucro Depois Imp. Renda *7.055*

(–) Participações Diversas . . . . *(2.000)*

Lucro Líquido. *5.055*

O valor das vendas será de:

25.000 + 24.500 = 49.500

3 Admita que o financiamento foi de US$ 100.000. No momento de registrar esta operação há necessidade de transformá-lo em real pelo câmbio do dia, que era de R$ 3,00. Então, a dívida no passivo será contabilizada por R$ 300.000. Como no momento do pagamento a moeda americana estava cotada a 10% a mais, ou seja, R$ 3,30, a dívida aumentou para R$ 330.000. Esse acréscimo de R$ 30.000 será contabilizado como "Variação Cambial" em Despesa Financeira, reduzindo o Lucro Antes do Imposto de Renda. Na verdade, pela desvalorização do real, a empresa está tendo perda, devolvendo mais real na hora do pagamento.

Capítulo 8

1

1.	Plano de Contas Importado	(4)	Numeração
2.	Clientes	(7)	1.2.1.1
3.	ICMS a Recolher	(6)	1.1.2.1
4.	Codificação	(8)	1.1.3.1
5.	Bancos (código)	(9)	Contadores
6.	Banco do Brasil (código)	(2)	Duplicatas a Receber
7.	Empréstimos a Controladas (código)	(5)	1.1.2
8.	Matéria-prima (código)	(12)	3.
9.	Usuário do Plano de Contas	(10)	Empresas prestadoras de serviços
10.	ISS a Recolher	(3)	Empresa Comercial
11.	Passivo Não Circulante (código)	(1)	Plano de Contas copiado
12.	Patrimônio Líq. (código)	(11)	2.2

2

1. ATIVO	2. PASSIVO
Circulante	2.1 Circulante
1.1.1 Dinheiro na carteira	2.1.1 Contas a Pagar (água, energia...)
1.1.2 Banco Itaú (conta-corrente)	2.1.2 Financiamento do automóvel a Pagar
1.1.3 Salários a Receber	2.1.3 Prestação do apartamento a Pagar
	2.1.4 Prestação da Academia... etc.
1.2 Não Circulante Imobilizado	2.1.5 Supermercado
1.2.1 Automóvel Honda Fit	
1.2.2 Apartamento	
1.2.3 Móveis e Utensílios	

3

3.1   Fluxo de Caixa do Mês de Maio – exemplo

ENTRADAS		SAÍDAS	
Dinheiro na carteira		Contas a Pagar (água, energia...)	180,00
Banco Itaú (conta-corrente)	500,00	Financiamento do automóvel a Pagar	1.200,00
Salários a Receber	1.500,00	Prestação do apartamento a Pagar	2.000,00
	5.000,00	Prestação da Academia... etc.	130,00
	7.000,00	Supermercado	800,00
			4.310,00
Resultado = 7.000 (–) 4.310 = 2.690			

3.2   Resposta pessoal.

3.3

Modelo Direto		
Entradas no Caixa		
Receita Recebida	$ 4.900	
Novos Financiamentos	$ 150	
Aumento de Capital (Caixa)	$ 200	5.250
(–) Saídas no Caixa		
Contas a pagar	($ 3.500)	
Despesas Pagas	($ 1.160)	
Compra de Terrenos	($ 5.400)	($ 5.200)
Acréscimo no Caixa		50

Modelo Indireto		
Lucro Líquido	(50)	
+ Depreciação	240	**190**
Ativo Circulante		
Aumento de Dupl. a Rec.		(100)
Passivo Circulante		
Aumento de Contas a Pg.		150
Caixa Gerado no Negócio		240
Patrimônio Líquido		
Aumento de Capital		200
Financiamentos		
Empréstimos Obtidos		150
Investimentos		
Aquisição de Imobilizado		(540)
Acréscimo no Caixa		**50**

Capítulo 9

1

1.	Parte dos Lançamentos Contábeis	(3)	Sociedade Anônima
2.	Parte dos Relatórios Contábeis	(6)	Capital a Integralizar
3.	Estatuto	(11)	Aplicação de Recursos
4.	Contrato Social	(10)	Aumenta o Ativo e o Passivo
5.	Subscrever Capital	(8)	Não muda o total do Ativo
6.	Capital a Receber	(9)	Reduz o Ativo e o Passivo
7.	Balança de dois pratos	(2)	Escola Americana Contábil
8.	Compra de veículos à vista	(12)	Origem de recursos
9.	Pagamento de empréstimo	(4)	Ltda.
10.	Compra de estoque a prazo	(1)	Escola Italiana Contábil
11.	Aquisição de bens	(7)	Equilíbrio, Balanço
12.	Aumento de capital	(5)	Assinar, comprometer

2

09/09			Em $ mil
ATIVO		**PASSIVO e PL**	
Banco do Brasil	15.000		
		Capital	15.000
TOTAL	**15.000**	**TOTAL**	**15.000**

15/09			Em $ mil
ATIVO		**PASSIVO e PL**	
Banco do Brasil	8.000		
Mat. de Escritório	3.000		
Móveis e Utensílios	4.000	Capital	15.000
TOTAL	**15.000**	**TOTAL**	**15.000**

19/09			Em $ mil
ATIVO		**PASSIVO e PL**	
Banco do Brasil	8.000	Fornecedores	6.000
Estoque	6.000		
Mat. de Escritório	3.000		
Móveis e Utensílios	4.000		
		Capital	15.000
TOTAL	**21.000**	**TOTAL**	**21.000**

3 O Estatuto Social, que é utilizado pelas sociedades por ações, cooperativas e entidades sem fins lucrativos, ou o Contrato Social, utilizado pelas demais sociedades, é a certidão de nascimento da pessoa jurídica.

Seu registro dar-se-á na Junta Comercial do Estado, ou nos Cartórios de Registro de Pessoas Jurídicas, conforme a natureza jurídica da sociedade.

No estatuto social deverá conter, necessariamente, o seguinte:

a) denominação social (art. 3º, Lei nº 6.404/76 e art. 1.160, CC/02);

b) prazo de duração;

c) sede: município;

d) objeto social, definido de modo preciso e completo (§ 2º, art. 2º, Lei nº 6.404/76);

e) capital social, expresso em moeda nacional (art. 5º, Lei nº 6.404/76);

f) ações: número em que se divide o capital, espécie (ordinárias, preferenciais, fruição), classe das ações e se terão valor nominal ou não, conversibilidade, se houver, e forma nominativa (art. 11 e seguintes, Lei nº 6.404/76);

g) diretores: número mínimo de dois, ou limites máximo e mínimo permitidos; modo de sua substituição; prazo de gestão (não superior a três anos); atribuições e poderes de cada diretor (art. 143, Lei nº 6.404/76);

h) conselho fiscal, estabelecendo se o seu funcionamento será ou não permanente, com a indicação do número de seus membros – mínimo de três e máximo de cinco membros efetivos e suplentes em igual número. (art. 161, Lei nº 6.404/76);

i) término do exercício social, fixando a data.

O contrato social deverá indicar com precisão e clareza as atividades a serem desenvolvidas pela sociedade, sendo vedada a inserção de termos estrangeiros, exceto quando não houver termo correspondente em português ou já incorporado ao vernáculo nacional.

Poderá constar do contrato social que "a responsabilidade de cada sócio é restrita ao valor de suas quotas, mas todos respondem solidariamente pela integralização do capital social".

O contrato social deverá conter o visto de advogado, com a indicação do nome e número de inscrição na Seccional da Ordem dos Advogados do Brasil.

(Fonte: http://www.portaldecontabilidade.com.br/obrigacoes/estatutocontrato-social.htm)

4 **Escola italiana** – parte dos lançamentos contábeis (escrituração) para, no final, chegar às demonstrações financeiras.

Escola americana – parte de uma visão conjunta das demonstrações financeiras, principalmente o Balanço Patrimonial, para, em seguida, estudar os lançamentos contábeis (escrituração) que deram origem a essas demonstrações.

5 Todos os recursos que entram numa empresa passam pelo **Passivo** e **Patrimônio Líquido.** Os recursos (financeiros ou materiais) são originados dos proprietários (PL), fornecedores, governo, bancos, financeiras etc. e representam origens de recursos. Portanto, por meio do Passivo e do Patrimônio Líquido identificam-se as origens de recursos.

O Ativo, por sua vez, evidencia todas as **aplicações** de recursos: aplicação no caixa, em estoque, em máquinas, em imóveis etc.

A empresa, na verdade, só pode aplicar (Ativo) aquilo que tem origem (Passivo e PL).

Capítulo 10

1

1.	Controle individual por conta	(2)	Acréscimo do lado esquerdo
2.	Aumento do Ativo	(4)	Lado esquerdo da conta
3.	Crédito	(12)	D > C
4.	Débito	(5)	Debita
5.	Diminui Patrimônio Líquido	(11)	Credita
6.	Compra de imobilizado	(10)	C > D
7.	Pagamento de $ 5.000.000	(7)	Credita caixa $ 5.000.000
8.	Recebimento de $ 8.000.000	(9)	Não recomendável para muitas operações
9.	Balanços sucessivos	(6)	Lança-se a débito
10.	Saldo credor	(3)	Lado direito da conta
11.	Aumenta Passivo	(1)	Razonete
12.	Saldo devedor	(8)	Debita caixa $ 8.000.000

2

Banco do Brasil		Estoque		Capital	
8.000		6.000			15.000

Móveis e Utens.		Fornecedores		Mat. Escrit.	
4.000			6.000	3.000	

3   Saldo Devedor é *quando o débito é maior que o crédito.*

Saldo Credor é *quando o crédito é maior que o débito.*

Conta de Ativo, debitamos quando *aumenta* e creditamos quando *diminui.*

Conta de Passivo e Patrimônio Líquido, debitamos quando *diminui* e creditamos quando *aumenta.*

4   Pois toda conta de Ativo e todo acréscimo de Ativo serão lançados do lado esquerdo do razonete, que é o lado do Débito.

5   Resposta pessoal.

Capítulo 11

1

1.	Averiguação da exatidão dos lançamentos	(4)	Um débito ou um crédito apenas
2.	Divulgador das partidas dobradas	(6)	Contém mais informações
3.	Partidas dobradas	(8)	D – Capital a realizar; C – Capital
4.	Partidas simples	(9)	D – Máquinas; C – Caixa
5.	Balancete de duas colunas terá somas iguais, pois:	(11)	D – Bancos; C – Caixa
6.	Balancete de várias colunas	(7)	Lançamentos
7.	Partidas	(3)	Não há débito sem crédito
8.	Constituição de uma empresa	(5)	A soma dos saldos devedor e credor serão iguais
9.	Compra à vista de máquinas	(2)	Luca Pacioli
10.	Compra a prazo de veículos	(1)	Balancete de Verificação
11.	Depósito de dinheiro em bancos	(12)	D – Bancos; C – Empréstimos a pagar
12.	Empréstimos Bancários	(10)	D – Veículos; C – Contas a Pagar

2

Em $ mil

D	Banco do Brasil	C		D	Mat. Escr.	C		D	Móv. Utens.	C
	15.000	3.000			3.000				4.000	
		4.000								
	15.000	7.000								
	8.000									

Em $ mil

D	Estoque	C	D	Fornec.	C	D	Capital	C
6.000				6.000			15.000	

BALANCETE DE VERIFICAÇÃO		
CONTAS	**SALDO**	
	DEVEDOR	**CREDOR**
Banco do Brasil	8.000	
Material de Escritório	3.000	
Móveis e Utensílios	4.000	
Estoque	6.000	
Fornecedores		6.000
Capital		15.000
TOTAL	**21.000**	**21.000**

3

    a)   Inversão de dígitos: $ 469.800 por $ 496.800.

    b)   Esse erro não causa diferença no Balancete de Verificação.

    c)   Lançou-se duas vezes o débito de $ 96.800.

    d)   Erro de casa decimal: em vez de $ 2.000.000, lançaram-se $ 200.000.

    e)   Esse erro não causa diferença no Balancete de Verificação.

4   Luca Pacioli nasceu em 1445 na cidade toscana de Sansepolcro. Ele se mudou para Veneza em 1464 e, nesse período, escreveu seu primeiro livro, um tratado em aritmética. Entre 1472 e 1475, tornou-se um frade franciscano.

Em 1475, Luca Pacioli começou a dar aulas em Perúgia, primeiro como professor particular e, a partir de 1477, como professor de Matemática na Universidade de Perúgia. Nesse período, escreveu um livro-texto no vernáculo local para seus estudantes. Pacioli continuou a dar aulas particulares de Matemática até 1491. Em 1494, publicou, em Veneza, seu primeiro livro, *Summa de arithmetica, geometria, Proportioni et proportionalita*. Tornou-se famoso devido a um capítulo deste livro, que tratava sobre contabilidade (*Particulario de computies et scripturis*). Nesta seção do livro, Pacioli foi o primeiro a descrever a contabilidade de dupla entrada, conhecido como Método Veneziano (*"el modo de Vinegia"*), ou, ainda, "método das partidas dobradas".

Em 1497, Luca Pacioli aceitou um convite do duque Ludovico Sforza para trabalhar em Milão. Lá, conheceu, deu aulas para e colaborou com Leonardo da Vinci. Em 1499, Pacioli e da Vinci foram obrigados a fugir de Milão quando Luís XII de França tomou a cidade e expulsou o mecenas de ambos. Em 1509, Pacioli escreveu a sua segunda obra mais importante, *De Divina Proportioni,* ilustrada por Leonardo da Vinci, que tratava sobre proporções artísticas.

Adaptado de: https://pt.wikipedia.org/wiki/Luca_Pacioli.

5

D	Contas de Ativo	C	D	Contas de Passivo e PL	C
aumenta	diminui		aumenta	diminui	

Capítulo 12

1

1.	Receita ganha no período	(2)	Regime de Caixa
2.	Receita recebida no período	(5)	12 meses
3.	Aumento de Receita	(12)	Lucro ou Superávit
4.	Toda despesa	(7)	ARE
5.	Exercício social	(9)	Débito
6.	Encerrar Receita e Despesa	(8)	Crédito
7.	Lançamentos de encerramento	(1)	Regime de Competência
8.	O lucro será lançado a	(4)	Debita-se
9.	O prejuízo será	(3)	Credita-se
10.	Lucros Acumulados	(11)	Prejuízo ou Déficit
11.	Receita < Despesa	(6)	Independência absoluta do período
12.	Receita > Despesa	(10)	Conta do Patrimônio Líquido

2

CMV = Estoque Inicial + Compras (−) Estoque Final

CMV = 2.000 + 8.000 (−) 4.000

CMV = 6.000

3

ARE		Prejuízos Acumulados	
	2.958.400	2.958.400	

4

	DFC DEZEMBRO	DFC JANEIRO	DRE DEZEMBRO
Receita	121.300	–0–	121.300
(-) Folha de Pgto.	–0–	(45.600)	(45.600)
(-) Aluguel	(12.000)		(12.000)
(-) ISS	(6.150)		(6.150)
(-) Outras Despesas	(22.650)		(22.650)
= Lucro	80.500	Lucro	34.900	Lucro
	Financeiro		Econômico

5   O objetivo é informar ao usuário onde vão ser distribuídos os Lucros Acumulados: Reservas, Aumento de Capital, dividendos etc. Assim, o saldo terá que zerar.

Capítulo 13

1

1.	Livro obrigatório, mas já foi facultativo	(2)	Razão auxiliar
2.	Razão Sintético	(5)	Contas de resultado
3.	Razão Analítico	(6)	1 débito; 2 ou mais créditos
4.	Contas Patrimoniais	(7)	Diário
5.	Contas Integrais	(10)	Contas receitas/desp. encerradas
6.	Diário de 3 colunas – 2ª fórmula	(8)	Computador/*Software* Contábil
7.	Livro sempre exigido pela legislação	(12)	Até 180 dias
8.	Escrituração eletrônica	(9)	Diversos débitos – 1 crédito
9.	Diário de 3 colunas – 3ª fórmula	(11)	1 débito; 1 crédito
10.	Partidas de encerramento	(1)	Razão
11.	Diário de 3 colunas – 1ª fórmula	(4)	Contas de balanço
12.	Atraso permitido no Diário	(3)	Razão geral

2   É um livro atualmente obrigatório pela legislação contábil *(Resolução CFC nº 1.330/11)*.

3   O Razão Sintético abrange a conta em sua totalidade e o Razão Analítico desdobra a mesma para melhor controle.

4   Livro obrigatório no qual todas as empresas registram os fatos contábeis em Partidas Dobradas, em ordem rigorosa de dia, mês e ano.

5

■   Bicolunado – utilizado para contabilização por meio de equipamentos.
■   Três colunas – utilizado para contabilização manuscrita.

Capítulo 14

1

1. Sistema manual	(5) Ficha tríplice
2. Escrituração mercantil	(11) Rapidez nas decisões
3. Dispensado da escrituração mercantil	(3) Microempresário
4. Lucro presumido	(12) *Slips*
5. Sistema maquinizado	(8) Sistema Público de Escrituração Digital
6. Escrituração resumida do Diário	(7) Diário auxiliar de caixa
7. Livro auxiliar do Diário	(6) Mensal
8. SPED	(2) Registros Contábeis no Diário
9. Estorno	(10) Elaboração simultânea: Diário/Razão
10. Sistema mecanizado	(4) % × a Receita Bruta
11. Sistema eletrônico	(1) Instrumentos simples: canetas, livros
12. *Voucher*	(9) Correção de erros no Diário

2

	MANUAL	MAQUINIZADO	MECANIZADO	ELETRÔNICO
Vantagens	*mais econômico*	*mais econômico*	*boa rapidez e informativo*	*super-rápido e preciso*
Desvantagens	*lento e inexato*	*lento e pouco informativo*	*mais oneroso*	*mais oneroso*

3

Duplicatas a receber		Vendas	
1.000			1.000
9.000			9.000

4

- Redução de custos com a dispensa de emissão e armazenamento de documentos em papel.
- Eliminação do papel.
- Redução de custos com a racionalização e simplificação das obrigações acessórias.
- Uniformização das informações que o contribuinte presta às diversas unidades federadas.
- Redução do envolvimento involuntário em práticas fraudulentas.
- Redução do tempo despendido com a presença de auditores fiscais nas instalações do contribuinte.
- Simplificação e agilização dos procedimentos sujeitos ao controle da administração tributária (comércio exterior, regimes especiais e trânsito entre Unidades da Federação).
- Fortalecimento do controle e da fiscalização por meio de intercâmbio de informações entre as administrações tributárias.
- Rapidez no acesso às informações.
- Aumento da produtividade do auditor através da eliminação dos passos para coleta dos arquivos.
- Possibilidade de troca de informações entre os próprios contribuintes a partir de um leiaute padrão.
- Redução de custos administrativos.
- Melhoria da qualidade da informação.
- Possibilidade de cruzamento entre os dados contábeis e os fiscais.
- Disponibilidade de cópias autênticas e válidas da escrituração para usos distintos e concomitantes.

Fonte: http://sped.rfb.gov.br/pagina/show/965.

5 ECD: Escrituração Contábil Digital, que tem por objetivo a substituição das escriturações contábeis em papéis para a forma digital. Foi instituída por meio da Instrução Normativa RFB nº 1.420, de 19 de dezembro de 2013. Essa declaração tem como finalidade informar os livros:

- Livro diário e seus auxiliares.
- Livro razão e seus auxiliares.
- Livro Balancetes Diários, Balanços e fichas de lançamento comprobatórias dos assentamentos neles transcritos.

Capítulo 15

1

1.	Amortização	(10)	Multiplica-se por 1,5
2.	Depreciação	(7)	Extinção de recursos naturais
3.	Terrenos e obras de arte	(6)	Custo do produto vendido
4.	Depreciação acumulada	(8)	DRE
5.	Bens tangíveis	(1)	Calculada sobre ativos intangíveis
6.	Depreciação de bens da fábrica	(11)	Esgotamento de recursos naturais
7.	Minas e florestas	(9)	Linha reta
8.	Despesas de depreciação	(3)	Não sofrem depreciação
9.	Método mais aceito de depreciação	(4)	Conta retificativa
10.	Depreciação acelerada	(12)	Ativos amortizáveis
11.	Exaustão	(2)	É optativa segundo o fisco
12.	Fundo de comércio e patentes	(5)	Sujeitos a depreciação ou exaustão

2

$$\text{Exaustão Anual} = \frac{50.000 - 8.000}{10} = \frac{4.200}{10} = 4.200$$

3

Depreciação anual = 240.000 × 20% = 48.000

3 anos = 3 × 48.000 = 144.000

Valor residual = 240.000 − 144.000 = 96.000

4

Amortização na contabilidade é a operação que registra a diminuição do valor de bens intangíveis no Ativo Não Circulante de uma empresa. Em outras palavras, é a perda de valor do capital aplicado na aquisição de um ativo intangível com existência de duração limitada. É possível usufruir de um ativo intangível durante certo tempo. Assim, a amortização calcula a perda de valor do bem em comparação com o tempo restante que a empresa pode utilizá-lo.

Amortização de um financiamento é a redução do valor de uma dívida por meio de pagamentos parciais. É o processo que ocorre, por exemplo, quando um devedor paga as parcelas de um financiamento que pediu a um banco. A cada mês, o saldo devedor ficará menor, ou seja, será **amortizado**.

Fontes: https://www.jornalcontabil.com.br/entenda-o-que-e-a-amortizacao-na-contabilidade/https://www.dicionariofinanceiro.com/amortizacao-de-financiamento/

5 Erosão de terra pode ser considerada como Perdas, reduzindo o valor de Terrenos no Imobilizado e, a contrapartida, uma subtração na DRE.

Capítulo 16

1

1.	Ajustes	(3)	Juros devidos – Competência
2.	Provisão p/Devedores Duvidosos	(5)	Livro de Apuração do Lucro Real
3.	Juros incorridos	(7)	5% sobre o Lucro Líquido
4.	Lucro Real	(8)	Notas de Rodapé
5.	Livro Fiscal	(6)	Distribuição do Lucro em Dinheiro
6.	Dividendos	(10)	Dem. de Lucros ou Prejuízos Acumulados
7.	Reserva Legal	(11)	15% sobre o Lucro Real
8.	Notas Explicativas	(4)	Lucro Tributável
9.	Três Demonstrações Financeiras	(1)	Acertos no final do período
10.	Conta Lucros Acumulados	(12)	Despesa Administrativa
11.	Taxa de Imposto de Renda	(2)	Média das perdas c/dupl. incobráveis nos últimos anos
12.	Depreciação de Móveis e Utensílios	(9)	BP, DRE e DLPAc

2

a)

(3) Ajustes.

(5) Apuração do Resultado.

(6) Contabilização do Lucro.

(1) Escrituração.

(4) Segundo Balancete de Verificação.

(2) Levantamento do primeiro Balancete de Verificação.

(9) Estruturação das demonstrações financeiras não obrigatórias.

(7) Distribuição do lucro.

(8) Estruturação das demonstrações financeiras obrigatórias.

b) Caixa, Bancos, Duplicatas a Receber e Estoque.

c) Ativo Não Circulante: Realizável a Longo Prazo, Investimentos, Imobilizado e Intangível.

d) Passivo Circulante, Não Circulante e Patrimônio Liquido.

e) Circulante: Fornecedores, Salários a Pagar etc.

Não Circulante: Financiamentos a LP

3

ATIVO	PASSIVO e PL
Circulante • *Disponível* • *Contas a Receber* • *Estoques*	**Circulante** • *Fornecedores* • *Salários a pagar* • *Empréstimos a pagar*
Não Circulante – *Realizável em longo prazo* – *Investimentos* – *Imobilizado* – *Intangível*	**Não Circulante** – *Exigível a longo prazo* **Patrimônio Líquido** – –
Total	**Total**

Bibliografia

ADAMS, Bob. *Streetwise small business start-up*. Massachusetts: Adams Media, 2002.

ADRIANO, Sergio. *Manual dos pronunciamentos contábeis comentados*. São Paulo: Atlas, 2018.

FIORIANI, Pedro Oldoni. *Empresa familiar ou inferno familiar?* 2. ed. Curitiba: Juruá, 2007.

FRANCO, Hilário. *A contabilidade na era da globalização*. São Paulo: Atlas, 1999.

FRANCO, Hilário. *Contabilidade geral*. 23. ed. São Paulo: Atlas, 2009.

GOUVEIA, Nelson. *Contabilidade*. São Paulo: Harbra, 2001.

HABERKORN, E.; OLIVEIRA de, N. C. *Contabilidade inside ERP*. São Paulo: Makron, 2001.

IUDÍCIBUS, Sérgio de. *Contabilidade gerencial*. 6. ed. São Paulo: Atlas, 2000.

IUDÍCIBUS, Sérgio de. *Teoria da contabilidade*. 11. ed. São Paulo: Atlas, 2015.

IUDÍCIBUS, Sérgio de; MARION, José Carlos. *Contabilidade comercial*. 10. ed. São Paulo: Atlas, 2016.

IUDÍCIBUS, Sérgio de; MARION, José Carlos; FARIA, Ana Cristina. *Introdução à teoria da contabilidade*. 6. ed. São Paulo: Atlas, 2017.

IUDÍCIBUS, Sérgio de. (Coord.) *et al. Contabilidade intermediária*. Equipe de Professores da FEA/USP. São Paulo: Atlas, 1981.

IUDÍCIBUS, Sérgio de. *et al. Contabilidade introdutória*. 11. ed. Equipe de Professores da FEA/USP. São Paulo: Atlas, 2010.

IUDÍCIBUS, Sérgio de.; MARTINS, Eliseu; GELBCKE, Ernesto Rubens. *Manual de contabilidade societária*. 2. ed. Fipecafi. São Paulo: Atlas, 2013.

KIYOSAKI, Robert. T.; LECHTER, Sharon L. *Pai rico pai pobre*. 54. ed. Rio de Janeiro: Campus, 2017.

LAMBDEN, John; TARGET, David. *Finanças para o pequeno empresário*. 2. ed. São Paulo: Best Seller.

LOPES DE SÁ, A. *Dicionário de contabilidade*. 11. ed. São Paulo: Atlas, 2009.

MARION, José Carlos; SILVA, A. C. R. da. *Manual de contabilidade para pequenas e médias empresas*. São Paulo: Atlas, 2013.

MARION, José Carlos; SILVA, A. C. R. da. *Contabilidade empresarial*. 18. ed. São Paulo: Atlas, 2018.

MARION, José Carlos; SILVA, A. C. R. da. *Contabilidade da pecuária*. 10. ed. São Paulo: Atlas, 2012.

MARION, José Carlos; SILVA, A. C. R. da. Metodologia do ensino da contabilidade. *Revista Brasileira de Contabilidade*, n. 14, jan./mar. 1983.

MARION, José Carlos; SILVA, A. C. R. da. O escritório de contabilidade, a pequena empresa e as tomadas de decisões. *IOB*. Temática Contábil, Boletim 1989. v. 29.

MARION, José Carlos; SILVA, A. C. R. da. Aspectos da receita bruta de vendas e serviços e deduções da receita bruta. *Boletim do Ibracon*, n. 14, 1979.

MARTINS, Eliseu. *Contabilidade de custos*. 11. ed. São Paulo: Atlas, 2016.

MEIGS, Walter B.; JOHNSON, Charles E.; MEIGS, Robert F. *Accounting*: the basic for business decisions. New York: McGraw-Hill Book.

NAGATSUKA, Divane A. S.; TELES, Egberto L. *Manual de contabilidade introdutória*. São Paulo: Pioneira Thomson, 2002.

REIS, Arnaldo. *Iniciação à contabilidade*. São Paulo: Saraiva, 1991.

RIBEIRO, Osni M. *Contabilidade básica fácil*. 29. ed. São Paulo: Saraiva, 2013.

SANTOS, Cleônimo dos; BARROS, Sidney Ferro. *Imposto de Renda Pessoa Jurídica Para Contadores*. 6. ed. São Paulo: IOB, 2011.

SKOUSEN, K. Fred; LANGENDERFER, Harold Q.; ALBRECHT, W. Steve. *Financial accounting*. EUA: Warth Publishers.

TRACY, John A. *Accounting for dummies*. 5. ed. Foster City: Book Wordwide, 2013.

SITES CONSULTADOS

http://www.administradores.com.br/artigos/negocios/a-importancia-da-tomada-de-decisao/57388/

http://www.afixcode.com.br/avaliacao-de-bens-intangiveis/

http://interbrand.com/br/newsroom/interbrand-lanca-best-global-brands-2017/

http://www.portaldecontabilidade.com.br/obrigacoes/estatutocontratosocial.htm

http://www.cpc.org.br/CPC/CPC/Conheca-CPC

https://spotniks.com/10-empresas-que-ja-foram-compradas-pelos-gringos-durante-a-crise-e-voce--nem-ficou-sabendo/

Índice alfabético

D

E

M

N

O